未来算法

诸葛越 著

中信出版集团 | 北京

图书在版编目（CIP）数据

未来算法 / 诸葛越著 . -- 北京：中信出版社，2021.6

ISBN 978-7-5217-3041-8

Ⅰ . ①未… Ⅱ . ①诸… Ⅲ . ①经济信息管理—数据管理—通俗读物 Ⅳ . ① F208-49

中国版本图书馆 CIP 数据核字（2021）第 059480 号

未来算法

著　　者：诸葛越
出版发行：中信出版集团股份有限公司
（北京市朝阳区惠新东街甲 4 号富盛大厦 2 座　邮编　100029）
承 印 者：天津丰富彩艺印刷有限公司

开　　本：880mm × 1230mm　1/32　　印　　张：11.25　　字　　数：247 千字
版　　次：2021 年 6 月第 1 版　　印　　次：2021 年 6 月第 1 次印刷
书　　号：ISBN 978-7-5217-3041-8
定　　价：69.00 元

目录

推荐序 VII 智能时代的通识教育 / 吴军

前言 XIII 操纵未来世界的算法

第一部分 基石

第 1 章 分解问题：从炒鸡蛋到无人驾驶

004 炒鸡蛋

007 短视频推荐

010 无人驾驶

013 办婚礼

014 分解问题和编程

第 2 章　排序算法：巴比伦的泥板

022　抓牌
023　开学典礼
029　算法的特性
032　1 万件衣服
035　积分送好礼
036　小明有限的脑空间
038　用排序思维来做时间管理

第 3 章　分类算法：全世界所有的东西

046　男孩女孩看电影
048　大孩子、小孩子
051　微博热搜
053　直到
055　再抓牌
057　全世界所有的东西
059　分类树
061　世界杯赌球骗局之二分法
063　无人驾驶交通标志的识别
065　人脸识别是个分类问题
068　人脸识别分类算法
071　分类算法的特性
073　用分类思维来解除焦虑
074　要事先行：四象限法则

第 4 章　搜索算法：找到牛津大学

083　怎么在书架上找到一本书
088　谁和你一样大
092　找到一家满意的餐馆
094　你的手机通信录
095　过滤
096　选购汽车
098　找到牛津大学
102　搜索引擎是怎么工作的
107　从搜索到推荐
108　用搜索思维来找工作

第 5 章　递归算法：洋葱、汉诺塔和昨天的你

114　报数
116　洋葱的面积
117　珍珠心
119　花菜
120　中国有多少人
123　最短路径
127　世界末日的汉诺塔
132　斐波那契的兔子
135　昨天的你

第二部分　架构

第 6 章　数据结构：皇室家谱和继承

142 配对的袜子
145 队列
147 插队
148 恺恺的抽屉
150 摆渡车
152 歌单、菜单和名字
154 朋友圈
156 家谱
157 二叉树
159 爬树
162 皇室家谱和继承
163 人气网红
165 大数据与云计算

第 7 章　模式识别：会扫地的机器人

172 大城市、中城市、小城市
175 拿铁、卡布奇诺、馥芮白
178 机器人包包
179 红绿蓝紫灯
182 升级版包包
185 填满正方形
190 画圈的博博

193 电子老鼠走迷宫
195 扫地机器人
200 咳嗽声识别新冠
202 认清本质，识别规律，预测未来

第 8 章　抽象：10 根手指限制了我们的想象

210 公交车导航
211 社交网络
214 电梯的按钮
216 订单的一生
218 10 根手指限制了我们的想象
221 手机上的数字键盘
223 三种颜色的电视
225 简易二维码
229 加密和解密
231 为什么间谍要拿一本书
233 物理世界到数字世界的抽象
237 忽略细节，注重要素

第 9 章　优化：如何找到最佳伴侣

242 找到最佳伴侣
246 逃生算法
252 穷举是个笨办法
254 优化和最优
257 完成你的新年愿望清单
263 清理房间和清理大脑

267 旅行中的推销员
274 翻过山丘
279 计算复杂性
283 让随机带给我们惊喜

第三部分 未来

第 10 章 AI 和未来计算
293 孩子是如何学会区分苹果和香蕉的
296 AlphaGo 下围棋
298 AI 是怎么写唐诗、宋词和《红楼梦》的
300 神经网络
305 机器人约会
309 诊断癌症患者
313 嗅觉 AI
315 AI 时代刚刚开始

结语 319 计算思维是一种时代技能
后记 323
致谢 327

推荐序
智能时代的通识教育

吴军 计算机科学家，硅谷投资人

2016年，谷歌的围棋程序AlphaGo和李世石对弈之前，围棋的国手们称呼它为“阿尔法狗”；在此之后，则称呼它为“阿老师”。从狗到老师的变化，仅仅隔了几个月。

在高看机器智能一眼的同时，大家开始恐慌，就连霍金这样的大科学家也不例外。我们不妨把这种恐慌叫作“21世纪的恐慌”。

这或多或少和菲律宾的土著见到拿着洋枪洋炮的麦哲伦时的恐慌相似。但是，最终土著人发现，麦哲伦和他们一样，是人而不是神，甚至也会死，和他们不同的是，麦哲伦等人手里有洋枪洋炮。未来的时代，又将是一个“洋枪洋炮”对“大刀长矛”的时代。

在过去的10年里，传统行业在和经过IT（信息技术）改造后的行业竞争时，无一例外地败北。2008年金融危机前，全世界市值前10的公司只有微软一家是IT企业。仅仅过去了10多年，市值前 10 的公司中有 6 家是 IT 企业了。

但是另一方面，世界上又有一些受益于这个时代的人，比如设计了无人驾驶汽车的安东尼·莱万多夫斯基（Anthony Levandowski），设计了 AlphaGo 深度学习系统架构的杰夫·迪恩（Jeff Dean）等人，更不用说贝佐斯、佩奇和扎克伯格这些人了。

他们和普通人有什么不同呢？简单地讲就是他们拿着“洋枪洋炮”，而普通人还在使用“大刀长矛”。

这里所说的武器并非是计算机，而是思维方式。将这种思维方式用于工作和生活中，就是一种方法论。而了解计算机思维方式最简单直接的办法，就是了解计算机的算法，它们和人们通常解决问题的方法是不同的。

还是以围棋的例子来说明。

在人看来，围棋是什么？是棋道，是文化。但是在计算机看来，围棋是一道数学题。那么哪一种看法对呢？当然是后者。

人之所以把它称为棋道和文化，说得不客气一点，是人太“笨”，根本算不清楚这道题。计算机当然没有主动思考，帮助它思考的是它背后的人。

具体讲到 AlphaGo 这个团队，他们一开始依然保留了常人的很多思维，比如学围棋时觉得就应该使用人类高手对弈的棋谱。但最终他们发现，那些人类的棋谱反而教坏了计算机。不使用人类对弈数据的 AlphaGo 的升级版 AlphaGo Zero，反而比 AlphaGo 本身厉害得多。

这就是思维方式的升级。今后，每一个人都需要有更好的方法论来指导生活和工作。

2002 年，我加入谷歌公司时，公司还只有 100 多个工程师，连同我在内开发外国语（主要包括亚洲的汉语、日语、韩语，简称 CJK；欧洲的法语、意大利语、德语、西班牙语，简称 FIGS）搜索的工程师只有 4 个人。

我们当时已经占了全世界搜索流量的 70%（包括为雅虎提供服务），相比之下，我们的竞争对手们的人数比我们多出一到两个数量级。而且，我们中间没有人懂得韩语、法语、意大利语、西班牙语这 4 种语言。

那么这个奇迹是如何创造的？显然不是靠拼人力，也并非我们的智力比别人高多少，而在于我们的方法和别人不同。

人通常会把每一种语言的搜索问题看作一个单独的问题，因为各种语言在形式上完全不同，然后从自己熟悉的语言开始，一种语言一种语言、一件事一件事地做。

我们则不同，我们直接面对所有的语言（当时我们处理了 70 种），找到语言的共性，也就是承载信息，然后从信息的数学基础出发，让机器同时完成所有事情。

直到今天，谷歌汉语、日语、韩语搜索算法的主体使用的依然是我当初设计的方法，而英语、法语、意大利语、德语、西班牙语搜索中的构词法部分，依然是我们 4 个人和阿密特·辛格哈尔（Amit Singhal）博士共同设计的。它们依然比世界上其他任何搜索引擎使用的方法都要好。

今天，很多成功的企业、个人有意无意地采用了这样的方法，也取得了惊人的成就。比如说，基于大数据的支付宝，被欺诈的比例极低，比一般的银行交易低两个数量级。

这并非是因为传统银行没有资源，而在于它们的思维方式太落后——传统银行把每一笔交易、每一个案子孤立地看待，这虽然符合常人的本能，但是效果有限。而支付宝从一开始就是网状的，并有意无意地在网络的基础上变得“聪明”起来。要知道，人的智能是个体行为，而机器的智能在很大程度上来自网络效应。

但是，并非所有人、所有机构都能自觉地采用适合智能时代的思维方式和方法。

由于受到过去环境以及生理上的限制，人在思维上存在先天不足。好在有一些人，他们的思维水平超出我们常人，他们善用现在的各种 IT 工具，能更快更好地达到目的。

学习这些人的思维方式和方法，是在今后智能时代赢得胜利的唯一方式。

今后，不论你从事什么行业，思维方式改进了，方法论先进了，境界提高了，在竞争中，你就能用“洋枪洋炮”对付别人的“大刀长矛”。

当然，计算机算法在很多人看来是难以理解的。自己就算有心学习，也会像读天书一样搞不懂。其实，这只是因为过去很多计算机领域的专业人士在写书的时候没有考虑阅读对象是大众，把原本并不复杂的道理搞得很烦琐。诸葛越博士的《未来算法》一书填补了这个空白——它用直白通俗的语言和形象生动的比喻，将计算机中的“道理”讲得清清楚楚。

诸葛越本人是清华大学计算机系的毕业生，斯坦福大学的博士。在她的职业生涯中，她担任过很多跨国公司的技术骨干和高管，自己也成功地创办过高科技公司。因此她有着扎实的计算机科学理论基础和丰富的工程经验。诸葛越博士也热衷于培养少年儿童的科学和工程技术素养，懂得如何用大众容易接受的方式将复杂的理论教给大家。在《未来算法》一书中，诸葛越博士分享了她对计算机算法、工程技术，以及教育的思考，目的是帮助大家掌握未来时代的方法论。

我相信，各种人，无论是计算机行业的从业者，还是对计算机一无所知的人，在阅读了这本书以后都会有所收获。对于已经在这个行业工作的人来讲，这本书能够让你深度理解这个行业的门道；对于大众来讲，这本书则能够让你进入神奇的计算机世界。

祝学有所成！

2021 年 5 月 30 日　于硅谷

前言
操纵未来世界的算法

现代世界是计算机的世界。当今世界的每个人，几乎每时每刻都在跟计算机打交道。从早上出门打车用的打车软件、导航软件，上班用的电脑、文件和在线工具，点外卖咖啡的App（应用程序）和快递调度，到手机支付，孩子上的网课，在淘宝、京东购物，看微信，刷抖音，用语音助手，和机器人聊天，这些行为背后全是强大的计算机在操纵。

未来是人和机器一起仰望星空的时代。新兴的计算技术给世界带来了波澜壮阔的变革。从载人火箭的发射和回收，到无人驾驶，从高尖的AI（人工智能）、大数据、搜索，到人脸识别、基因检测、电子医疗、智慧城市规划，所有这些大型的工程项目，唯有我们和强大的计算技术携手才能做到。

2016年，谷歌旗下公司开发的AI计算机程序AlphaGo战胜了围棋世界冠军李世石。其实，早在1997年，计算机“深蓝”已经战胜了世界上最厉害的国际象棋选手加里·卡斯帕罗夫（Garry Kasparov），但是围棋的棋局变化众多，一直到最近，都还是人略胜计算机一筹的。AlphaGo 2016 年之后的连续胜利，让所有人认同，AI 在围棋方面已经超越人类职业围棋的顶尖水平。这个现象引发了社会上非常多的探讨：计算机的能力是否已经全面超过人类？在未来的计算世界里，我们的生存空间在哪儿？

计算机的发展始于 20 世纪初，20 世纪四五十年代开始应用，80 年代电脑进入家庭，90 年代互联网兴起，21 世纪初移动互联网和智能手机带来变革。半个多世纪以来，计算机科学家们发展出了一套方法来指导计算机，让计算机实现前面描述的这些变革性的应用。那些强大而精妙的、影响我们未来每一天的算法，就是本书要给大家介绍的未来算法，而这套思维方法也叫计算思维（computational thinking）。

算法是打开未来世界的钥匙，是计算思维的核心概念。计算思维，简单地说就是计算机怎么解决世界的问题。它包含几个部分：把复杂问题分解成简单问题，找出重复的模式，把物理世界的信息抽象表示成计算机能够理解的信息和很多约定俗成的算法。本书会用你能懂得的例子向你介绍这些概念。

未来算法教你像计算机一样思考。学会了计算思维，你可以看透互联网世界和 AI 是怎么运作的，你也就学会了一种解决大规模复杂问题的方法。计算机最强有力的地方在于以一抵万。它做的不是小事，是大事，是在 10 亿个网页里找出一条信息，统计识别全国人口的身份，同时处理上千万笔订单，或者给几亿名用户个性化推荐短视频这样的大事。计算机最强大的地方在于它的规模，学习计算思维会让你学会这种规模思考。

计算思维给你一套未来社会的交往语言——算法、数据、模型、迭代、AI 等，这些都是现代人必须深入了解的概念。计算思维的方法，比如分解问题、资源优化，也成为我们处理问题的标准方法。看完这本书，你再见到这些概念的时候就不再感到陌生，不再是外行，你在交谈和决策时就会不惧不恐，不停留在空洞模糊的理解中。

计算思维会对你的每日生活和工作有帮助，你会发现生活中处处是算法，会从一个全新的角度看待日常的问题，比如如何找到去公司的最短路径，如何管理时间，如何用优化的方法找餐馆和找伴侣，如何加密你的信息，机场人流是怎么回事，骗子是怎么利用简单算法让很多人上当的。计算思维也能帮你了解日常应用是怎么工作的，比如为什么滴滴知道你要去哪里，朋友圈为什么可以一直刷。计算思维还会帮你做事，帮你更有效地利用这些强大的计算机应用。比如了解搜索引擎的原理后，当你要找一份工作，你就知道如何缩小范围去找到合适的结果。再比如你想提高自己淘宝店商品的排名，你如果了解其分类和排序的规则，你的商品就有可能排到前面。

计算思维也可以帮助你解决人生的复杂问题。计算思维是一套方法论，一套解决复杂问题的方法论，这套方法论可以迁移到生活当中，给你指导：如何做好一名 CEO（首席执行官）？如何让孩子上好大学？如何在享受现在的生活和探索新的机会之间找到平衡？这些问题的本质是如何优化，如何做选择，如何做成一件大事。比如，你的焦虑感可能源于未能合理地分类，把可控和不可控的事情分开。我们都知道人生的难题不能用一个算法来解。计算思维会教你分解问题，找出规律，教给你直觉和框架。这对我们了解复杂的世界，做正确的人生决策有很大的帮助。

什么是未来算法和计算思维

现在，我们更进一步地来理解本书要介绍的算法和计算思维。你是否想过，为什么计算机科学对现有的几乎所有的领域都产生了巨大的影响？

现有的科学领域，比如说医学、物理学、生物学、教育学，都是很专业的领域，而计算机科学属于解决问题的科学领域。它的影响力在于，它的方法能够渗入并帮助其他各个领域，解决那些领域本身存在的问题。比如，计算机帮助医生在图像中寻找病人患癌症的可能性，帮助物理学家在千万张星空影像中找到新星，帮助生物学家快速排序病毒 DNA（脱氧核糖核酸）并预测可能的变异，帮助教育专家了解每个孩子的不同并真正做到个性化教学。

大家知道，计算机是机器，机器是死板的。计算机能懂得的命令是非常简单的。就像一个一两岁的小孩一样，一台普通计算机能够懂得的命令只有非常少的几种，比如“加一”“减一”“判断两个数是否相等”。这些简单的命令可以合起来让计算机完成一些标准的任务，比如把一串数字按大小排序。

那计算机为什么能做到那些炫酷的、人类做不到或者比不上的事情呢？这是因为它的速度特别快。快到什么程度？任何一台现代的计算机都可以在一秒之内读完《莎士比亚全集》。它可以在人无法感知的毫秒内完成几百万甚至数千万次的计算。另外，计算机还有一个优点，就是它可以不厌其烦，不断地重复做一件事。比如，你让一个人把100本书按名字首字母顺序排列可能不算难。但是如果让他排1万本书，他就非常累了，可能要排好几天。计算机是不怕累的，它可以快速且不抱怨地重复劳动。别说有1万本书，哪怕是10万本、100万本、1亿本，它都可以正确地排出来。理解了既死板又强大的计算机，你就理解了它是怎么做事的。计算思维的核心方法，就是充分利用计算机这种快速、精确、规模化的能力，把这种能力用算法表示出来，让计算机来完成。

目前业界公认，计算思维包含4个方面：分解问题、抽象、算法、模式识别（见图a）。其中，算法是直接用来解决问题的方法，而其他几个概念能帮助人们用算法来表示生活中的问题，从而让计算机来解决这些问题。下面我们再具体地解释一下上面提到的4个核心方面。

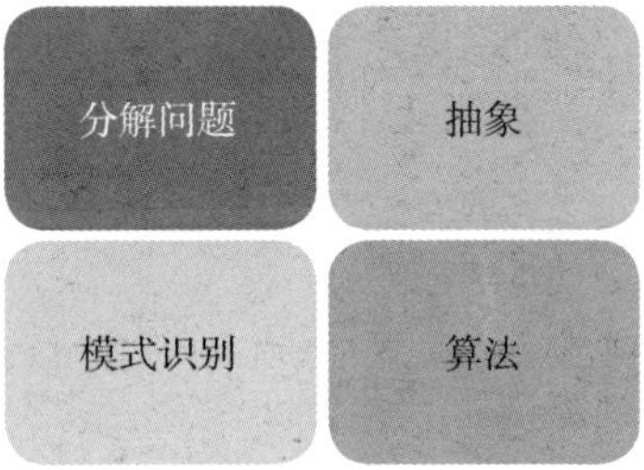

¤ 图a

第一，拆解复杂问题，直到复杂问题成为可重复的简单问题（分解问题）

不同学科、不同时间段、不同的人都有不同的思维方式和认知世界的方式。做同一件事，比如说盖一栋房子，建筑师想到的是设计风格，材料工程师想到钢筋水泥，文学家想到写个故事，而计算机看到的是：窗户、门、墙、地板，一起有结构地搭成一栋完整的房子。在计算机看来，窗户尽管大小形状不一，但都是窗户，门可以有不同的材质，但都是门。对计算机来说，盖一栋房子，是用多少个组件和如何搭建起来的问题。

用计算思维解决问题，首先就要拆解。分解问题是把原问题分解成子问题，解子问题，再把子问题的解合成原问题的解。无论多么强大的计算机应用，背后都是把原问题分解成可以解的子问题，只是规模不同。

你可能会用抖音刷短视频看，那抖音的个性化推荐算法是怎么回事呢？它怎么知道你喜欢什么视频呢？在计算机看来，这个问题可以拆解成：（1）把所有的视频按内容分类和排序；（2）根据所有用户（包括你）以前各自的观看习惯，推导出喜好；（3）把视频内容和用户喜好进行匹配，按匹配程度排序，这个排序可以用我们第 2 章要讲的排序算法来做。也就是说，你用抖音刷视频对计算机来说分三大步，每一步都可以继续拆解，直到每一步都可以用算法来完成。

淘宝看上去是做完全不同的事，但是你能想到吗，它最终也是个排序的问题。淘宝是把你要找的商品做个排序，按照你的需求来排。这两个强有力的应用，最终解决的都是排序算法的问题。但是它们排的东西不一样，一个是视频，一个是商品。排的方法也不一样，一个要学习你的喜好，让你喜欢看，看的时间长；另一个要尽快有效地促成交易。

第二，把生活中的问题抽象化，用约定俗成的算法来解（抽象）

我们生活在一个物理世界里，计算机生活在一个数字世界里。计算机并不像人一样理解真实的事物，我们需要把真实的世界表达成它能理解的语言。然后在计算或操作后，它才能在真实世界中把结果展示出来。

比如，抖音需要用ID（身份标识号）或者名字把视频表示成计算机可以理解的形式，也要把视频内容表示成计算机可以理解的形式。同样，淘宝需要把商品的名字、内容、价格等表示成计算机可以理解的形式。被计算机排序后，这些物品需要转换回人能够看见的视频或者商品。这个把真实物理世界和计算机数字世界对应的过程就是抽象。

在进行抽象的时候，我们要忽略不必要的空间或时间细节，以集中解决关键的问题。比如，要计算机调度公交车，只需要对它表示车站和地理位置，而不需要表示路旁的商店和花草。再比如，在App里面找一首歌，只需要对它表示这首歌的名字和歌手，播放的时候，才需要音频文件。

一旦问题被抽象成计算机可以理解的形式，比如转化为上面提到的排序问题，那么，这个问题就有约定俗成的解法了。在本书的第2章，我会向大家介绍一些常用的排序算法，比如冒泡排序、插入排序等。这些算法是计算机科学家研究出来的正确而高效的算法，是放之四海而皆准的算法。我们不需要重新去发明它们，就好比造房子的时候有其他公司已经能做出世界一流的窗户，那我们只需要知道是哪家公司有这个能力，把尺寸要求给它，让它造窗户就行了。

第三，算法是流程化的、可调用的、逻辑清晰的（算法）

计算机的算法就是一系列的指令，而指令是计算机能理解的语言。

人类的语言本身是复杂的、模糊的、会意的，比如“空山鸟飞绝”这句诗，看到的人会“脑补”这个画面。而计算机语言像小孩的语言，你必须给它所有精确的信息，它才能懂。计算机需要数过每一棵树，不多也不少，才知道这是一片有几棵树的森林。计算机的指令需要清晰、流程化，就像做一杯咖啡的指令，不管谁拿到这个指令，都可以做出同样的咖啡。

清晰的语言表达是计算思维的要点。拆解使语言变得清晰。比如，计算机把物体从小到大做一个排序队列，它的办法是：（1）拿一个新的物体；（2）从队列第一个开始比较，直到找到这个物体合适的位置；（3）把这个物体插入这个位置。这 3 个步骤非常清晰，没有歧义，对任何数目的物体都会奏效。在第 2 章我们会看到，这个算法叫插入排序算法。抖音排视频可以用这个算法，淘宝排商品也可以用这个算法。无论是抖音需要每天推荐 1 亿个短视频，还是淘宝同时服务 1 000 万名用户，当它们做到最后一步，需要向用户展示一个排好序的清单的时候，它们用的都是我们会在第 2 章学到的排序算法。在本书中，我会介绍各种基本的算法，可以说，现代和未来的数字世界就搭建在这些算法之上。算法是约定俗成的好方法，一个算法可以解不同的问题，一个问题可以由不同的算法来解。我们需要知道各种算法的存在，懂得它们的原理，学会调用它们，让算法为我们服务。

第四，可重复性带来规模效应（模式识别）

计算机的算法不是用来解一个问题的，而是用来解一类问题的。这个解是可以重复的。比如，抖音不是给一个人推荐视频，它的算法可以给一亿人推荐视频，每个人看到的内容是不一样的，形式和方法却是一样的。再比如，一个人脸识别算法不是只能识别某个人，而是可以把每个人的身份证照片和实际的影像进行匹配。

可重复性带来规模效应，这是计算机强大的根本原因。所谓模式识别，就是识别出哪些问题有共性，可以用同一个方法（比如排序）来解，这样我们就可以把这些问题交给计算机算法，让它重复做，做成千上万遍。

说到计算思维，人们通常会提出两个最常见的问题。

第一个问题：计算思维和数学思维是一回事吗？

答案：不是。简单地说，数学寻求的是真理，数学问题会有一个答案或者一个证明，数学关心的是正确性。比如 7+3=10。计算思维更关心怎样有效地把一件事做出来。对计算机来说，一个问题有解还是不够的，关键是怎么解，是否能在合适的时间内找到令人满意的答案。比如说，能否在 1 秒钟内给我推荐合适的视频，在 10 秒钟内找到去公司的最短路径，或者要在 50 亿个网页中找到和“火箭”相关的网页？怎么才能在合理的时间内把一件事做出来，是计算思维关心的问题。

103 是不是个素数？这是个数学问题。写一个算法来判断任意数字是不是一个素数，这是个计算机的问题，计算机能解决所有判断素数的问题。再比如，300 万和 200 万哪个大，是个数学问题。如何让 300 万人同时在线看球赛，是个计算机的问题。

第二个问题：计算思维和编程是一回事吗？

答案：不是一回事，但是有一定关系。计算思维可以说是学编程之前的基础技能，也可以说是贯穿编程过程的底层思维。没有计算思维就学不好编程，但是计算思维不受限于编程语言，比编程囊括得更广。用一种编程语言写出算法，交给计算机去运行，不论是用 C 语言、Python、Java，还是其他编程语言，这个过程都是编程。从计算机编程诞生以来，人们设计出的编程语言有 100 多种，而算法是不需要懂得任何编程语言就可以学会的。

用写文章做比喻，编程好比写汉字、写英语或者写日文，计算思维则类似于文章的构思、组织和内容。会编程只是掌握了和计算机直接交流的语言，而拥有计算思维才能写出正确的程序。我们都知道，人与人之间的交流可以通过非文字的方式，比如画画。和计算机交流也可以通过使用现成的 App、图形化编辑软件等，不一定要通过编程。

本书是怎么组织的

为了便于非专业读者理解，也为了更有趣味性，我选择了一种由浅入深的方法来介绍未来算法和计算思维。

第一部分　基石

在简单介绍分解问题的第 1 章之后，我会从计算思维的基本组成单元——三类最常见的算法讲起：第 2 章讲排序算法，第 3 章讲分类算法，第 4 章讲搜索算法。这几种算法比较容易理解，也比较有趣，同时又很强大，计算机世界所有的应用都会用到它们，它们是计算思维的基础组件。在第 5 章中，我将介绍有趣的递归算法，一种精妙优雅的计算领域人人必懂的算法。

第二部分　架构

然后，我将用 4 章内容来讲述在懂得基础算法后，如何把它们组织在一起并做成强有力的大事。第 6 章我将介绍数据和数据结构，因为现代的算法全部和数据息息相关。第 7 章是模式识别，讲述计算机如何把做过一遍的事做成千上万遍，这也是计算机强大的最根本原因。第 8 章讲如何把物理世界的事情抽象到数字世界，从文字、图片到视频，再到正在兴起的 VR（虚拟现实）、AR（增强现实）。第 9 章讲计算思维的最核心——优化。生活就是个优化问题，希望这一部分的内容，能帮助广大读者从全新的角度看待生活中的问题，提高工作和生活的效率。

第三部分　未来

计算技术的各个方面都在引领未来可能的发展，在各个技术领域当中，最吸引人的技术又是 AI。在第 10 章，我会用你在本书中学到的概念和方法来解释 AI。AI 就是让机器像人一样思考，像人一样交流，像人一样做事。希望本书的读者在读了这章之后，不仅仅了解玄妙而强大的 AI 能干什么，而且在一定程度上知道它们是怎么做到的，原理是什么。这样，我们就可以在今后的工作和生活中，知道如何利用 AI，和 AI 合作共舞了。

本书的各个章节如图 b 所示。这些章节之间虽然有一定的相关性，但没有强联系，所以读者可以直接读感兴趣的章节。本书所讲的算法和其他概念，基本可以覆盖计算机解决的 80% 的关键问题，当然难度是大大降低了的。

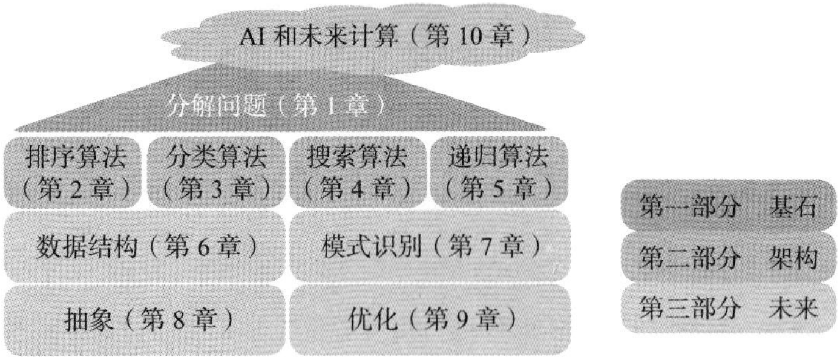

¤ 图 b

谁可以读这本书

所有的人都可以读这本书。

你可以是不在计算机行业的成人，想了解算法是怎么回事，计算机是怎么工作的，AI 是怎么学习的，掌握人人熟知的基本概念。这属于知识性的阅读。

你可以是中学生、大学生，这本书可以带你入门，以便你将来更好地学习和计算机相关的内容。这属于趣味性的阅读。

你可以是孩子的家长，不知道孩子是否该学编程，怎么算学懂，你可以带着孩子一起读。当然，掌握了计算机的方法论，你也可以解决自己遇到的实际问题，比如如何做复杂项目，使你的工作和生活更高效。

如果你已经是计算机专家，你可以看到，原来许多概念也可以由繁入简，原来可以用这样简单的例子去解释你已有的技能，你将耳目一新。

虽然这只是一本入门书，但我还是希望能带大家窥探一下计算世界的精美和巧妙，展示它如何用非常优美的、极其聪明的、超常简洁的办法去解决复杂的难题。比如一个不规则的大问题怎么变成多个规则的小问题，比如貌似非常不同的问题背后其实是同样的模式，比如 AI 其实就是预测，比如如何用简单的黑白二维码来表示繁多的信息，比如用自我嵌套的递归方法可以画出极其优美的图案和解答世界末日的谜题。

希望这本书会给你一个不同的看世界的视角。

关于作者

我受过两次完整的计算机教育。

第一次是本科，在清华大学计算机系，我学习了所有的计算机方面的基础课。当时，计算机是个新兴的学科，清华有非常优秀的专业老师，我学到了很多的计算机基础思维。我的本科专业是 AI。当年清华计算机系每个年级 6 个班，入学的时候把每个班的专业分好，我所在的三班刚好是 AI 专业。所以在本科的时候，我们就接触了当时 AI 领域的许多前沿技术。

那时清华本科是 5 年制，正要开始教育改革，有少部分学生可以在四年级的时候开始接触研究生的一些活动，6 年可以拿到硕士学位。我有幸成为被选中的几个学生之一，在本科四年级的时候，我进入了清华的 AI 实验室，师从于张钹老师，做一些简单的机械手方面的研究。从张老师和高年级的同学们那里，我学到不少当时国际先进的 AI 领域的知识，也对如何做研究有了初步了解。

当我到斯坦福大学计算机系读硕士和博士的时候，我却发现有很多和本科课程相同的课，他们教的方法是很不一样的。比如让学生学习编译器、操作系统，采用的都是项目式学习，让学生直接写一个编译器或者操作系统。所以，我在斯坦福又把所有的计算机课学了一遍。

好运的我刚好赶上了斯坦福计算机系的黄金时代。那时候，计算机界的很多大师还在，世界公认的 AI 鼻祖约翰·麦卡锡（John McCarthy）教授来参加讨论，高德纳（Donald Knuth）在做计算沉思（Computer Musing）系列演讲，写他的举世名作《计算机程序设计艺术》（*The Art of Computer Programming*）。我有幸跟从许多后来闻名世界的学者和老师直接学习，比如我上的计算机体系架构基础课的老师是约翰·汉尼斯（John Hennessy），他是后来的斯坦福大学校长、图灵奖获得者、MPIS（普美思科技）公司创始人。AI 基础课教授是尼尔斯·尼尔森（Nils Nilsson）教授，他也是 AI 的学科创始人之一和世界级专家，写作了被广泛引用的经典之作《对 AI 的探索》（*The Quest for Artificial Intelligence*）。操作系统基础课老师是孟德尔·罗森布拉姆（Mendel Rosenblum），他后来成为威睿（VMware）创始人。

那时，他刚刚从加州大学伯克利分校毕业，有一次给我们上课迟到了，因为他不知道去哪里领结婚证。当然，在数据库和大数据领域，著名的斯坦福大学信息实验室也在那个时候成立，我的三位博士生导师赫克托·加西亚–莫利纳（Hector Garcia-Molina）、杰弗里·厄尔曼（Jeffrey Ullman）和珍尼弗·维多姆（Jennifer Widom）几乎书写了整个领域的教科书。杰弗里·厄尔曼刚刚获得 2021 年图灵奖。

当然，我们当时也不知道这里有即将在工业界产生世界级影响的小辈们，比如达芙妮·科勒（Daphne Koller），Coursera（大型公开在线课程项目）联合创始人，她当时快要读完博士，是我们为数不多的女生的小组长。年青一代的学生，隔壁楼的黄仁勋刚毕业就创立了英伟达，杨致远（Jerry Yang）和大卫·费罗（David Filo）在汉尼斯老师休假期间做出了世界万维网最流行的导图雅虎（Yahoo！）。和我坐在同一个隔间的同学是谷歌的联合创始人谢尔盖·布林等。在这里，我们共同见识了计算机技术领域的世界前沿。

毕业后，我在美国硅谷和中国北京工作，一直在技术行业，做过研究员、架构师、产品经理、创业公司 CEO、技术高管。我曾在一家叫 Hulu（视频网站）的美国公司做中国区总经理，团队使用 AI 和机器学习技术做视频内容的识别、推荐、搜索等。我还带领团队写了两本关于机器学习算法的畅销书《百面机器学习》和《百面深度学习》。

多年以后我才理解到，计算机这个学科教给我的分解问题、优化、模式识别的办法，其实在很多方面帮助了我，不仅在技术方面，也在战略、决策、公司管理、个人成长等方面。受过计算思维训练的人有一套结构性地看待问题的方法，永远不会害怕复杂的难题，会清楚地看到重要的点，把时间和精力花在关键问题上。

同时，我是两个孩子的妈妈，老大在剑桥大学读物理专业，老二在芝加哥大学。我写过一本关于他们两人成长的书《魔鬼老大，天使老二》，也运营家庭教育相关的微信公众号“东西方教育”，我的“得到”App 课程《如何培养面向未来的孩子》有 13 万名付费用户。有趣的是，“东西方教育”上最受欢迎的文章叫《我的孩子要不要学计算机》。

几年前，我家二儿子骐骐十二三岁时，有一次说他在学校参加了一个“奇怪的比赛”。这个比赛叫“Bebras（百博思）国际计算思维挑战赛”，是一个有超前意识的比赛，由牛津大学和谷歌承办，目的是“让全世界的孩子为计算而兴奋”。比赛的内容是“计算机科学家们喜欢解决的问题”，也就是评测孩子的计算思维。世界各国的孩子不需要学统一的编程语言，也不需要说统一的语言，都可以参赛。

骐骐去牛津大学参加了决赛。他们有一整天的比赛和其他相关的活动，听了计算机科学家的演讲，看了有趣的先进 AI 展示。因为骐骐参加这个比赛，我仔细地看了所有的资料，跟踪了他的比赛过程。在这个过程中，我了解了“计算思维”这个还比较鲜为人知的概念，看到培养未来人才算法技能的重要性。

在我的教育理念和方法中，有一点比较独特，是其他教育工作者不曾提及的，那就是重视复杂技能的培养。人的基础技能是像数学、语文、英语、绘画等学校可以教的技能，而复杂技能是把这些基础技能组合在一起，做成一件大事的能力。比如说，做一个项目的领导，一家公司的 CEO，一座桥梁的总工程师或者一个乐队的指挥。这些人需要具备这样的能力：把一个大项目清晰地分解成可执行的小项目，领导团队协作完成，并且掌控全局。教孩子们既能站得高，又能解决问题，这要靠计算思维。

作为一个计算机行业的从业者，作为一个培养过上千名技术人才和管理人才的领导者，在我头脑里，“计算”和“教育”这两条线交会在一起，我深深地理解了为什么计算思维能力很重要，它的精髓所在，它和其他数理能力的不同，以及它可以怎样一步步培养。

“计算”和“教育”这两条线的交会，让我决定写这本关于计算思维的科普书。我希望能用简单的形式把我这么多年领会到的计算思维的精髓教给更多的人，希望不了解计算机的读者能入门而不再望而生畏，希望已了解计算机的读者能更加清晰地思考和应用这些能力。

在写这本书的过程当中，我问过自己很多问题，尤其是关于“难度”的问题。写这本书最大的挑战是把握讲解的难度。计算机处理的是大规模的问题，它的方法和看问题的角度和我们熟知的常规不太一样。本书为了照顾大家不同的水平，最初的例子是尽可能简单的，中小学的孩子就可以理解。然后，我帮助大家举一反三，看到同样的思路可以解决几百、几万、几亿个同类问题。

本书不打算面面俱到，但是希望覆盖计算思维最经典的概念，比如什么是算法、递归，什么是分类树。本书也试图介绍计算机领域最经典的例子，比如汉诺塔、旅行中的推销员。另外，我也尝试着在尽可能简化的情况下，讲述计算思维怎么帮助我们理解日常生活中常用的强大应用，比如短视频、搜索、电商、电子扫地机器人、AI 等。书中还有一些我本人学习计算思维的小故事和一些与计算思维相关的著名历史故事。当然，我主要是根据重要性和趣味性选择一些话题，希望能够带大家进门，引起大家的兴趣。

洞察力，是我最希望读者能够从本书中得到的。在我看来，那个被计算机和算法轻车熟路地操纵着的未来世界，我希望你也能看到！

第一部分

基石

第 1 章

分解问题：
从炒鸡蛋到无人驾驶

在这个开篇短章中，我将介绍计算思维中看似最简单但其实最强大的概念：**分解问题**。在图 1–1 中，大家可以看到，分解问题是计算思维这栋房子的“屋顶”。问题被分解后，各类算法才能上阵发挥作用。

分而治之、各个击破是兵家常用的策略。分解问题就是分治法。兵法讲了分治法的“道”，而计算思维介绍分治法的“术”，也就是具体什么是分解问题，怎么分，怎么表示，分了以后怎么一步步地做，最后怎么正确地解决问题。

计算机既聪明又强大，它可以完成登月、自动导航、构建 VR 之类的特别有意思但人类还做不好或做不到的事情，它还可以下围棋，打败世界冠军。但是，计算机做到这些事，凭的是它

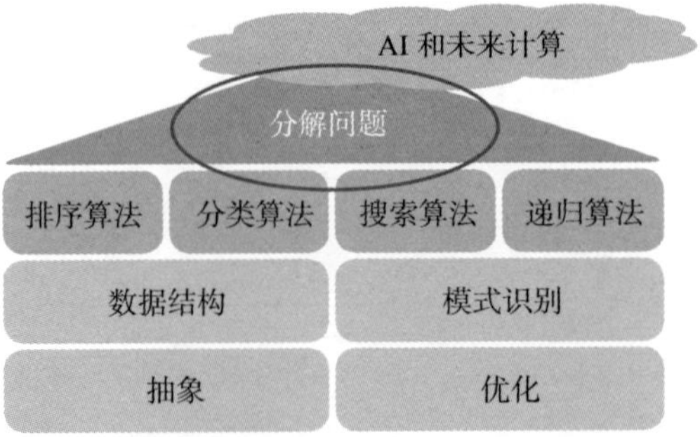

¤ 图 1–1

的速度超快。计算机没有办法“一览众山小”，它只能一棵树一棵树地看，一朵花一朵花地数。计算机最核心的部件做的是极其严格、死板、正确、简单的操作。从简单操作到强大应用，计算机所使用的方法就是分解问题。

计算机能把复杂的大事情分解成多个简单的小事情，把一个大问题分解成若干小问题，然后逐个击破。分解问题听上去简单，但是我们需要用清晰的逻辑和流程来表现它，计算机才能理解和执行任务。

炒鸡蛋

举个例子，菜谱使用的就是一种标准的分解问题的表现方式，一个不会做菜的人看到菜谱可以一步步炒出一道菜。计算机算法就像菜谱，任何一台计算机接受一个算法都可以同样地完成一项任务。

¤ 图 1–2

下面我们就先用简单的菜谱来举例，

介绍分解问题中的两个概念：**串行**和**并行**。

试想，如果世界上真有炒鸡蛋的菜谱，它会是怎么样的？它会分为以下几步：（1）准备原料，（2）炒蛋，（3）盛到盘子里。注意，这三步需要一步一步地进行，顺序不能颠倒，不能先盛盘再炒蛋。顺序执行，就是计算机语言所说的串行。

这三个步骤也可以用一个非常简单的**流程图**（见图 1–3）来表示。对于串行的事情，做事只能按照给定的先后顺序来。

¤ 图 1–3

分解问题不限于一个层次。大步骤可以再继续分解细化。比如，如果一个人还是不理解怎么炒蛋，那么我们可以把上面的步骤细化，第二步“炒蛋”可以再次分解为：（2.1）把油下锅，（2.2）把蛋下锅，（2.3）翻炒 5 分钟。这三个小步骤也需要串行（见图 1–4）。

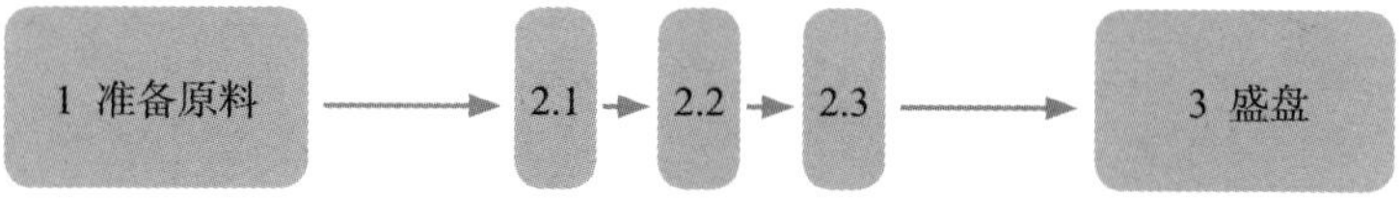

¤ 图 1–4

那什么是并行呢？在第二步的同时，也就是炒蛋的同时，我们可以把盘子准备好，这就叫并行。简单地说，并行就是在同样的时间里同时做多件事。在图 1–5 所示的流程图里，并行被表示为不同的通道。大家可以看到，并行的两个通道上的任务 2 和 2A 可以同时做，但是 2 和 2A 必须都发生在任务 1 之后，任务 3 之前。

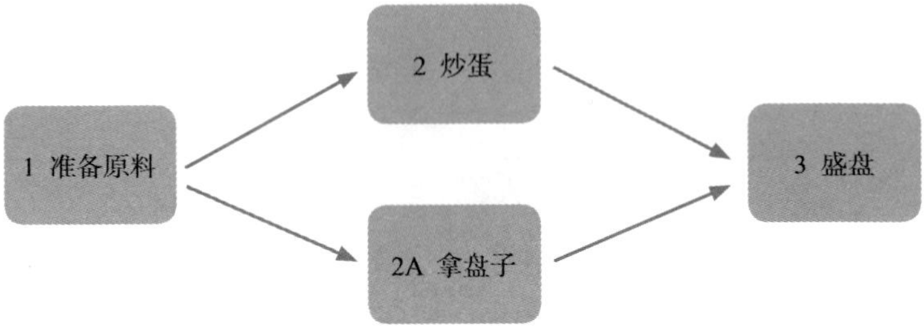

¤ 图 1–5

那么分解问题要分解到什么程度呢？我们再用上面的菜谱来打比方，把做菜的过程分解到看菜谱的人看到以后会做就行了。比如，拿盘子这件事一般人都会拿，至于这个人是用左手去拿，还是用右手去拿，写菜谱的人可以不管。只要那个人能准时在炒蛋完成的时候把盘子拿来就行了。

拿盘子这个操作，就等同于我们后面要大篇幅介绍的算法。这件事我们一看就会，还可以请别人代做。分解问题，最终要把问题分解成可以用一台计算机使用算法来解决的问题。

说到这里，你可能会感到疑惑，炒蛋的步骤可以分解，可你还是不知道计算机是怎么完成复杂任务的。其实，计算机实际做的事情确实要更复杂、更难、更耗时间，要求也更高。但复杂的任务也需要先进行分解，基本思路还是一样的。我们来看看短视频推荐和无人驾驶。

短视频推荐

记得前面我们简单介绍过抖音个性化推荐短视频吗？我们先来看一下，从用户的角度这是一个什么样的使用场景。

短视频应用最核心的功能是自动给用户推荐短视频。比如抖音这款短视频应用，产品界面主要是全屏单一短视频沉浸式的体验，打开应用程序，用户直接看到一个推荐的短视频自动开始播放。如果用户对当前视频感兴趣，视频自动完成播放，然后循环播放，用户可以上滑看下一个视频；用户如果对当前视频不感兴趣，也可以很容易地上滑翻看下一个视频。短视频的这种产品设计主要迎合了用户的下面几个使用习惯。

（1）基于推荐。把系统认为用户可能最喜欢的视频直接推荐给用户，让用户从打开程序到开始观看视频的路径最短。

（2）极简操作。用户喜欢看就沉浸其中，因为视频以不到一分钟的短视频为主，用户每看一个视频耗时很短，可以上滑翻看下一个，随时看随时刷。

（3）下一个视频的惊喜感。上滑看下一个视频，是一个非常自然的简单操作，且用户总有一种打开下一个看看是什么的惊喜感。加上短视频平台应用了 AI 算法，随着用户刷的视频增多，根据用户针对每一个推送视频的观看行为（看了多久、是否看完、点赞、关注、转发等），短视频系统对用户更了解，系统就能更准确地预测用户的喜好，进而推荐用户更可能会喜欢的短视频。这样在上滑看下一个视频的时候，用户刷到一个更喜欢的视频的概率就更大，产生刷完一个还想看下一个的持续使用体验。

在了解了从用户角度刷短视频是一种什么样的产品使用体验后，我们再来看一下，从计算机的角度看，这是一个什么样的计算问题。

本质上计算机需要解的问题是：给定一个用户，在一个给定的时刻，推荐一个最匹配用户喜好的短视频，从而优化某些产品使用目标。

对于一个给定的用户，计算机需要试图理解用户的喜好；对于一个给定的时刻，计算机需要发现用户在不同时刻的使用习惯；对于推荐的短视频，计算机需要理解整个内容库供给端的所有可推荐的视频；对于产品使用目标，它可以是用户使用时长、用户活跃度、转化率等。

用分解问题的思路，抖音个性化推荐短视频这个问题可以拆解成：（1）把所有的视频按内容分类和排序；（2）根据所有用户以前各自的观看习惯，推导出喜好；（3）把视频内容和用户喜好进行匹配，按匹配程度排序。现在，我们可以把这三步用我们刚学会的流程图来表示（见图 1–6）。

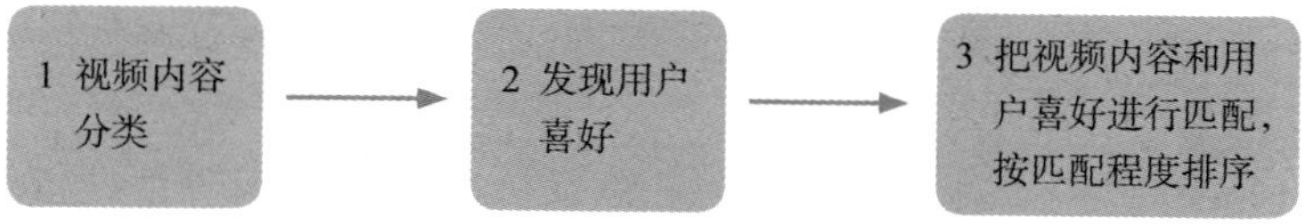

¤ 图1-6

看了这个问题分解的图 1-6，我们发现其实前两步是可以并行完成的，它们都是耗时耗工的事儿，并行来做应该会有好处。而第三步，把视频内容和用户喜好进行匹配，按匹配程度排序，则可以拆成两步，如图 1-7 所示。

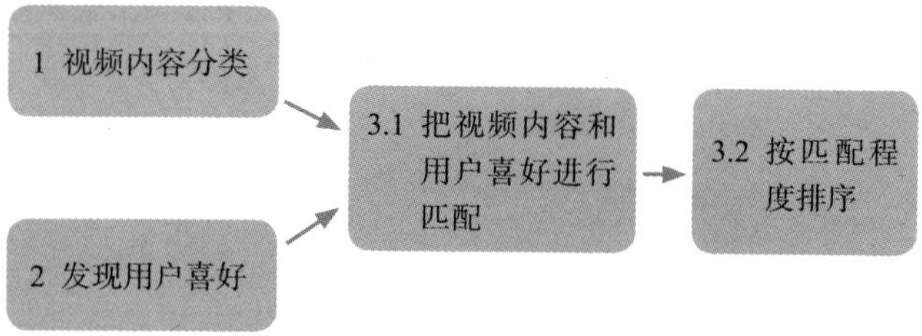

¤ 图1-7

图 1-6 和图 1-7 是两个不同的流程图做同样的事。然而图 1-7 相对来说有几个好处。其一，第一步和第二步可以并行，而并行往往可以大大地节省时间。给千万个视频进行内容分类并不容易，在公司里，这两件事甚至可以由两个不同的团队去做。其二，在图 1-7 里，步骤 1 和步骤 3.2 使用的都是标准问题法。步骤 1 是一个分类问题，可以用我们第 3 章要学的某一个分类算法来做。步骤 3.2 是一个标准的排序，可以用后面第 2 章要学习的任何一个排序算法来解。步骤 2 和步骤 3.1 还比较复杂，可以继续拆解。

当然，上面我们给的只是个范例，真正的抖音推荐算法要复杂得多，但是原理类似。所以，现在你已经知道抖音推荐算法中最基本的方法了！

无人驾驶

我们再来举个例子。无人驾驶，是计算机正在解决的一个非常复杂的问题，全人类都对无人驾驶的广泛民用翘首以待，这当中有很多复杂的技术问题。

¤ 图1-8

我们先来简要描述一下什么是无人驾驶，它的发展现状和应用价值，然后从计算思维的角度看计算机如何分解这个问题。

无人驾驶，顾名思义就是没有人参与控制（没有司机）却能自动驾驶的交通工具的总称，最常见的就是无人驾驶汽车。

几十年来，无人驾驶技术的研究可以分为三个阶段。大约从1980年到2003年，大学研究中心致力于两大汽车自动化愿景：第一是自动化公路系统，相对“笨拙”的汽车依靠公路基础设施来行驶；第二，另一些团体致力于研究无须特殊道路的无人驾驶汽车。

2003 年至 2007 年，美国国防部高级研究计划局（DARPA）进行了“三大挑战”，明显地推动了无人驾驶技术的进步：前两个挑战在农村环境，第三个挑战在城市环境。每个挑战都促使大学研究团队在此项技术的研发中进行大力投入。

近 10 年，私营企业也推动了无人驾驶技术的发展。谷歌的无人驾驶汽车计划已经开发和测试了一队汽车，并通过举办活动来展示这项技术的应用。2013 年，奥迪和丰田在国际消费电子展上公布了各自的无人驾驶汽车愿景和研究项目，日产也宣布计划在 2020 年之后开始销售无人驾驶汽车。

无人驾驶的广泛民用一直是各大公司研发的目标。2020 年 10 月，无人驾驶领域的先行者、谷歌母公司旗下的无人驾驶子公司 Waymo 在美国菲尼克斯向公众开放完全没有安全员的无人驾驶出租车服务，这也是首次有无人驾驶公司向公众开放完全无人驾驶的出租车，是无人驾驶民用的一个重要的里程碑。

无人驾驶是目前 AI 技术最前沿和前景最广阔的方向，从基于机器学习和机器视觉的算法，叠加 5G（第五代移动通信技术）和云计算的信息互通，到机器人操控技术的“大综合”，都是它涉及的领域。随着汽车的电动化，传感器和车载芯片技术的发展，机器学习算法的突破，云计算的普及，以及 5G 的出现，全球乘用车和商用车都逐渐开始拥抱无人驾驶技术。

无人驾驶这个错综复杂的 AI 问题，从计算机的角度来看，一般可以分解为三步，如图 1–9 所示。

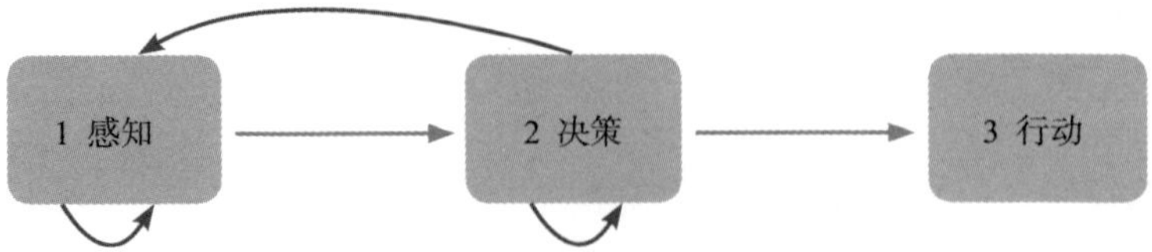

¤ 图 1-9

（1）感知环境：用摄像设备监测道路、障碍物、天气等。这一步有点像人的眼睛和耳朵做的事情。

（2）做出决策：根据汽车的目标、地图、交通规则等，对驾驶行为做出决策，可以是继续前进、加速、减速、转弯、停止等。这一步相当于人的大脑做的事情。

（3）开始行动：根据前一步所做的决策来行动，操纵方向盘、加速或者转弯。这一步相当于人的手和脚做的事情。

上面这三步可以串行，多个这样串行的步骤又在同时进行，不断地感知、决策、行动。当然，这三步中的每一步又可以分解成若干小步。尤其是第二步决策，它可能会使用非常复杂的算法，比如深度学习算法等。在第 3 章讲分类的时候，我会更加细致地告诉大家，在决策这一步有哪些分类问题。真实的计算机系统还要处理各种边界条件，但这并不妨碍我们理解它解决问题的大体思路。

你可以看到，小到炒鸡蛋，大到短视频推荐和无人驾驶，这些事都是可以用分解问题的方法去拆解的。计算思维是解决复杂问题的思维能力，而分解问题是计算思维的核心，这个过程把一个大问题分解成计算机可以运作的子问题，之后计算机再把子问题隔离开，分别清晰地描述出来，然后逐步用算法解决。

你可能会想，分解问题是计算思维的核心，可以帮助我们理解计算机是如何工作的，但是对我们日常生活有什么帮助呢？

其实，生活中我们会遇到的大大小小的问题，很多都可以用分解问题的计算思维来拆解，这样无论遇到多么复杂的问题，你都会知道如何下手。

办婚礼

举个贴近生活的例子，比如办婚礼。一提到办婚礼，人们可能会觉得，这是一个相对复杂和事项很多的大项目。其实只要合理地拆解，然后逐个办理，事情就会清晰很多。

如图 1-10 所示，我们可以先在大的层面按事件发生的时间顺序把婚礼拆解为筹备计划、前期准备、婚礼当天和婚礼后。

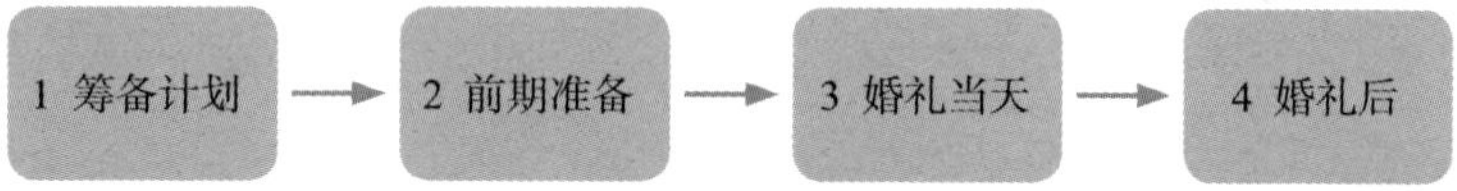

¤ 图 1-10

然后，我们再进一步把筹备计划拆解成决定日期地点、草拟客人名单、确定伴郎伴娘等，如图 1-11 所示。很多子步骤可以并行，主要的步骤需要串行。这样逐层分解问题，直到我们可以对每一个子问题明确地采取行动，就实现了化繁为简。

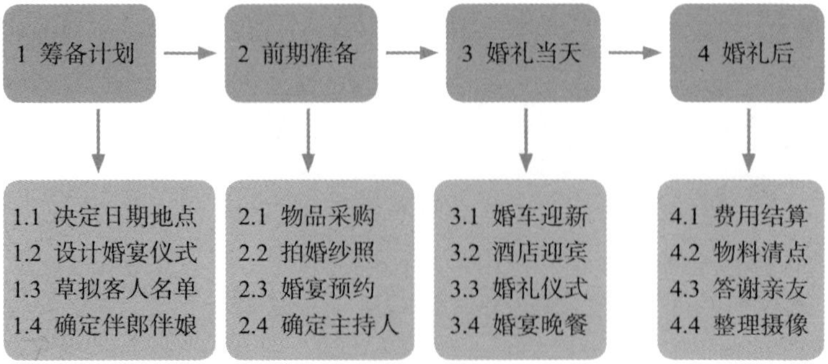

¤ 图 1–11

分解问题和编程

最后，我们简单解释一下分解问题和编程的关系。当我们把一个大问题分解成小问题，再分解成具体的步骤以后，我们就可以用一种计算机可以理解的语言，比如图形化拖拽语言、Python、C 语言、Java 语言等，把这些步骤表示出来，指导计算机做事。一个**程序**就是一系列计算机能理解的指令，**编程**就是写程序的这个过程。编程的关键不是写指令，而是想清楚这是什么问题，如何一步步地解决，然后再用语言写下来。本书不教大家如何写程序，而是告诉大家程序背后重要的方法和思路。有了计算思维，编程就会变得很简单。

我们讲了分解问题，把一个大问题分解成计算机可以理解的指令，再表示为能够被单独解决的小问题。那多小算是足够小了呢？要不要一直分解下去呢？这个问题的答案是，一个问题如果分解到能用我们下面几章要说的“算法”来解决，就足够小了。

一章小结

这一章讲到的概念

分解问题、流程图、串行、并行、程序、编程。

关键内容总结

- 计算思维的核心是分解问题。
- 复杂问题经多次分解后，变为算法可解的模块。
- 算法是计算机可理解、可执行的有清晰流程的解决问题的方法。

白兔戴上了眼镜，问道：“我该从哪儿开始呢，陛下？”
“从开始的地方开始，”国王郑重地说，“一直进行到末尾，然后停下。”

—— **刘易斯·卡洛尔** 《爱丽丝漫游奇境记》[①] ——

The White Rabbit put on his spectacles. “Where shall I begin, please your Majesty?” he asked.
“Begin at the beginning,” the King said, very gravely, “and go on till you come to the end: then stop.”

— Lewis Carroll, *Alice in Wonderland*

① 本书引用的《爱丽丝漫游奇境记》均出自以下版本：刘易斯·卡洛尔．爱丽丝漫游奇境记［M］．盛世教育西方名著翻译委员会，译．上海：上海世界图书出版公司，2009.

第 2 章

排序算法：巴比伦的泥板

计算思维左右离不开一个概念，就是算法。

算法的故事

目前业界公认，术语“算法”源自公元 9 世纪的数学家、天文学家花剌子米（al-Khawārizmi）。花剌子米写了不少数学书，“算法”这个词就来自他名字的拉丁文音译。

但是，不看这个词的话，大多数历史学家认为，巴比伦的泥板是世界上第一个已知的算法。在这种泥土烧成的平板上，巴比伦人开发和保存了一种使用楔形数字进行计数的数字系统。

还有些算法被记录在古希腊的纸上，诸如杰拉萨的尼科马修斯（Nicomachus）、欧几里得（Euclid）等学者

¤ 图2-1

奠定了现代数学的基础。为了简化其想法，使之具备可理解性和适用性，他们将其中许多想法表示为分步操作，和我们的计算机算法很相似。

算法在拉丁语中叫“Algoritmi”，意思是“十进制数系统”，算法在这样一个含义下使用了几个世纪。后来，算法的非正式定义演变成“一系列精确定义的操作规则”，所以菜谱、法律流程也都可以算作算法。

现代算法的概念在 19 世纪以英语出现，并在 20 世纪 50 年代开始流行，这是由第一台商用计算机的出现而引起的。计算机大师图灵严格定义了“计算”这个概念，证明了图灵机可以模拟任何一个算法，引起了业界的广泛兴趣。

从此以后，人们普遍认为，“算法是计算机的过程和公式，它们将您的问题转化为答案”。

算法本身可以有多种表现形式，可以是自然语言、流程图、伪代码、编程语言等。好的算法需要被精心设计，可以适用于多种场景。我在斯坦福计算机系读博士期间，经常会在系里碰见戴着自行车头盔的当代算法大师唐纳德·克努特，他自取的中文名叫高德纳。他是 1974 年图灵奖的获得者，TeX（文本排版系统）的发明者，被称为“算法分析之父”。高德纳有一段关于算法的著名引言：

我们希望在某种松散的美学意义上寻求好的算法。一个标准是执行该算法所需的时间；另一个标准是该算法对计算机的适应性，也就是简单和优雅。

“简单”代表“快”，“优雅”代表“小”。快而小，是算法的终极目标。

说起当代算法大师高德纳，他与算法的结缘来自他13岁时一场关于糖果名称的组词比赛。

在20世纪中叶，计算机编程刚刚诞生的那些年，有一家叫Ziegler（齐格勒）的糖果公司为了促销一种叫Giant Bar（巨人吧）的棒棒糖，在学校中办了一个比赛，看谁能用Ziegler's Giant Bar中的字母排列组合出最多的单词，这是一个界定清晰明确的问题，也正是高德纳喜欢的那类问题。

“我有一种强迫症，而这个小比赛让我产生了对数字离散问题的兴趣。并且，我也很热爱钻研大量信息。”高德纳说。

在他家的地下室中，高德纳系统性地翻阅了他家那本2 000页厚的Funk & Wagnalls（美国出版商）无删节版词典。他甚至说服父母相信自己生病了，这样两周时间都没去上学，而是把时间投入这个问题。基于这些可能组成糖果名称的字母，他标注了以Aa、Ab和Ba等可能在单词前面的字母串，并将它们做成了索引卡片。之后，他开始检索词典中满足条件的条目。他发现词典中有些部分可以完全跳过，比如以字母C或BU开头的单词所在的部分。

赛事举办方预计最后的胜者能找到大约2 000个单词，而高德纳找到了4 700多个。他为他的班级赢得了在电视上露脸以及获得巧克力的奖励。

在那以后，他还将继续为自己赢得更多“巧克力”，包括第一届格蕾丝·穆雷·赫柏（Grace Murray Hopper）奖、美国国家科学奖章和1974年图灵奖。

高德纳将自己对离散数字问题和大量信息的热爱融入了他的巨著《计算机程序设计艺术》，这套书从1962年他还是一个研究生时就已经开始写了，但到现在还未完成。

1968年，他出版了该书的第一卷，目前该卷已经印了27版。第二卷和第三卷分别出版于1969年和1973年。1968年他已经是斯坦福大学的一位计算机科学教授了，但他一直担心教职工作会妨碍自己写完这套书。因此他在1990年告假，接着在1993年退休，打算余生都用来完成这套七卷巨著。现在，他已经83岁了，仍在努力撰写第四卷的B部分，他预计这一卷至少有A到F共6部分。

在这本书里，我不仅仅希望把算法这个概念教给大家，还希望让大家真正看到计算机的算法是怎样一步步工作的。这一章，我将介绍所有计算机应用都离不开的**排序算法**。

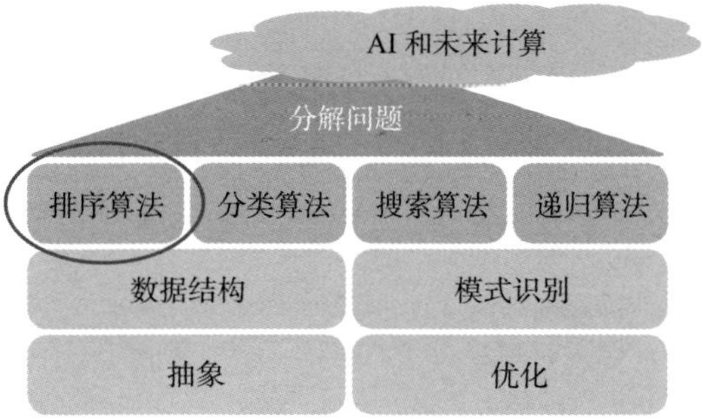

¤ 图 2-2

世上一切皆有次序，从播种到花开，春夏秋冬，四季更迭。排序在生活中的一个典型例子就是按一定的规则排队。排序有非常多的应用场景，比如孩子在体育课上按高矮排队，书店的图书按字母排序，字典里的字按笔画排序，考试成绩按分数排序。前面我们提到过抖音的短视频排序，淘宝的商品排序，游戏榜单的比分排序，这些都是排序。你在一个电商网站，比如在京东、淘宝买东西，它们的商品可以按销售量排，按评论数排，也可以按价格排。在手机 App，比如美团、点评里，商家可以按距离远近排或按均价排。这些也都是排序。排序是其他算法发挥作用的基础，比如搜索算法往往基于已经排好的物品，才能快速找到目标。

你也许会觉得排序是一件简单的事。从概念上看，排序是比较容易理解的，所以这章我们用排序来引入，看看计算机算法是怎么回事儿。我们也会看到，给少量物品排序并不难，但是如何有效地给成千上万个物品排序，还是很有讲究的。

抓牌

逻辑清晰的计算机如何给一些东西排序？让我们先来看一个简单的例子——抓牌。打牌的时候，如果你决定把所有抓到的牌从小到大排在手里，你会怎么做？

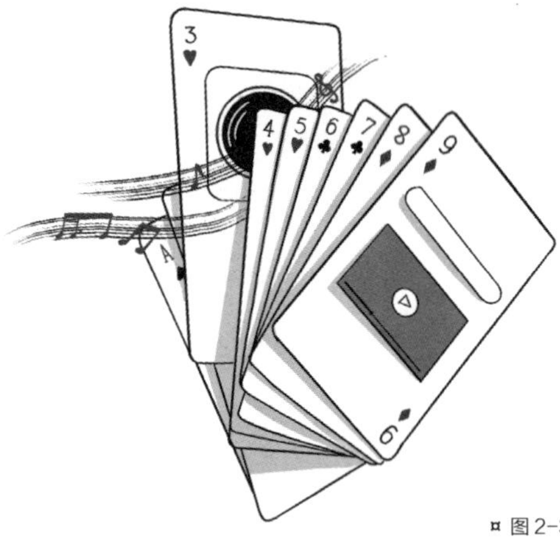

¤ 图2-3

你也许会先抓第一张拿在手里。从第二张牌开始，看看新的一张牌和旧牌相比的大小，然后把新牌插到合适的地方。也就是说，插到一个左边的牌比它小，右边的牌比它大或者一样大的地方。如果这张新牌比手里所有的牌都小，那就把它放到最左边；如果这张新牌比手里所有的牌都大，那就把它放到最右边。

恭喜你，你已经完成了第一个排序算法，叫作**插入排序算法**（insertion sort）。这个办法可以保证你在抓牌的过程中，总能把所有的牌都从小到大排好。

计算机常用插入排序算法来维持一批有序的物件。比如，来了一件新商品，计算机可以用插入排序算法把它插到原来的商品清单里，保持所有商品的顺序。理论上，把任何新的物品，无论是商品、网页、歌、视频还是账号，加到原有的已经排好的清单中，计算机都可以用插入排序算法，不过这不一定是最好最快的方法罢了。

你现在已经了解了第一个算法——插入排序算法，我们来更清楚地解释一下什么是“算法”。算法是一个方法，它包含一系列具体的指令，去解决一个问题或者完成一个任务。你可以看到，对算法的解释一定要足够清晰，没有歧义，这样接受方看到以后才会知道怎么做。也就是说，上面所说的抓牌的方法是一个算法，任何一个人或者计算机都可以遵从这些指示，把一组牌按照顺序从小到大排好。在后面的章节中，你会看到很多算法的例子，我也会越来越多地介绍算法的特性。

思考

下面请思考两个相关的小问题：

（1）如果我们希望牌是从大到小进行排序，那上面同样的方法可以用吗？

（2）上面这个抓牌的方法，和一共有几张牌相关吗？也就是说，对 1 张牌、5 张牌、100 张牌来说，这个方法都会管用吗？

下一节，我将用孩子排队来解释另外几种常用的排序算法，然后你会看到，这些算法不仅可以用于孩子排队，还可以用于本章开头讲述的任何排序场景。

开学典礼

开学的时候，一群不认识的同学来到一起，需要从矮到高排队。下面我们来仔细地分解一下，如果让一台计算机来做这件事，它可以怎么做。记住，计算机做这件事，不能只是说“你们排队吧”，它必须有确定的一步步的方法。

我们分析一下几种常用的方法，来介绍几种不同的排序算法。

第一个方法：计算机先找到最矮的同学，让他站在最前面，然后，再从余下的同学中找最矮的，排在第一个后面，以此类推，直到把所有同学排好，如图 2-4 所示。

¤ 图 2-4

这个方法就是经典的计算机**选择排序算法**（selection sort），也就是每次都选一个最矮的。你可以想象，计算机可以把每个同学的身高表示成一个数字，每次看所有的数字，挑一个最小的，放到一边，然后再从剩余的数字里面挑最小的，直到把全部数字都按从小到大的顺序排好。这个方法的好处是简单易懂，缺点是比较慢，计算机每次都要在没排过的所有数字当中看一遍，挑一个，每次都要看剩下的所有同学谁最矮。

我们再来看第二个排序的方法：所有的同学先随便站成前后一排，然后，前后相邻的两个同学互相看一下对方，如果前面的比后面的高，那他们就换一下位置。

这个方法是不是比较有趣？你是不是相信，用这个方法最后也能把同学们从矮到高排成一排？

下面我们来展示一下 3 个同学用这个方法的排序过程。假设 3 个同学的代号分别是 1，2，3。1 比 2 矮，2 比 3 矮。开始这 3 个同学的顺序是 3, 1, 2。那么第一次, 3 和 1 交换，变成 1, 3, 2；第二次，再把 3 和 2 交换，变成 1，2，3，排序就完成了，如图 2–5 所示。

¤ 图 2–5

假设开始这 3 个同学的顺序是 2，3，1，那么第一次，3 和 1 交换，变成 2，1，3；第二次，再把 2 和 1 交换，变成 1，2，3，排序也就完成了，如图 2–6 所示。

¤ 图 2-6

为了方便理解这个方法，你可以用几张卡片来试一下。给卡片写上 1，2，3 等数字，代表从矮到高的同学。然后，随便它们开始怎么排，用两两交换的办法，几步后你就可以把整个顺序排好。

你可以试试其他组合，是不是无论开始的时候是“3，2，1”，“2，1，3”或者“3，1，2”，都能排成 1，2，3？也许你已经发现了，是不是有的时候比较快，只要交换一次，而有时候要多交换几次，慢一点?

这里我们要强调，虽然我们举的例子只有 3 个同学，但是这个方法是在任何数量的情况下都奏效的，不管是几十个、几百个还是几万个。这个交换的算法是另一个经典排序算法，叫**冒泡排序算法**（bubble sort）。如图 2-7 所示，你可以想象最矮的孩子像气泡一样，一步步从他的位置移到队伍的第一位。

¤ 图 2-7

我再问你一个问题：用这个方法，什么时候能知道每个人都排好了，不用再排了？你可能会发现，当队伍里面每个后面的人都比前面一个人高，不用再换位置，这个过程就可以结束了。

你可能要问，为什么要用第二个方法呢？用方法一，老师直接选择排不是挺好的吗？原因是如果只有 10 个同学，我们当然可以用方法一来排。但如果有 1 万个同学排队呢？那用方法一就太难了，老师第一次要在 1 万个同学里挑最矮的，第二次要在 9 999 个同学里面挑。而方法二，每次都是前后两个人交换，就不会太难。方法二还有一个特别大的好处，就是可以同时进行：前后两个同学随时都可以交换，不用等老师一个一个看。这就是前面第 1 章提过的并行处理，而计算机做并行处理是很在行的。

你可能还会问，为什么要把 1 万个同学从矮排到高啊？其实，孩子排队只是个比喻，这 1 万个孩子可以是 1 万个网页、视频、商品。我前面就说过，计算机要处理的问题并不是 3 个孩子排序这样简单的小问题，而是很多的东西，比如成千上万个商品，成千上万个短视频，要不断排序的那个更大的问题。你只要理解了这个方法，它在数目很大的情况下还是会奏效的。

有趣的排序方法很多，我再给大家提供一个方法三：男孩从矮到高排好队，女孩从矮到高排好队，然后老师站在前面，每次老师从两个队的队首挑选出比较矮的孩子，依次合成一个队就行了。这个算法叫**归并排序算法**（merge sort）。

图 2-8 示意了一个简单的归并排序过程。在这个情景中，一共有 3 个男孩 a、b、c 和 2 个女孩 x、y，他们都已经从矮到高排好。在下面的 5 步当中，每次最矮的男孩和最矮的女孩进行比较，第一次 a 被选中，第二次 b 被选中，第三次 x 被选中，第四次 c 被选中，第五次 y 被选中。这样比较 5 次，5 个孩子就都排好了。

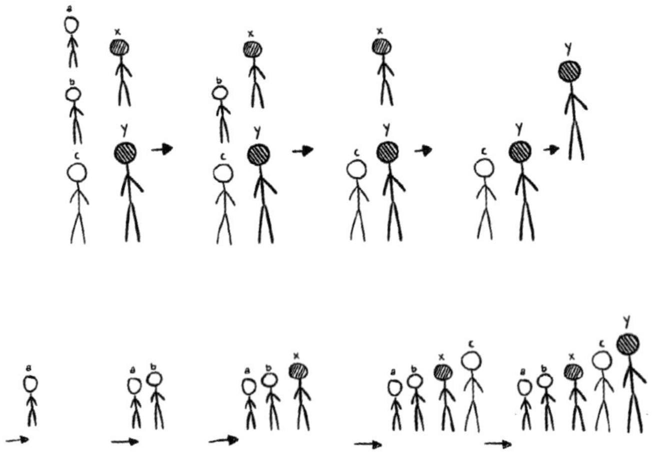

¤ 图 2-8

方法三看上去很简单，但是它有个要求，就是男孩、女孩要先分别排好。仔细想一下，归并排序其实使用了问题分解的方法，把排一个大队的问题，分成了先排两个小队，再把小队合成一个大队的问题。小队人少，好排，小队合成大队又很简单。这里，我们可以看到计算思维在起作用。

思考

下面请思考两个相关的小问题：

（1）一个年级有 5 个班，现在要按身高给所有学生排队。假设每个班的同学可以先排好，你是否可以用归并排序算法把所有同学排好？怎么做？

（2）一个年级有 5 个班，现在要按身高给所有学生排队。你是否可以先用一种算法把每个班的学生排好，然后再把全体学生排好？怎么做？与所有学生一起用一个算法相比，这样做的好处和坏处是什么？

算法的特性

前面讲的每一个排序的方法，在计算机术语里都叫算法。算法就是用一系列简单确定的操作来完成一项标准任务。算法是计算机用来解决问题的基本单元。因为计算机是一台机器，它不会猜想，也没有直觉或者感情，算法的操作必须是清楚的，没有歧义的，可以严格遵从的。

算法的第一个重要特性是正确性，也就是它在任何情况下都必须正确。例如，我们如果用某个算法为孩子排队，那么不管是对 1 个孩子，10 个孩子，还是 100 万个孩子，也不管他们开始是怎么站的，这个算法都要保证最终能够把所有的孩子排好。算法系统地解决一类问题，而不是解决某个特殊的问题。这是算法的强大之处。对于前面介绍的几个算法，虽然在这里我们没有严格地证明，但是它们都是被验证正确的。

同时，大家在排序的例子里还可以看到很多计算机算法的其他特性，比如多样性、重复性、完整性。

多样性。对同一个问题的解法有多个，每个方法在不同的情况下可能效果很不一样，有的在这种情况下解得快，有的在那种情况下解得快。往往总有一个很笨的方法能达到目的，比如一个个地数过挑人。计算机可以先用这个笨算法，然后再改进。也就是说，虽然每个算法是确定的，但每个问题都可以用多种不同的算法来解。

重复性。大家可以注意到一个现象，我们经常有一些事情需要重复地做，直到某一个条件被满足为止。比如说，重复直到所有的孩子都排好了。条件满足了，算法就结束了。这里讲了一个计算里常用的概念，叫循环，就是一件事情需要反复地做，直到某一个条件被满足为止。计算机最擅长不厌其烦地重复劳动。这个概念之所以重要，是因为有了这个循环条件，这个算法可以被用在 N 多个孩子排队上，不需要预先知道一共有多少个孩子。

完整性。排队不能有的孩子没排进去，所以我们的方法要保证把每个孩子都排好。比如有 3 个孩子一样高，排序算法需要正确地工作，不能一直犹豫谁排在谁前面，也不能扔掉 2 个孩子。或者说，假设一共有 10 个孩子，把 8 个排好也是正确的，但这是不完整的。其实，这个完整性也是正确性的一个角度，我们把它单独提出来，是因为仅仅有正确的结果还是不够的。

到了这里，看了这些，你是不是觉得计算思维和数学思维不是一回事了？

我们学习排序的目的，不是要认出哪个孩子高，哪个数更大，而是要知道怎么样正确地把一个队排好。计算思维更关心在不同的初始情况下，具体的一步步的方法是怎样的，这样我们就可以写程序让计算机操作。换句话说，计算机关心的是如何做事。另外，因为计算机要解决大的问题，所以计算思维也会关心在数目很大的情况下，哪一个方法才是最快的。

算法一旦被表示清楚，不同的计算机执行同一个算法，每次都可以产生同样的效果。就好比任何人拿了那个炒鸡蛋的菜谱，只要严格按照那个菜谱做，他总是能够把鸡蛋炒熟。算法也是一样，不管哪个老师按照我们这个小孩排序的算法做，他总是可以正确地把学生排出来的，排的中间过程也一样，不会因为不同的老师操作而不同。搜索的结果，商品的推荐名单，都不会因为是不同的电脑来操作而有所不同。

还有非常重要的一点，就是你会发现，不管我们是排简单的数字 1、2、3，还是孩子的身高 1.5 米、1.6 米，还是按字母顺序从 A 排到 Z，只要我们排序的那个东西可以比出大小或者先后，这些算法都是奏效的。这是个抽象的概念，也就是说我们其实可以不去关心具体排的是什么东西，不关心数字有没有小数点。我们可以抽象地用简单的数字 1、2、3 去说明和学习这些算法，知道它们也适用于非简单数字的其他场景。

比如，我们说过抖音算法的最后一步是排序。在这个时候，也就是第 1 章图 1–7 的 3.2 步，每个视频都已经和你的个人喜好匹配出一个分数，比如视频 1 是 5.0 分，我们表示为（视频 1，5.0）。其他的视频和分数是（视频 2，6.6），（视频 3，4.3），（视频 4，8.9），（视频 5，3.1）。我们可以用选择排序算法，或者冒泡排序算法，把这 5 个视频按照分数从高到低排列：

（视频 4，8.9）

（视频 2，6.6）

（视频 1，5.0）

（视频 3，4.3）

（视频 5，3.1）

排好以后，这些视频就可以按照这个顺序展示给你看了。也就是说，你刷抖音的时候它按照你的喜好把视频推荐给你。这个时候，如果有新的视频到来，抖音可以用插入排序算法把新的视频插到未看视频队列中合适的地方，这样任何时候你看到的都是和你的喜好最相关、最匹配的视频。

1 万件衣服

我们怎么把学到的分解问题和排序算法连起来用呢？举个例

子，我有一次去广西支教，给孩子们发冬衣，去之前要统计孩子的身高，到时候要把衣服按大小排好在操场上，然后给孩子们排队，让他们认领。这里有一个有趣的问题：如果有 1 万个孩子，1 万件大小不同的衣服，怎么把合适的衣服发给合适的人呢？

这个答案就是我们分发衣服的三步：

（1）把人从矮到高排好。

（2）把衣服从小到大排好。

（3）按顺序给每人发 1 件衣服。

以上这三步可以用一个串联的流程图来表示（见图 2–9）。

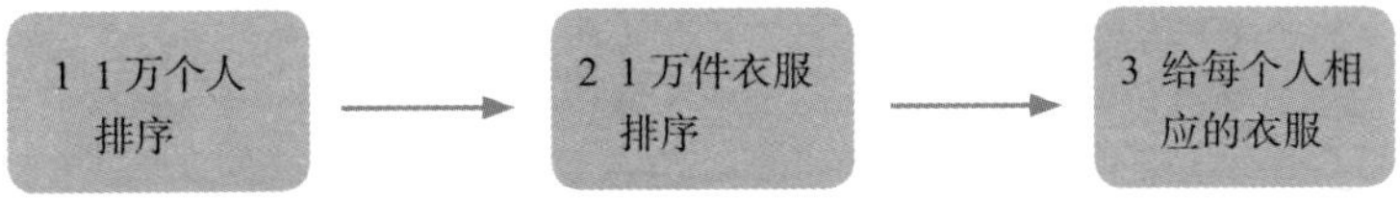

¤ 图 2–9

后面我们会遇到不少算法，它们都有多个步骤。从现在开始，我们把算法写成下面这个方式：每一行代表做事的顺序，也就是说，我们不再具体写出“第一步”“第二步”“第三步”。每一行，我们叫一个**指令**，一般是指向一件清楚的可以具体操作的事。我们假设这些指令会按照顺序一行一行串行地执行，和流程图表示的一样。对于下面这个算法，我们在右面标出了指令 1、2、3，如果没有标出，你也可以认为是从上到下一行行地执行。

发衣服算法 =

把人从矮到高排好	1
把衣服从小到大排好	2
按顺序每人发 1 件衣服	3

你发现了吗？当我们解决这个发衣服问题的时候，第一步和第二步都是排序，可以用我们刚刚学到的排序算法来做。在思考怎样发衣服的时候，我们不需要具体思考这两个关于排序的子问题怎么解决。也就是说，上面说的第一步和第二步可以先不考虑。我们可以假设，总有办法能把人和衣服分别排好，我们把排序问题外包，再“调用”就行了。我们刚刚学过的排序算法给了我们自信。而且你会发现，排人和排衣服可以用不同的排序算法，比如人可以让他们用互换法自己排（冒泡排序），衣服可以按号码的大小排（选择排序）。图2-10展示了这两种不同的算法。

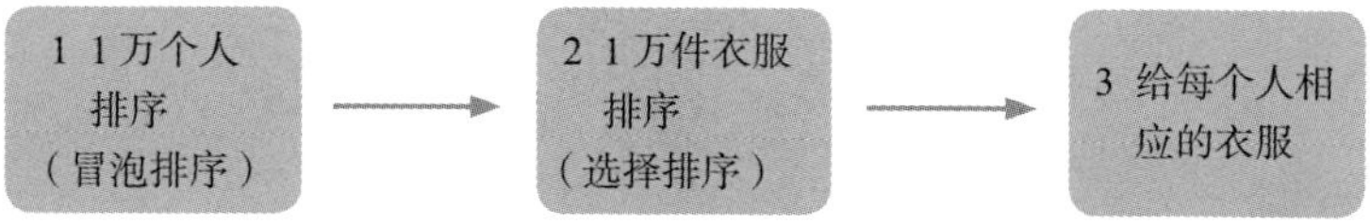

¤ 图2-10

这种思维把大问题（分配衣服）分解成子问题（两个排序加一个匹配），并且假设子问题（排序）已经有现成的解，只要调用它们就行了。这是我在第 1 章所讲的分解问题和本章所讲的算法的结合，也是计算思维的精髓所在。

另外，你可能已经发现了，1 万个人排序和 1 万件衣服排序是可以同时进行的！这两个排序只要在发衣服之前都做好就行了（见图 2–11）。可以想象，给 1 万个人或物品排序要花很长时间。让这两个耗时的任务同时做，总体上所需的时间就会短多了。如果给 1 万个人排序要 10 个小时，给 1 万件衣服排序要 5 个小时，给所有人发衣服要 2 个小时。那么串行的算法（见图 2–9）需要 10+5+2=17 个小时，而并行算法（见图 2–11）只需要 10+2=12 个小时。

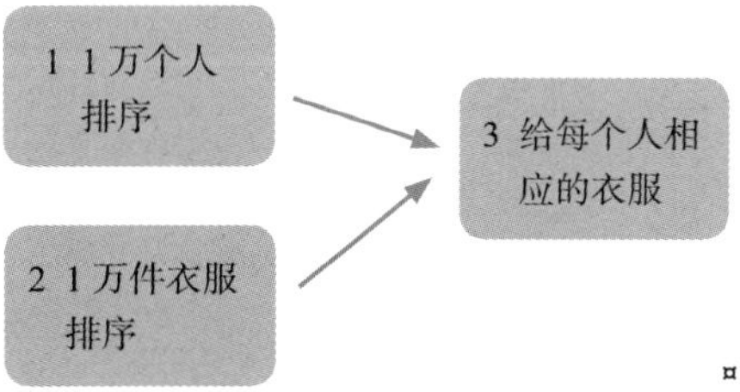

¤ 图 2–11

积分送好礼

你也许在想，怎么会给 1 万个人发衣服呢？记住，这些例子都只是为了解释算法的概念。一旦我们懂得如何操作，这些算法可以有特别多的应用。

比如，上面发衣服的算法，在我们的工作和生活中类似场景很多，只不过你可能还没意识到，这些都是排序问题。我再举一个例子。“6 · 18”购物节快到了，假设中国移动要做“积分送好礼”活动，给积分最高的 1 万个用户送上金额不等的免费话费礼券。它的算法用流程图表现出来如图 2–12 所示。

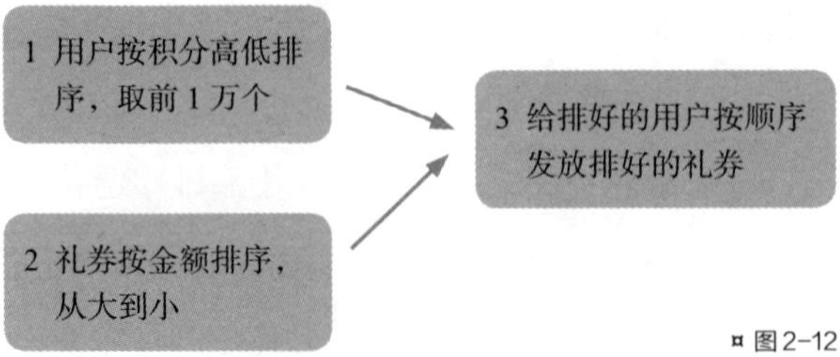

¤ 图 2–12

你可以看到，这个算法和发衣服的算法是一模一样的。用户按积分高低排序，礼券按金额大小排序，都可以用我们已经学过的排序算法来排。在中国移动“积分送好礼”这样的大型实际应用中，常常要给这样大数目的人和物排序。而我们学到的这些约定俗成的排序算法，都是计算机专家已经证明正确的方法，都可以直接拿来用。

小明有限的脑空间

下面我们来看一个有一定空间限制的排序。小明需要把 9 个乱的数字按大小排好。我们列出，这 9 个数开始的时候是这样的：7，8，2，9，5，1，8，5，3。可是，小明能力有限，每次只会排 6 个数字，再多他就想不清楚了。那他怎么排 9 个数呢？小明可以像下面这样做。

¤ 图 2–13

（1）排前面 6 个数，成为：1，2，5，7，8，9，8，5，3。

（2）排后面 6 个数，成为：1，2，5，3，5，7，8，8，9。

（3）再排前面 6 个数，成为：1，2，3，5，5，7，8，8，9。

这时候小明看了一下，后面 6 个数也已经排好了。他就停下来，宣布 9 个数全部都排好了。

小明的算法是：先用学过的任何方法排前面 6 个数，再排后面 6 个数，如此反复循环，直到前面和后面的 6 个数都已经排好了，也就是说，再没有需要移动的数字了，他就宣布排序成功。

可以说，小明虽然每次只能排 6 个数，但他还是相当聪明的。他的方法可以保证这串数的前半部分和后半部分都是排好的，中间又有衔接，他的确可以保证这串数字都排好了。

思考

下面请思考两个相关的小问题：

（1）我们说小明停止他的算法时，他的 9 个数都已经排好了，为什么？如果这 9 个数还有顺序颠倒的，他是否会停下来？换句话说，如果这 9 个数还有顺序颠倒的，那么他的前 6 个数或者后 6 个数是否还有更多排序工作要做？

（2）如果有一串很长的数，比如 1 万个，小明每次排 6 个，保证每 6 个数有重叠（比如 1~6 号数字，6~11 号数字，11~16 号数字等），他的这个方法还有效吗？

计算机有时候也会遇到小明这种情况。比如要排 50 亿个网页，计算机可能一次也排不出来，没那么大的空间，所以前面提到的开学排队的算法不能直接用，计算机需要像小明一样，一部分一部分地排，再衔接起来。对每一部分，计算机都可以使用我在前面介绍的经典排序算法。

总结一下，很多强大的应用都会用到排序。

- 短视频 App 展示的是按照你的喜好排好的视频清单。
- 电商网站展示的是按照销量、评价、价格等排序的商品。
- 搜索的结果是按相关性排序的网页。
- 通信录是按照名字排好的联系人。
- 银行账单是按照时间排序的交易清单。
- 流行歌单是按播放量来排序的歌曲。

排序是很多计算机算法的基础，也是了解计算机必须迈出的第一步。计算机科学家发明的排序算法远远多于上面介绍的几种，每一种都适用于不同的情况。有的算法内部很复杂，比如基于机器学习的商品推荐系统，会按照它猜测你可能想要购买的商品给你推荐，而不是简单地排序。但是，不管算法内部多么花哨和复杂，结果都是一个有序列的清单。

用排序思维来做时间管理

根据事情的优先级给我们生活中每一天要做的事情排序，可以大大提高我们时间管理的效率。下面用艾维·利时间管理法来举一个具体的例子。

伯利恒钢铁公司总裁舒瓦普曾会见效率专家艾维，艾维说能帮舒瓦普把他的钢铁公司管理得更好。舒瓦普承认自己的公司不尽如人意，可是他说自己需要的不是更多知识，而是更多行动："应该做什么，我们自己是清楚的。如果艾维你能告诉我们如何更好地执行计划，我就听你的，在合理范围内价钱由你定。"

艾维递来一张白纸，请舒瓦普在这张纸上写下明天要做的6件重要的事："现在，用数字标明每件事对于你和公司的重要性的次序。"

艾维接着说："现在把纸放进口袋，明天早上拿出来，做第一件事。不要看其他的，只看第一项，着手办第一件事，直至完成为止；然后用同样方法对待第二项、第三项…… 直到你下班为止。如果你只做完第一件事，无所谓，因为你是在做最重要的事情，一切都值得！"

艾维说："每一天都要这样做。在你对该方法的价值深信不疑后，叫公司的其他人也这样干。如果能带来价值，请给我寄来支票，值多少就给我多少。"

几个星期后，舒瓦普寄去一张2.5万美元的支票和一封信，信上说，从钱的方面看，那是他一生中最有价值的一课。5年后，舒瓦普的小钢铁厂从5年前名不见经传的小厂跃居为世界最大的独立钢厂，而艾维推荐的时间管理方法已为舒瓦普赚得了1亿美元。

我们来总结一下艾维·利时间管理法的具体步骤：

（1）写下你明天要做的 6 件最重要的事。

（2）用数字标明每件事的重要性次序。

（3）明天早上第一件事是做第一项，直至完成或达到要求。

（4）然后再开始完成第二项、第三项……

（5）每天都要这样做，养成习惯。

这其中，第二步，也就是排序，是最重要的，它帮助人们遵从两个重要原则：（1）先解决最重要的问题，（2）每次只解决一个问题。

我们在生活中常常看不清楚的优先级问题，比如工作和生活的平衡，该去同学聚会还是在家里看书，都是没有想清楚要按什么来排，什么对你最重要。每天的时间对于每个人都一样多，用排序思维来管理时间可以让你的每一天更高效。

从古至今，人们每天都在执行着各种算法，只不过在今天看到这一章的内容之前，你不一定这样想。

“sort”这个英文单词，不仅仅用于排序和分类东西，也有“整理、应付、搞定”的意思。一个场景被“sort out”，就是排整齐了，也可以说是搞清楚了。生活中的矛盾混乱，往往源于一个优先级的问题。排序最关键的是要知道按照什么排，比如商品是按价格、销量还是评分来排，你的朋友是按亲密程度、交往时间还是有用程度来排。如果我们想清楚了，知道是按照自己最在意的标准来排序，我们就头脑清晰，能分辨出哪一个是主要的，哪一个是次要的。这样我们就可以先做主要的事情，先做高价值的事情。

一章小结

这一章讲到的概念

算法、排序算法、插入排序算法、选择排序算法、冒泡排序算法、归并排序算法、抽象、指令。

关键内容总结

- 算法是一个方法，它包含一系列具体的指令，去解决一个问题或者完成一个任务。对算法的解释一定要足够清晰，没有歧义，任何人拿同样一个算法去做事，做出来的结果都是一样的。
- 算法系统地解决一类问题，而不是解决某个特殊的问题。这是算法的强大之处。无论是 1 个、10 个，还是 100 万个事项，算法的应对在任何情况下都保证是正确的。
- 对同一个问题，往往有多个算法可以解。计算思维关心的是哪个解更快、更好，或者说效率更高。
- 看似很复杂的问题，比如抖音的推荐，拆解之后也会变成我们已知的算法可以解的问题，比如这是个排序的问题。

“为什么一只乌鸦像一张写字桌？”帽匠问。

“好了，现在我们有有趣的事做了！”爱丽丝想。

“真高兴他们开始出谜语了。我一定能猜出来。”她大声地说。

“你的意思是你能猜出答案？”三月兔问。

“正是这样。”爱丽丝说。

○—— **刘易斯·卡洛尔** 《爱丽丝漫游奇境记》 ——○

“Why is a raven like a writing-desk? ” The Hatter said.

“Come, we shall have some fun now! ” thought Alice.

“I'm glad they've begun asking riddles.--I believe I can guess that. ” she added aloud.

“Do you mean that you think you can find out the answer to it? ” said the March Hare.

“Exactly so. ” said Alice.

— Lewis Carroll, *Alice in Wonderland*

第3章

分类算法：全世界所有的东西

雅虎的故事和互联网的分类

互联网上的资料几乎覆盖了你可以想到的任何主题，为了浏览这些站点并找到想要访问的网站，你可能使用搜索引擎。

本书的读者可能很难想象，就在20多年前，互联网刚刚开始出现的时候，没有任何的搜索功能。所以，用户除了自己记住想要去的网站，并不知道如何找到新的有用的网站。

但是，两个无聊的斯坦福大学的学生在1994年春季改变了所有的一切。

1994年，一位名叫杨致远的电气工程专业学生与他的同学大卫·费罗分享了自己喜欢的网站的列表。两人开始一起度过闲暇时光，上网浏览并汇编了一份更大的他们喜欢的网站的列表，最初称为“大卫和杰里的互联网指南”。他们的网站以指向他们认为有趣的网站的链接为特色，并分为几类。在短短 6 个月的时间里，它从每周获得数千次访问的数百个网站的列表，发展为每天大约 50 000 个访问者的 2 000 多个链接列表。

是的，互联网的指南就是从一个网页，从简单的手工排序和分类开始的。

杨致远和大卫·费罗自称“首席雅虎”。随着该网站的日益流行，杨致远和费罗不仅将链接分成类，而且进一步将其分成子类。他们还认为自己的网站需要更好的名称。在浏览字典时，他们决定使用雅虎这个名字，雅虎的英文名 Yahoo 是“Yet Another Hierarchical Officious Oracle”（另一个分层的恶意神谕）的缩写，也就是一个分层分类。

杨致远和大卫·费罗开始使用斯坦福大学的计算机来管理其网站。到 1995 年 6 月，雅虎已拥有 10 000 多个网站链接，每天的浏览量超过 100 万次。这对于斯坦福大学的服务器来说实在是太多了。就这样，他们离开学校，正式成立了自己的公司。到 1999 年初，这家由两个大学生出于业余爱好而建立的小网站，已成为一家拥有近 2 000 名员工的公司。到 1999 年底，该公司拥有 4 000 名员工，并拥有 Visa（维萨）和 MTV（音乐电视网）等合作伙伴，他们的产品用户数超过 2.5 亿，收入超过 10 亿美元。

> 到2000年，雅虎在24个不同的国家提供400多种不同的产品和服务。我本人2003年加入美国雅虎，当时硅谷最受欢迎的公司之一，工作到2006年。在2006年，雅虎，这个对全世界的网页进行分类的网站，每月有6.5亿以上的访问量，是互联网上最受欢迎的网站。

前面一章我们介绍了解决排序问题的算法。这一章我们介绍另外一类常用的算法——**分类算法**。分类的场景在生活中有很多，也很容易理解。比如，常见的动物可以分成水里游的、天上飞的、地上跑的。一个动物属于哪一类，取决于它的特性，比如说它是不是生活在水里，有没有长羽毛等。当然，分类问题不是这么简单，所以不少动物学家和植物学家毕生专攻物种分类。

还有不少分类问题并不是直接能看出来怎么做的，比如，人们拍摄的成千上万个视频怎么自动分类成新闻、体育、生活？如何区分有用的邮件和垃圾邮件？刷脸进门、“AI门禁”如何凭一张不同角度的照片判断你是否是该公司的员工？这些都是更加先进、复杂的分类问题。

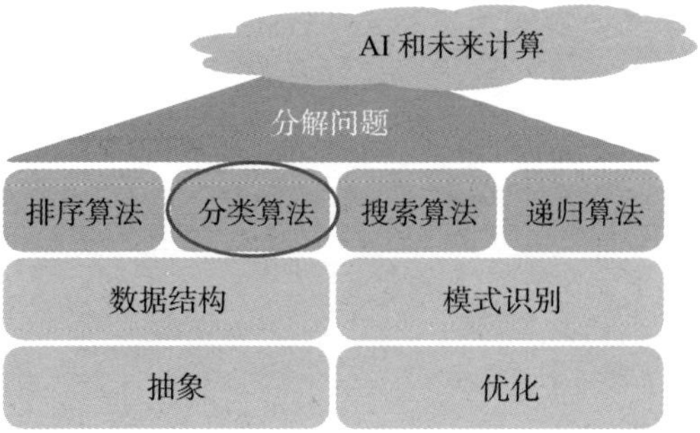

¤ 图3-1

分类问题在生活中比比皆是。在数目小的情况下，分类并不难做，所以我们往往忽略分类问题。而计算思维教你学习和细化这些日常算法，把它们应用到大型的复杂场景中。现在，让我们通过一些例子来仔细看看分类问题，以及分类要如何一步步地实现。

男孩女孩看电影

一群男孩女孩进入电影院，座位的安排是男孩坐左边，女孩坐右边，管理人员应该怎么做？答案很简单：管理人员站在门口，看到男孩叫他去左边，看到女孩叫她去右边。

¤ 图 3-2

计算机也可以解这个问题。提醒一下，计算机需要简单、清晰的指令，可以一步步遵从执行的指令。计算机还懂得一个基本操作，叫“**如果……就……**”。所以这个分类问题由计算机来做，就可以表示为下面两行指令：

```
如果【是男孩】就【坐左边】
如果【是女孩】就【坐右边】
```

这个过程也可以用一个简单的**决策图**来表示。决策图，是我们第 1 章介绍的流程图的一种，它当中有些“问题结点”，比如问“是否是男孩”，这个问题结点在图 3–3 中用棱形结点来表示。在这个结点里有一个问题。根据不同的答案，这个孩子就走不同的路线，也就是说，这个问题结点分出的箭头标注了不同的答案。进门分座位这个分类问题就可以表示为图 3–3 这个决策图。

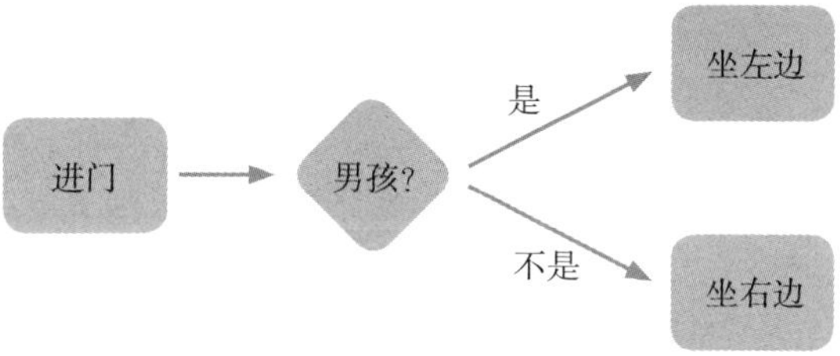

¤ 图 3–3

再复杂一些的场景有两层分类。比如我们的要求是，一年级的所有孩子一起坐在楼下，二年级的孩子上楼。在楼上，男孩坐左边，女孩坐右边。

这个问题的解法是用两个“如果……就……”，把孩子分成三类：一年级的孩子，二年级男孩，二年级女孩。这件事计算机也可以做，你只需要简单地表示出如下 4 行指令即可：

```
如果【一年级】就【去一楼】
如果【二年级】就【去二楼】，然后
    如果【二年级男孩】就【去左边】
    如果【二年级女孩】就【去右边】
```

我们说过，计算机一次只做一件事。每一个孩子过来，它都会让这个孩子走同样的过程，先看是不是一年级的，再看是不是男孩。大家可能注意到了，上面的第三、四行指令前面各有两个空格。我们用这种空格来表示，第三、四行都属于第二行的条件满足后才需要执行的指令。如果第二行的条件不满足，也就是说，不是二年级的孩子，那么这个孩子不会去二楼，第三、四行的指令也不会被执行。这个分类过程也可以很清楚地用图 3-4 所示的两层决策图来表示。

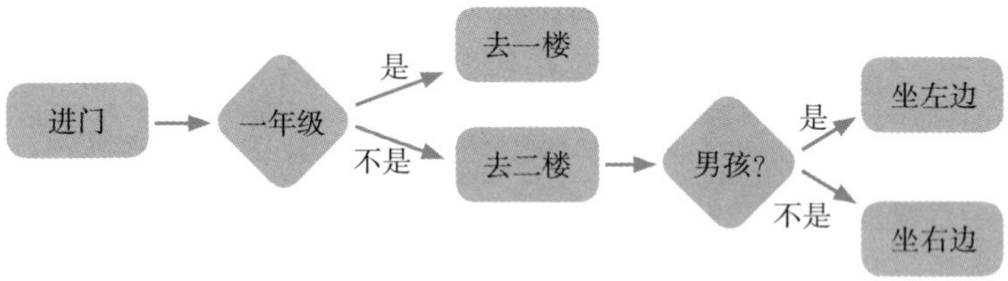

¤ 图 3-4

生活中，我们整理衣物，给玩具分类，也可以用两层的分类方法。比如先把大人和孩子的衣物分开，再按照前面的方法把孩子不同类别的衣物放到不同的抽屉里。同样，我们可以先把哥哥的玩具和妹妹的玩具分开，然后在哥哥的玩具中再细分出汽车一类、乐高一类、积木一类等。

大孩子、小孩子

需要注意的是，分类并不仅仅是用“如果……就……”来操作，把符合条件的东西放在一起那么简单。下面我们看一个更加有趣也更难一点的分类问题。

在前面的例子里，我做了一个假设，就是你一眼看过去就知道每个孩子是男孩还是女孩。严格地说，我们不是在给孩子分类，而是让不同类别的孩子做不同的事。大部分时候，在分类之前，我们并不知道每个个体属于哪一类。比如，我们希望把一群孩子分成大孩子和小孩子，大小各一半，但我们并不事先知道每个孩子算是大的还是小的。

具体让我们来看这样一个例子。阿姨和叔叔打算带 10 个孩子出去玩，计划是阿姨带 5 个大孩子去爬山，叔叔带 5 个小孩子去公园，但我们并不预先知道每个孩子的年纪。孩子们一个一个进门，怎么把他们分成大孩子和小孩子两组呢？

注意，我们虽然是用“把 10 个孩子分成大小两组”来举例子，但我们的方法适用于把任何数目的物体按照任何可比较的标准分成两组。

我们现在提供三种分类方法来解决这个问题。

方法一，先让 10 个孩子都走进房间。用第 2 章的排序算法，把 10 个孩子从大到小排好。然后阿姨带大的 5 个，叔叔带小的 5 个（见图 3–5）。

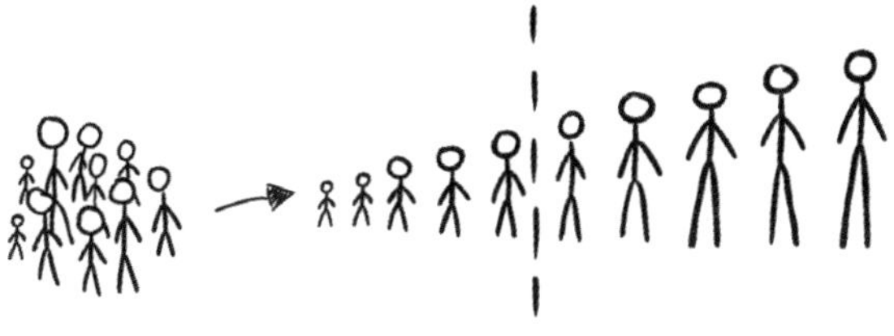

¤ 图 3–5

我们再来看方法二。方法二是阿姨和叔叔各站在房间的两边，开始进屋的 5 个孩子先走到阿姨那里，不动。从第 6 个孩子开始，孩子先走到阿姨那边，那边现在一共有 6 个孩子，然后阿姨挑出最小的一个，送到叔叔那边，这样重复，直到 10 个孩子都分完（见图 3-6）。

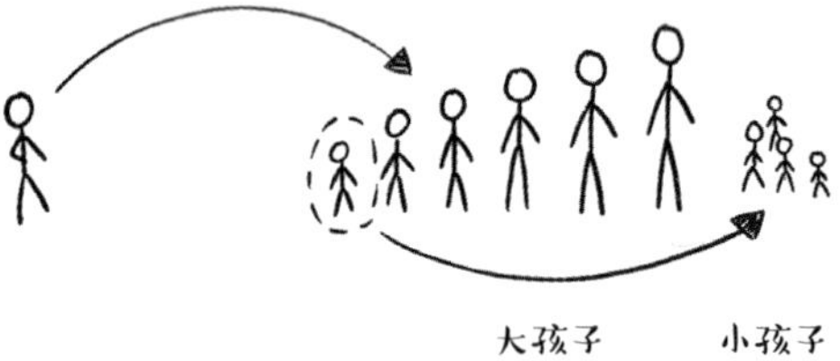

¤ 图 3-6

方法二的好处是不用先排序，记得我之前说过，如果有成千上万个物体，排序本身就很花时间。方法二的缺点是每次都要从 6 个孩子中挑最小的一个，一共要挑 5 次。这个“挑最小”的动作，在被分类的物体数目多的时候也比较耗时。

方法三，让阿姨和叔叔随机各自领 5 个孩子。然后比较阿姨那边最小的 A 和叔叔那边最大的 B。如果 A 比 B 还小，那就把这两个孩子交换。交换之后，阿姨那边又会有一个最小的孩子 A，叔叔这边又会有一个最大的孩子 B，再比较现在的 A 和 B，不断重复，直到 A 比 B 大为止（见图 3-7）。

方法三的优点是，如果随机领取孩子，第一次就是阿姨领了 5 个大的孩子，叔叔领了 5 个小的孩子，那一次比较后就不用再做了。缺点是，如果反过来，阿姨不巧领了 5 个小的孩子，那有

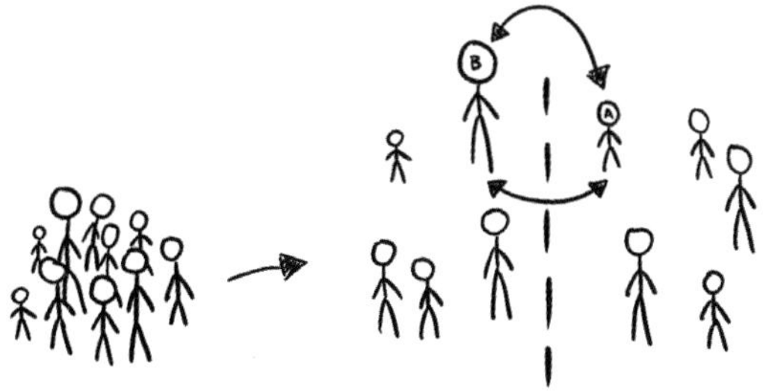

¤ 图 3-7

可能要交换 5 次。实际的情况是，如果孩子的确是随机分配的，那最有可能是交换两次或三次。方法三还有一个很大的好处，就是可以并行执行。

我们在这个分类问题里可以看到不少有意思的现象。比如，同样是把孩子分成两类，但和前面看电影的场景比，那个场景中男孩一看就是男孩，女孩一看就是女孩，用“如果……就……”即可解决。这个叔叔阿姨带孩子的场景不同的地方在于，大孩子和小孩子没有特别清楚的定义，我们看到一个孩子的时候，不知道其他的孩子多大，我也没办法说他是大还是小，所以这个分起类来就要复杂很多。这就是一个**动态分类**问题。

微博热搜

上面这个看似简单的动态分类，实际上有很多强大的应用。我们来举一个例子，比如说大家都知道微博热搜是指当前最热门的 50 个被搜索的话题，但怎么决定一个话题上不上微博热搜呢？

简单地说，我们可以看这个话题在前 24 小时被搜索的次数，次数最多的 50 个算热搜话题。这个问题在直观上是一个排序问题：把所有话题按搜索次数排序，然后取前 50 个就行了。但是实际情况是，话题可以有千千万万个，每个话题的搜索次数都在实时发生变化，每时每刻都重新排序一遍是不可能实现的，也是没有必要的。

根据我们的经验，很多热搜话题会待在这个榜上持续一段时间，然后热度才会慢慢冷却下来。所以，不断地把所有的话题都重新排一遍，再取前面的 50 个，未必是最好的做法，因为这前 50 个大部分还是会留在榜上的。

更进一步我们可以看到，在属于热搜的那一部分中，前 50 个话题是需要排序的。但是在非热搜这边也许有成千上万个话题，它们其实并不需要排序，我们只要随时知道哪一个话题的搜索次数最多就行了。

现在我们把这个问题当作分类问题来解决。我们需要做的是把所有的话题分作两类，一类是热搜话题，一类是非热搜话题。热搜话题的数目被限制为 50 个，非热搜话题则可以有千千万万个。

大家也许可以看出来，其实这个话题分类问题，很像刚才那个叔叔阿姨带孩子的分类问题，我们可以用上面提到的方法二来动态地划分热搜话题和非热搜话题。具体地说，我们可以不断重复以下这些事来保持热搜榜：先把话题分成两类——热搜和非热搜，然后不断重复，拿热搜话题里搜索次数最少的那个 A 和非热搜话题搜索次数最多的那个 B 比一下，如果 A 的搜索量少于

B，就把它们交换一下。

在下图显示的例子里，热搜话题第 50 名的搜索量少于非热搜话题的第 1 名，它们就需要交换一下（见图 3–8）。在任何时候，热搜话题都可能需要根据新的搜索量来重新排序，这可以用我们第 2 章学过的冒泡排序算法来解决。非热搜话题不需要全部排序，但是平台需要知道哪一个话题在这边搜索量最大。做到这件事又可以使用很多方法，一种做法是设一个标准，比如对搜索量大于 120 000 次的话题进行排序，找出第 1 名。

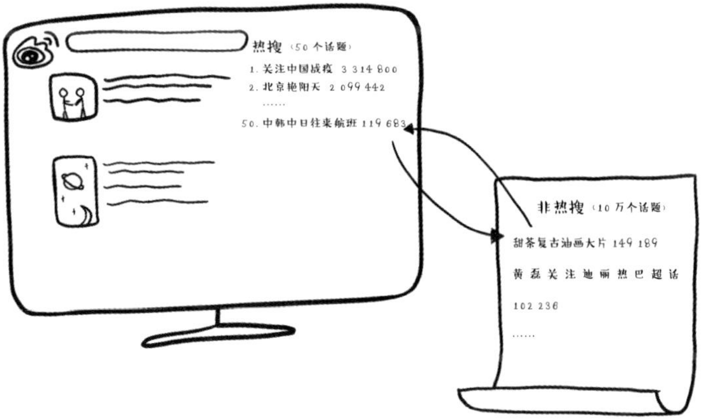

¤ 图 3–8

直到

大家可以注意到一个现象：我们经常说，我们要重复地做一些事情，**直到**某一个条件被满足，比如说，直到挑不出一个阿姨这边的孩子比叔叔那边的孩子更小，这个条件被满足了，算法就结束了。

这个现象讲了一个非常重要的概念，叫**循环**。循环就是反复地做一件事情，直到某一个条件被满足为止。我们后面还会不断地用到这个概念。这个动作也可以用计算机语言来表示：中文是“直到”，英文是“until”。

一般有两种情况可以让循环操作停下来，可以是循环固定的次数，也可以是循环到某一个条件被满足。比如，你可以说重复做俯卧撑 100 次，你也可以说重复做俯卧撑，直到你再也做不动了。

我们来更详细地看看这两种情况怎么应用和怎么表示。第一种情况：循环一定的次数，比如我们要在一堆数字里面挑 3 个最小的，那我们可以循环 3 次，每次挑 1 个最小的出来。这种情况，我们说“直到循环了 3 次”，虽然我们常常就直接说“循环 3 次”。

这个例子可以用下面的指令来表示，在“循环”和“直到”之间的指令，是要一直做的事情。

```
循环
    挑一个最小的数
直到 循环了 3 次
```

第二种情况：循环到某个条件被满足。比如，直到所有的孩子都走完了，直到没有一个小的数排在大的数后面了，等等。

```
循环
    挑一个最小的数
直到 所有数都挑完了
```

前面男孩女孩看电影的那个例子，更严谨的解决方法是写成：

```
循环
    如果【男孩】就【去左边】
    如果【女孩】就【去右边】
直到【所有孩子都走完了】
```

在生活中，我们觉得不用把“直到所有孩子都走完了”这么显而易见的条件说出来，每个电影院的工作人员都自然地知道要把所有的孩子分完。但是对计算机来说，它需要清楚地知道一个算法什么时候停止。有了“直到”，算法才能停下来。“能够停止”和“必须保证正确”一样，也是算法的基本特征之一。

再抓牌

前面我们讲过用插入排序算法抓牌。真正打牌的时候，我们往往希望手里的牌先分成 4 个花色，每个花色里按大小排，这样最便于后续出牌。

这是一个典型的分类加排序的例子。现在，分类和排序你都学了一些，下面三种方法，你觉得哪种更好？

方法一：先用第 2 章的方法从小到大排好所有的牌。然后，在保持顺序的情况下，把各种花色抽出来放在一起。

方法二：先按照 4 种花色分好 4 摞牌，然后在每种花色内部排序。

方法三：一边抓牌，一边按照花色分类，同时把顺序排好。也就是说，把每一张牌直接插入合适的地方。

你可能会说，当然方法三最好了，因为它一次性排好了。为什么要考虑方法一和方法二呢？如果你手比较小，或者同时打过多副牌，你会发现一只手没办法把所有牌都抓在手里，而且你很难看清楚花色数字，但很快又轮到你抓牌了，你不能太慢，所以方法三未必适用。或者，有一个人在很快地发牌，你一下子就会拿到全部的牌，而不是一张一张地拿到。所以，在这几种真实场景下，方法一或者方法二也许更好。你可以在轮流抓牌的过程中先做好第一步，然后再后续地整理第二步。

下次打牌的时候，你可以仔细观察一下其他人都是用什么分类排序算法整理牌的。

抓牌只是一个简单的例子。计算机在实际应用中经常会碰到这种又分类又排序的问题，但是处理的数目比这一副牌要多得多，内容要复杂得多。电商商品的分类就是一个很好的实际应用。在一个很大的电商商店里面，每一种物品都要先分类，比如说书籍、衣服、电子产品、日用消费品等，然后再在每一类里排序，按销量排，按价格排。每天都会有大批的新商品要加入这些已有的商品，要加入分类，又要加入各个排序中，很像我们一边抓牌一边整理牌的情况。但是，因为有成千上万件商品，平台不可能把所有的商品全部打乱，重新整理。所以，处理新增、删减等就更为重要。根据有多少类商品，怎么分类和排序，增减的量多还是少，上面的三种方法可能适应于不同的情况。

全世界所有的东西

带着孩子，需要在车里开比较长的路的时候，我常常玩一个游戏，叫“猜东西”。这个游戏的规则就是一个人想一个东西，可以是人、动物、植物，基本上世界上任何东西都行，想好了以后不说出来，而由其他人问问题。第一个人只能回答“是”或者“否”，看其他人多长时间能把那个人脑子里想的东西猜出来。

孩子们开始会直接问：“是金鱼吗？是熊猫吗？”但是，他们很快就发现这样很难猜到，后来，他们聪明地发现了这个游戏的破解之法。比如，他们会先问：“是活的吗？”这样一下子把世界上的东西分成两大类——“活的”和“死的”，后面会少走很多弯路。或者他们会先问：“我们家有吗？”因为他们发现，第一个人想到的东西，经常是家里常见的物品。

地球上的生物种类约有 800 万种。用上面这个方法来猜地球上所有的物种，你认为在最好的情况下，要保证猜到任何物种需要多少个问题？

1 万个问题？ 1 000 个问题？

答案是，在最好的情况下，只需要 23 个问题！

我们先看一个简单一点的例子，假设世界上一共有 8 样东西，有动物也有植物，你只能在这 8 样东西里面想好一个（见图 3–9）。那么，我用几个问题才能把这样东西猜出来？

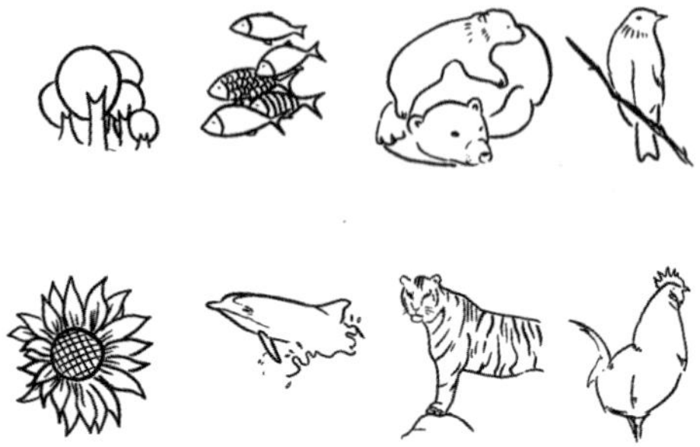

¤ 图 3–9

这 8 样东西可以保证用最多 3 个问题问出来，我们用前面讲过的决策图来表示这些问题（见图 3–10）。不过，这个决策图是某类特殊的决策图，这是一个分类树，也叫决策树。它是个树结构，它的根结点和内部结点都是问题结点，而叶子结点是得到的结论、行动或者类别。可以看到，我们从上到下画了这个分类树，它和从左到右画的决策图没有什么区别。

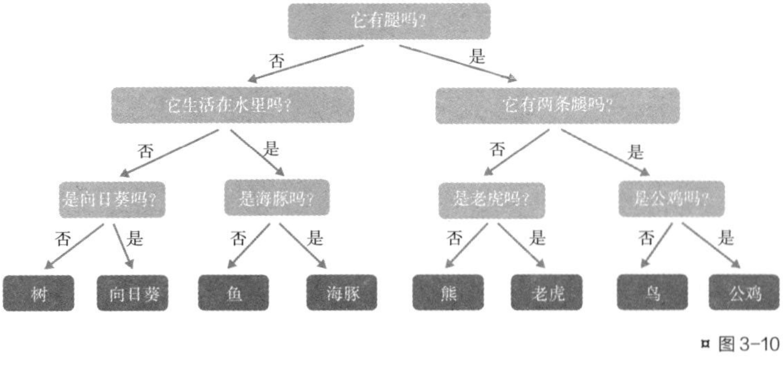

¤ 图 3–10

我们可以看到，这个分类树有三层，第一层有 1 个问题，第二层有 2 个问题，第三层有 4 个问题。每次回答“是”或者“否”以后，它就会走向不同的结点，下一个问题是不同的。在这 8 样东西中，你无论想好的是哪一样，我只要问 3 个问题，保证能猜到。

注意，我们强调了“保证”。如果不需要保证，那我直接问“是鱼吗”有可能第一次就问到答案。但是这种“是鱼吗”“是鸟吗”一样样问的方法，在最坏的情况下要问 8 次。这个问题还有很多种其他的问法，比如“是绿色的吗”。无论你怎么问，你是没有办法“保证”用两个问题就问出所有答案的，因为两个问题最多只能区分 4 样东西，而对 8 样东西，你需要至少三个问题。

回到全世界的东西，假设有 800 万件。如果我们每一次的问题都能够把下面剩下来的东西直接分成两半，那么，其实我们需要问的问题数目就是 log 8 000 000 个，这个数小于 23 个。也就是说，存在一些问法，可以保证在 23 个问题之内猜出那个东西。当然，这 23 个问题要问得很有水平，把信息尽可能分配得均匀才行。比如第一个问题，需要 400 万件东西回答“是”，400 万件回答“否”。

分类树

从上面的“猜东西”游戏中，我们看到了一个专门用来分类的决策树，也叫分类树。分类树的结点上有一系列的问题，“边”上是答案。根据问题的答案，你可以走不同的边，最后把物体分成不同的类。分类树的每个叶子结点都是一个“类”。在“猜东西”的结果中，每个东西都要自己成为一类，这样你才能准确地猜到。实际上，很多时候我们只需要把东西分成几个大类。比如，下面这个分类树可以用来简单地分类动物，将动物分为“陆地动物”“鱼类”“两栖动物”三个大类（见图 3-11）。

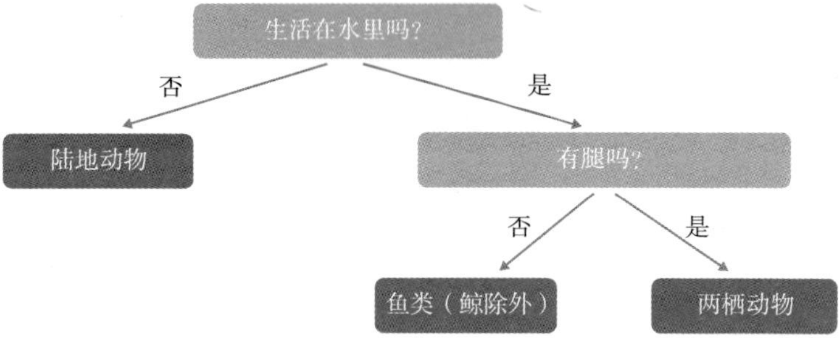

¤ 图 3-11

有时候，一个问题可以有多个答案，每个答案可以把物体分成不同的类（见图 3-12）。

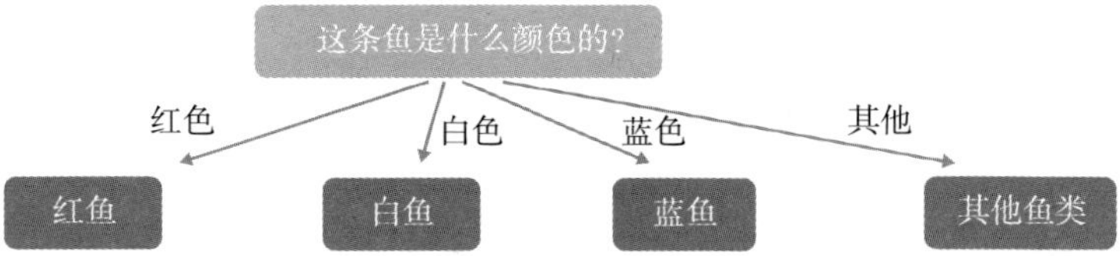

¤ 图 3-12

有时候，分类树可以用来验证一个东西是否属于某一类，而不在乎其他的类别。比如，下面这个分类树可以验证一个动物是否是“独角兽”（见图 3-13）。

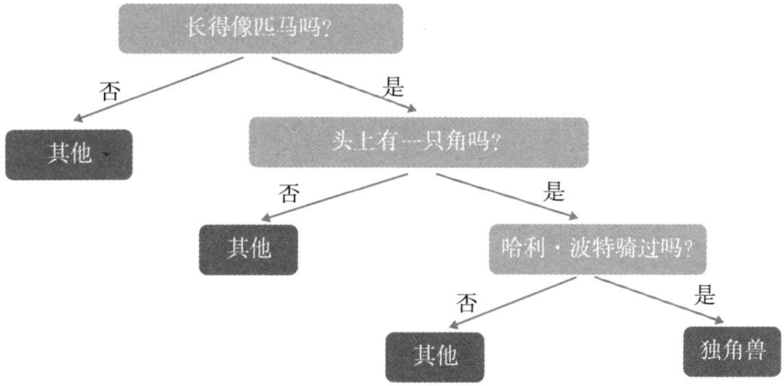

¤ 图 3-13

我们之所以介绍分类树，是因为计算机可以根据分类树用“如果……就……”实现分类功能。所以，只要能把分类树画好，就相当于算法写好了，可以用了。

世界杯赌球骗局之二分法

小明是世界杯的铁杆球迷，每次四年一度的足球盛典，小明都用自己的知识积极参与比赛结果的预测。2016 年，32 支球队参与最后的角逐。开赛前，小明收到一封匿名邮件，里面说发件人有内部消息：下面一场哥伦比亚对乌拉圭的比赛，哥伦比亚准赢。小明毫不在意地删除了邮件。然而，后来那场比赛哥伦比亚确实以 2∶0 击败了乌拉圭。

过了两天，小明又收到一封邮件，对方断定在下一场比赛中美国会败给比利时，果然，球赛结果如此。小明开始对这个发件人产生了兴趣。四分之一决赛第一场，法国对战德国。果不其然，小明又收到了邮件，对方断定德国获胜，小明偷偷地下了个小额赌注，悬着心看完比赛，德国队险胜。他彻底信服了。当他收到下一封邮件，对方说要 1 万元钱才给半决赛信息的时候，小明毫不犹豫地汇了 1 万元给邮件里的账户。邮件告诉小明巴西队会获胜，小明押了更多的钱赌巴西队赢。不料，巴西以 1∶7 败给了德国。

小明想不通，这是怎么回事呢？

其实骗子只用到了一个最简单的**二分法**思想。每场比赛，或者每场热门的比赛前，骗子只要给一半人发邮件说 A 队赢，给另一半人发邮件说 B 队赢就行了。这样每场比赛他都有一半的概率猜中。假设骗子拿到 10 万个球迷的邮箱地址，5 万人会收到第一次猜中的邮件，2.5 万人会收到两次猜中的邮件，1.25 万人会收到连续三次猜中的邮件，小明就是其中一个。这其中仅需有几个人愿意为下一场掏钱，骗子就赚了。知道了这个二分法骗局的原理，你就不会像小明一样上这些骗子的当了。

¤ 图 3–14

这也是为什么很多动物，包括章鱼、蟒蛇、猴子和鹦鹉，都会连续多次成功预测出足球世界杯的冠军花落谁家。你只要多找几只动物，让它们分别预测不同的输赢组合，然后在几次之后，吹嘘那只次次碰对了的动物就行了。

无人驾驶交通标志的识别

分类问题看上去简单，其实作用非常大。分类算法在物体数目庞大、种类很多或者情况很复杂的情况下，是非常有用的。让我们结合第 1 章那个无人驾驶分解问题的例子再来说明一下。

在第 1 章介绍分解问题的时候，我们说过，一辆无人驾驶汽车要实现三大步：感知、决策、行动。在“决策”这一步，其中一个子问题是无人驾驶汽车需要能够认识交通标志，是“停止”，还是“让”，是“不能转弯”？这就是一个典型的分类问题。

汽车的程序把“感知”这一步中摄像机拍摄的图像或者视频拿来分类，把一个图像分到它最符合的交通标志类别上。这个过程中，驾驶程序还要处理各种不同的边界情况，比如只拍到部分标志、光线不好等，以确保识别的正确性。这一切都要在非常短的时间内完成，无人驾驶的程序才能做出合适的决策和行动。

交通标志具有易识别的特性。由于交通标志采用特定的文字、图形和符号，在一定范围内具有标准、醒目、信息明确的特性，它一直是图像识别技术在交通领域应用的首选。从图像识别技术诞生之日起，识别交通标志的算法和模型就一直受到广泛的关注，这一技术已经发展得相对成熟，并被应用到无人驾驶领域中来。

中国的交通标志一共有一百余种，按类别可分为白底红圈的禁令标志、黄底黑边的警告标志、蓝底白字的指示标志，形状上以三角形、圆形和矩形为主（见图 3-15）。明确的形状和颜色区分、有限的标志数量，都为图像识别提供了一个相对稳定的应用环境。

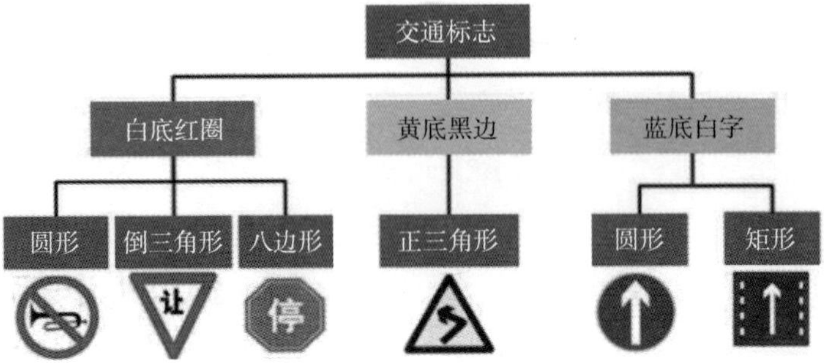

¤ 图 3-15

利用图像识别技术的交通标志识别系统，一般有以下几个工作步骤（见图 3-16）。

（1）图像预处理。在实际的交通场景中，由于运动抖动、自然光、天气条件等各种因素的影响，我们不可避免地会在采集的图像中引入一定程度的干扰和噪声，所以首先需要将这些不利因素消除，对采集的图像进行一些预处理。

（2）交通标志分类。预处理后的图像仍然包含很多信息，交通标志在其中只占很小的一个区域，为了减少处理的数据量，我们一般都会先将交通标志的区域检测出来，再去判断这个区域中的交通标志的具体含义。交通标志在颜色和形状上都有一定的特殊性，我们可以进行一定程度的分类，通过颜色和形状这两个特征对交通标志进行分类就是一个典型的分类算法的应用。

（3）匹配标志。在图像检测分类完成以后，图像中基本就只剩下了交通标志的关键信息，这时候需要再进一步对这些图像特征进行提取和比对。在交通标志识别上，我们一般会提取颜色特征、线条变化特征、形状矩阵特征、灰度直方图统计特征等，然后将采集的图像的特征提取出来，与已知的标志特征进行比对，即可判断出这是哪一个交通标志。

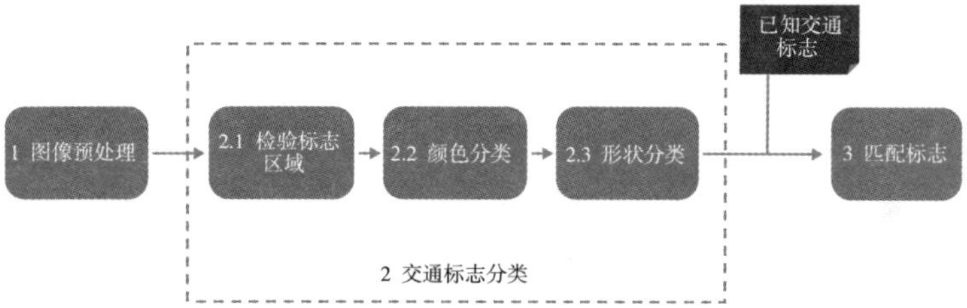

¤ 图 3–16

人脸识别是个分类问题

另一个 AI 领域很有趣的应用——人脸识别，也是一个分类问题。

¤ 图 3–17

人脸识别是计算机视觉领域里很典型的应用。目的是要判断图片或者视频（视频是由图片构成的）中人的身份。人脸识别是身份识别的一种，它跟身份证识别、指纹识别、虹膜识别都是相似的。

人脸识别和其他身份识别相比，有 4 个特点。（1）便捷性。人脸是生物特征，人们不需要携带类似身份证的东西。（2）非强制性。识别的过程甚至不需要对象的配合，只要拍摄到人脸就可以进行识别，例如安防领域就是如此。（3）非接触性。人脸识别不需要跟设备进行接触，相比于指纹更安全一些。（4）并行处理。一张照片里有多个人脸时可以一起处理，不像指纹和虹膜，需要一个一个来。

基于以上特点，人脸识别正在被广泛地应用到各个领域。大家在生活中随处都可以看到人脸识别的应用。

例如，早在 2016 年，北京站就开启了“刷脸”进站模式。现在，越来越多的火车站开始采用“刷脸”进站方式替代人工检票，有效地加快了检票速度。人脸识别的另外一个典型应用是手机解锁。随着 iPhone X（苹果 10）的诞生，苹果手机家族增添了一个新的身份验证方式，即所谓的 Face ID（面容 ID）。苹果公司宣称，基于 Face ID 的识别准确率要远高于基于指纹识别的 Touch ID（触控 ID）。值得一提的是，苹果公司在这项技术上的研发时间长达 5 年之久，直至 iPhone X 才搭载了完备的人脸识别功能，可见高精度的人脸识别技术并不是一种简单的技术。

上面的两个例子只是人脸识别应用的冰山一角，人脸识别技术的典型应用场景可以总结为如下几个场景。

（1）身份认证场景。门禁系统、手机解锁等都可以归纳入该类别。该方法与传统的钥匙开锁 、指纹识别、虹膜识别等均属于身份认证。这需要系统判断当前被检测的人脸是否已经存在于系统内置的人脸数据库中。如果系统内没有该人脸的信息，则认证失败。

（2）证件验证场景。证件验证与身份认证相似，是判断证件中的人脸图像与被识别人的人脸是否相同的场景。为了真实性，证件验证往往会引入活体检测技术，就是我们在使用互联网产品时经常会出现的“眨眨眼、摇摇头、张张嘴”的人脸识别过程，这种技术是为了防止攻击者伪造或窃取他人生物特征用于验证，例如使用照片等平面图片对人脸识别系统进行攻击。

（3）人脸检索场景。人脸检索与身份验证类似，二者的区别在于身份验证是对人脸与图片“一对一”的对比，而人脸检索是对人脸与图片“一对多”的对比。例如，在获取某人的人脸图片后，你可以通过人脸检索方法，在人脸数据库中检索出该人的其他图片，一个典型的例子是在重要的交通关卡布置人脸检索探头，将行人的人脸图片在犯罪嫌疑人数据库中进行检索，从而高效地识别出犯罪嫌疑人。

（4）人脸分类和交互式应用场景。人脸分类主要包括判断图片中的人脸是男人还是女人，所属的年龄区间等。例如，社交类 App 可以通过用户上传的自拍图片来判断该用户的性别、年龄等特征，从而有针对性地为用户推荐一些可能感兴趣的人。美颜类应用程序中的“大眼”“瘦脸”等功能都需要使用人脸识别技术来检测出人眼或面部轮廓，然后根据检测出来的区域对图片进行加工，从而得到我们看到的最终结果。这种应用也是人脸识别的交互类应用的一种。

人脸识别分类算法

在计算机的人脸识别技术中，很大一部分是分类任务。在这里我们来解释一下，人脸识别是怎么做的，为什么它其实是个分类问题。

用我们前面学到的分解问题的方法，人脸识别的过程一般可以分解成以下 4 步（见图 3-18）。

（1）拍摄图像或者视频。在这一步，一台相机或者摄像机拍摄要识别的人脸图像或者视频。

（2）抽取特征。在这一步，成千上万的关于这张人脸的特征被发现出来。所谓特征，指的是可以用数字表示的和人脸相关的特性。比如两只眼睛之间的距离占整张脸宽度的比例，以及眼睛的颜色。

（3）比较。用第二步得到的特征，和已知的人脸比较相似程度。如果这个人脸识别技术是用来解锁手机的，那么我们需要比较新的人脸和当初存在手机里解锁的人脸的相似程度。如果这个人脸识别技术是用来识别是否和身份证上照片相符，那么所有身份证上的人脸都会被比较。

（4）匹配。根据第三步的结果，如果一张人脸和手机解锁人脸的匹配度超过某个数字，那么手机就可以解锁，否则就不可以解锁。在身份证匹配的例子中，和当前人脸最接近的一个或几个人脸会被展示。

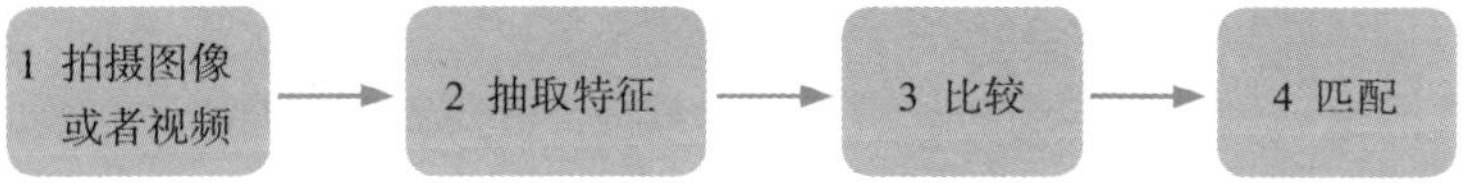

¤ 图 3–18

上面的第三和第四步是分类问题，匹配基于比较的结果。让我们来仔细看一下，人脸手机解锁可以用下图所示的分类决策来表示（见图 3–19）。

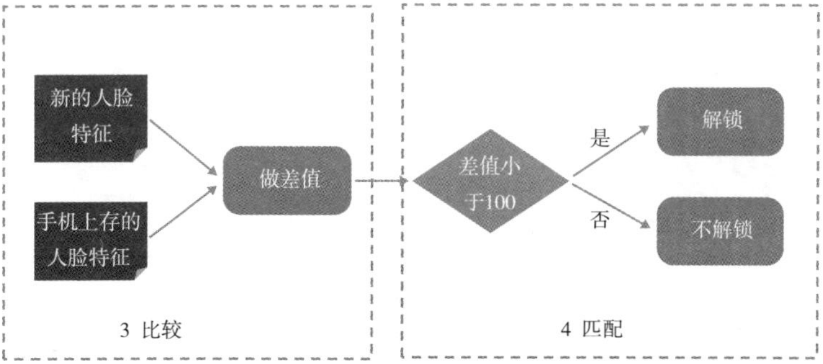

¤ 图 3–19

在手机解锁的例子里，让新的人脸特征和存在手机里的做个

“差值”，也就是看看有多么不同。假设不同的人脸差别比较大，而同一个人，虽然角度不同，但差别比较小。我们可以用一个数值来表示这种差别，就是差值。那么，我们可以说，差值小于 100 的算作同一个人。新的人脸被分在“是”或“否”两类中，根据答案，手机进行不同的操作。

人脸检索场景的原理类似。比如，假设一个公司有 300 名员工，门口有个人脸识别的机器，每次有人走过去，机器都会自动识别是哪一个员工。这也是个分类的例子。在这个过程中，“比较”这一步就意味着，让现在这个要进门的人的人脸特征和所有现有员工的特征做个差值。在“匹配”那一步，如果某个差值小于 100，那么人脸识别系统就认定这个人是公司员工，可以开门。如果所有差值都大于 100，那么就不匹配，不开门（见图 3–20）。

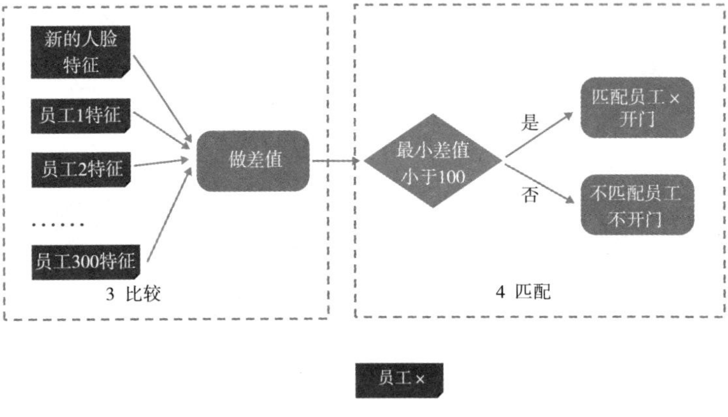

¤ 图 3–20

当然，真正的人脸识别不是这么简单的，尤其在第二步抽取特征的过程中。每次拍摄中都有角度不同、光线不同、远近不同、人是否戴了眼镜等具体问题，所以，人脸识别的道理简单，做好却不容易。

分类算法的特性

下面我们来回顾一下，第 2 章里面我们提到排序算法有三个特性：多样性、重复性、完整性。本章介绍的分类算法，是否也具有这三个特性？

多样性。给问题分类，是有很多种办法的。每个办法在不同的情况下产生的效果不一样，有的在这种情况下快，有的在那种情况下慢。比如那个“大孩子、小孩子”分类的例子中，第三种随机分配的情况，根据叔叔阿姨开始随机分到的孩子的情况，有的时候算法要操作多次，有的时候只要很少的次数。这里我们再一次强调，分对当然是最终目的，如何用更少的步骤，更快地做完，才是计算思维需要关注的问题。因为在实际情况下，计算机可能要同时决定几百万封邮件属于哪个人的哪个邮箱，这时候分类问题的效率非常重要。

重复性。分类问题也常常需要重复地做，比如“重复直到所有的动物都分好了”。这一章中，我们更加详尽地介绍了这个“重复直到”的概念和用法。

完整性。我们的分类算法要保证在任何人、动物或者物体面前，都有一个答案。这里有一个偷懒的办法：算法如果实在不知道一个对象属于哪类，就把“我不知道”的物体分到一个“其他”类。当然，如果一个算法把好多东西都分到“其他”类，那它可能是一个正确的算法，但不是一个好算法。

在各种App中，我们都可以看到大量的分类，它们往往出现在首页。你可以现在就打开你的手机App，你可能会看到：

- 点评、美团等生活类App，首页按外卖、美食、酒店、休闲等消费类别来分。
- 音乐App，歌曲按歌手、地区、音乐类型来分。
- 商品按品类、品牌、销售量、发货地来分。
- 新闻类应用按热点、新闻、体育、财经、军事等频道来分。
- 知识类应用按历史、文化、职场、医学、心理学等学科来分。

所有物品在大类之下，一般都会分各种小类。现在学会了分类，你就知道这些物品是怎样被分到各个类别当中的，以及如何确定这些类别更加有效了。

当然，理解分类算法不仅可以帮助我们了解很多App和AI应用背后的原理，分类的思维方式还可以帮我们更好地应对生活中的难题。

用分类思维来解除焦虑

现代生活充满了焦虑，我们之所以焦虑，是因为我们看不清楚未来是怎么回事，而我们对它有所担忧。

在斯蒂芬·柯维（Stephen Covey）的《高效能人士的七个习惯》中，他写了两个我们思考的圈子：关注圈子和影响圈子。我们可以关注自己的健康、职业、人际关系，我们关心环境保护，关心孩子的教育，我们也可以影响这些事，这些都属于我们的关注圈子和影响圈子。但如果我们关注别人的成功，隔壁家孩子的考分，经济是否下滑，这些事情我们基本上影响不了，它们属于关注圈子，但不属于影响圈子，而它们是造成人们焦虑的主要原因。

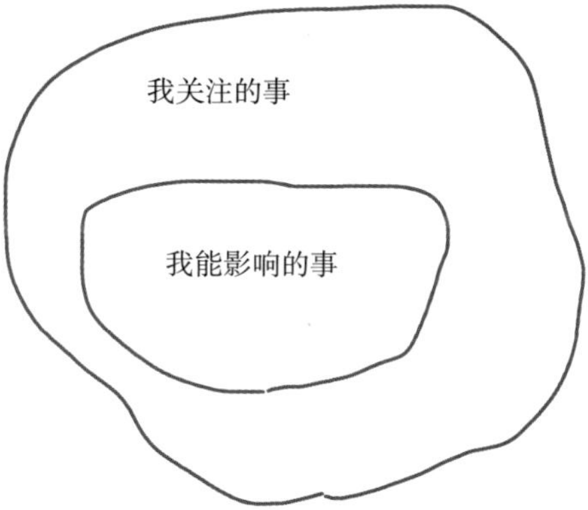

¤ 图 3-21

你如果感到焦虑，可以试试下面的三步法。第一步，坐下来把你想到的所有的事情写下来，然后分类成“我能影响”和“我不能影响”的两类。仅仅这样的分类，就能让你看清楚自己是否花了太多的时间在担心不能影响的事。第二步，对“我能影响”

的那些事，你可以积极主动地去改变，比如改变自己对他人的态度。第三步，对“我不能影响”的那些事，你可以问自己：“我自己能做些什么？”比如你担心经济下滑，你是否可以储蓄更多？把自己担心却不能影响的事，变成自己可以执行的行动，可以减少没有意义的焦虑。

要事先行：四象限法则

上一章我们讲了优先级排序，那么，如何决定事情的优先级呢？通过这一章的分类思维，我们可以按照重要和紧急的程度把要做的事情分为四大类，这就是时间管理的四象限法则。

四象限法则同样来自柯维的《高效能人士的七个习惯》，他提出这样一个时间管理的理论，把工作按照重要和紧急的程度进行了划分，基本上可以分为四大象限：紧急又重要、重要但不紧急、紧急但不重要、既不紧急也不重要（见表 3-1）。

表 3-1

	紧急	不紧急
重要	第一象限 危机事件 迫切问题 临近截止时间的重要任务	第二象限 建立长期关系 培养能力 看新的机会
不重要	第三象限 临时访客 电话、邮件 很多会议	第四象限 琐碎的事物 消磨时间的活动 漫无目的地刷手机

第一象限：紧急又重要。这一类的事件具有时间的紧迫性和影响的重要性，无法回避，也不能拖延，比如重大项目的谈判、重要的工作会议等。

第二象限：重要但不紧急。这一类事件不具有时间上的紧迫性，但是，它们往往对于长期的发展有意义，而人们又常常因为它们不够紧急而拖延甚至不做。

第三象限：紧急但不重要。这样的事件具有很大的欺骗性。很多人在认识上有误区，认为紧急的事情都显得重要。实际上，像无谓的电话、附和别人期望的事，这些不重要的事件往往因为它们紧急，就会占据人们很多宝贵的时间。

第四象限：既不紧急也不重要。这类事件大多是些琐碎的杂事，没有时间的紧迫性，也没有重要性，如发呆、上网、闲聊、游逛等。

当我们把要做的事情按照四象限法则分类后，我们就可以采取不同的策略来进行处理（见图 3-22）。

（1）对于紧急又重要的事情，要马上去做。

（2）对于重要但不紧急的事情，要制订计划去做，这一类事情尤其需要注意，因为没有紧迫性，我们很容易忽略其重要性，比如读书提高认知，比如健身强健身体，比如要留出时间来投资。

（3）对于紧急但不重要的事情，要授权别人做，这一类也特别需要警惕，因为紧迫很容易占据精力，让你用掉大把

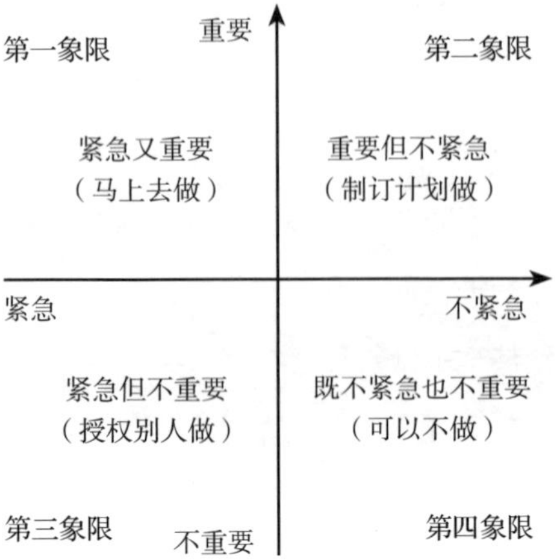

¤ 图 3-22

时间。有一个分类的标准是看紧急问题的最终责任人是谁，如果是自己，再判断是否重要，如果不是自己，需要指定最终责任人来承担这件事的紧迫性。

（4）对于既不紧急也不重要的事情，在劳逸结合的基础上，尽量少做。

当然，如何定义紧急和重要，要以每个人的实际情况为准。掌握了分类的思维至少可以帮助你斟酌时间花在哪里，事情先做哪个。

一章小结

这一章讲到的概念

分类算法、“如果……就……”、决策图、动态分类、直到、循环、二分法。

关键内容总结

- 世界上很多问题都是分类问题，虽然大家不一定知道，比如人脸识别。分类问题不简单，因为很多时候，类别的定义本身就不简单。
- 分类做得好，就不怕被分类的物品多。分类可以很快缩小范围。
- 分类算法也有多样性、重复性、完整性。
- 分类和排序常常搭档出现。几乎所有的 App 最后面临的问题都是分类加排序问题。

“找到意义，就像失去意义一样，既快乐也痛苦。
但是失去意义，就像发现它一样，也是如此。”

—— **刘易斯·卡洛尔**《爱丽丝漫游奇境记》——

“Finding meaning, like losing meaning, involves pleasure as well as pain.
But then losing meaning, like finding it, does too.”

— Lewis Carroll, *Through the Looking Glass*

第 4 章

搜索算法：找到牛津大学

我 1992 年进入斯坦福大学信息实验室读博士。第二年来了个小师弟，他和我背对背坐在同一个隔间里，后来他玩了一年的 XPilot（一款多玩家空间游戏）。这个踩着轮滑、演讲被老师骂的小男生就是几年后谷歌的创始人之一谢尔盖·布林。

谷歌的英文名称是针对“googol”这个词的文字游戏，而“googol ”的意思是数字 1 后面紧跟 100 个 0，表示一个很大的数字，寓意搜索引擎提供大量的信息。也就是说，这个公司从命名起就反映了创始人的使命：组织互联网上的无限数量的信息。

谷歌由斯坦福大学的拉里·佩奇和谢尔盖·布林创

立。该引擎在斯坦福大学的服务器上运行了一年多，Google.com 于 1997 年 9 月 15 日注册，第一个办公室在加利福尼亚州门洛帕克的一个朋友的车库里。佩奇和布林在公司成立之前，接受了太阳微系统公司的联合创始人安迪·贝托尔斯海姆（Andy Bechtolsheim）10 万美元的种子投资。他们的种子轮融资共筹集了 100 万美元，其中大部分来自三个主要投资者。其中一位投资者是杰夫·贝佐斯，当时新兴的在线书店——亚马逊的创始人。

当时的硅谷处于互联网方兴未艾的黄金时代，在谷歌之前和谷歌同时代，也出现过不少很好的搜索引擎，比如 Excite、AltaVista、Inktomi。这些搜索引擎对网站进行爬网和索引编制，不断创建和优化相关性的算法。谷歌进入搜索领域的时间相对较晚，它基于 1996 年的想法，于 1997 年底启动。它能够从如此多的优秀公司中一枝独秀地胜出，归功于它的金钥匙算法：PageRank（网页排名）。

PageRank 的第一项专利于 1998 年 9 月 1 日提交，它成为谷歌用来计算网页重要性并对这些网页进行排名的原始算法。

简而言之，PageRank 根据页面的链接流行度对网络上的信息进行排名，指向页面的链接越多，页面排名就越高。举例来说，页面 A 有 10 个其他的重要网页指向它（反向链接），页面 B 有 100 个其他的重要网页指向它（反向链接），那么在同样匹配的情况下，页面 B 应该排序在页面 A 前面。

这个想法听上去是不是挺简单的？谷歌这样一个市值超过 1 万亿美元的公司就是靠这样一个算法起家的。当然，这个算法还有很多细节要考虑，比如什么是“其他的重要网页”，匹配度和排序如何相关，如何处理内容更新等。很多年后，谷歌的匹配和排序算法也一直在进步和迭代，现在谷歌的搜索引擎代码已经有 20 亿行了。

谷歌独特且不断改进的算法使其成为有史以来最受欢迎的搜索引擎之一。它会通过检查多种因素，例如社交媒体、入站链接、新鲜内容等创建相关性和匹配算法，它可以搜索视频、图像、新闻，可以以图搜图，还可以理解人的很多自然语言问题，并且在第一页直接给出答案。

至今，其他搜索引擎仍然很难与之媲美。

你是不是常常在找东西？找电视遥控器，找车钥匙，找上周写的购物清单，找去年夏天穿的凉鞋。打电话要找到对方的电话号码，出门要找路，吃饭要找餐馆，看书要找眼镜。

莎士比亚说：“寻找来的爱情当然好，但不求而得的，更为美好 。”如何不用经过苦苦寻求，不用付出无谓的劳动，就能得到你想寻找的东西呢？

找东西，用计算机的术语说叫查询，或者**搜索**。搜索的用处很大，搜索引擎在我们许多人的生活中扮演着不可或缺的角色，有时我们甚至都没有意识到。百度、搜狗、谷歌等帮我们从海量的网页中找到我们想要的信息，在电商网站我们可以搜索我们想要的商品，在娱乐 App 我们可以搜索电影、音乐会信息，这些都是搜索技术最常见的应用。

除了搜索引擎，其他的应用也几乎都要用到搜索，比如在地图上找一个地点，在点评里找一个餐馆或者附近的咖啡店，在微信找到与好友的对话，坐火车找到预订的座位等。搜索，可以说是最常用、最有用的应用之一。

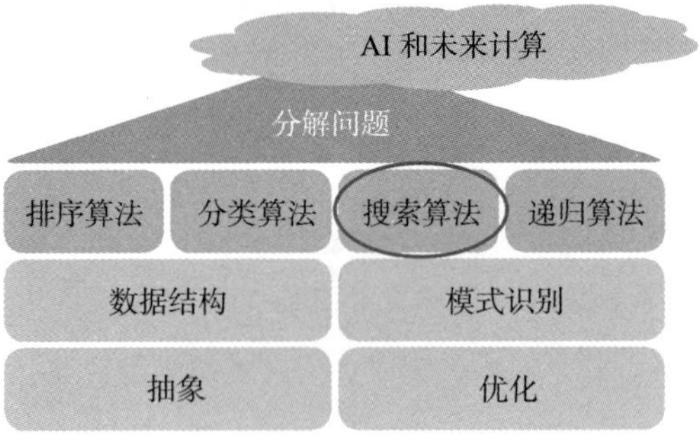

¤ 图 4-1

你想过一个问题吗？互联网上有 50 亿个网站，预计有 1 兆个网页，计算机是怎么找到你要的信息的？ 1 兆，写出来是：1 000 000 000 000。

没有计算机，你自己很难在这众多网页里找到你想要的信息。这一章我们就会介绍一些基本方法，讲述计算机是怎样一步步在海量数据里找到合适的信息的。

我们都知道，家里整整齐齐，东西都有序地放好，就很容易找到东西。计算机其实也一样，找东西跟这些东西是怎么放的有很大关系。接下来，我们就先用找一本书举例子，来说说计算机是怎么一步一步地找到一件物品的。

怎么在书架上找到一本书

在图书馆、书店，或者家里的书架上，你怎么找到一本书？当然，找之前你先要知道想要找哪本书。我们假设这本书的名字叫《鲨鱼的牙齿》。

你可能已经猜到，找到这本书的算法不止一种。我们来看几个方法。

方法一：最简单的方法是从头到尾都找一遍，也就是把书架上的书从第一本到最后一本挨个儿翻一遍，每一本看一下书名，直到找到这本《鲨鱼的牙齿》。

依次把每件物品查找一遍的方法叫**顺序查找**。顺序查找，可以让你保证找到这本书，或者保证找到任何一个物品，只要这个物品在你找的地方。如果这个物品不存在，我们全部找完的时候也知道找不到。用我们对算法的评价来说，顺序查找是一个正确的算法，计算机可以用。

¤ 图 4-2

问题是，自家的书架还稍微好一点，但图书馆或书店里一般都有很多书，我们这么找一本书估计要花好几天才能找到，实际上不太可操作。而且，万一这个图书馆或书店没有这本书，我们却要把所有的书都找一遍，最后才知道它没有在这里。

所以我们又遇到了计算思维一直要面对的问题，就是要处理大批的物品，在这里是书，但也可能是商品、歌曲、视频，我们有没有更好的办法去找?

方法二：先排序再查找。

为什么一般的图书馆或者书店的书都是按一定的顺序摆放的?主要是为了查找方便。比方说，如果所有的书都是按照书名拼音的首字母来排序的，那就容易多了。

拿我们要找的这本书来说，书的名字叫《鲨鱼的牙齿》，“鲨”的拼音是S打头的，那么，如果所有的书都是从A到Z来排的，我们先找到S，然后再在这个范围仔细找一下，就能找到这本书。如果在S打头的书里边没有，我们也知道不用再继续找了。所以，如果是先排序再查找，找一本书就会容易很多。

这种方法是先缩小范围，再查找。它的条件是先要把所有东西整理好，所有的书要按拼音打头的字母放好。图书馆进了新书，或者家里买了新书，我们也要用前面两章学的排序和分类方法把新书放到合适的地方，以便查找。

那么在从A到Z的排序里，如何更加快速地找到S呢?这个地方，你需要了解一个概念叫**索引**。索引是什么意思呢?你可以想到，如果书已经是排好的，我们只需要看S，而不用去看其他字母打头的书。如果书架上写了这个字母，我们就可以直接走到那个书架去找。这个书架上贴的打头的字母，就是索引，它的作用相当于图书的目录，你可以根据目录快速找到需要的内容。可以想象，索引是一些标签，它们指向特定的一组符合标签的物品。索引大部分时候本身是有序的，比如A到Z的拼音字母、笔画等。

计算机也常常用索引的方法来查找。用索引查找第一个字之后，我们可以在同一个索引下进行顺序查找，如果查找的物品数目很大的话，也可以建立二级索引，比如说第二个字拼音打头的字母，这样，《鲨鱼的牙齿》这本书的索引“SY”就代表“鲨鱼”。图书馆常常这样做。我们去KTV（卡拉OK）唱歌，常常是用歌名几个字的拼音首字母来搜索，我们可以把它想象成多级的索引。

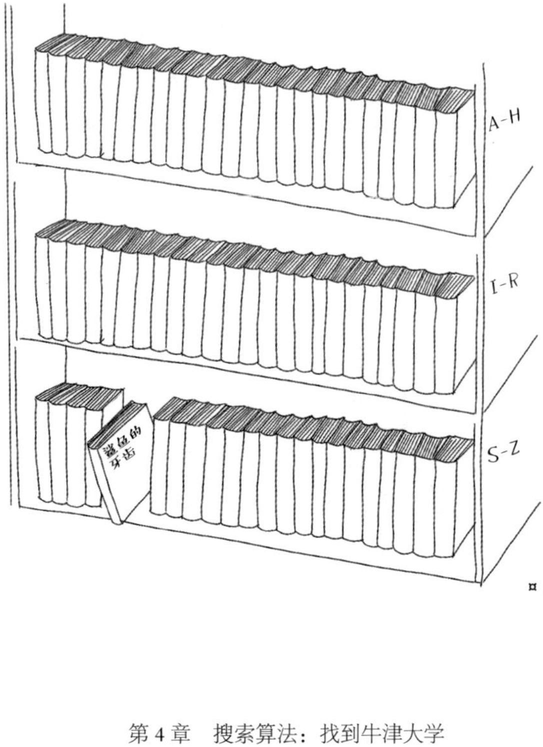

¤ 图4-3

除了找书，查字典也是一个非常好的索引查找的例子：字典里把字按照拼音排序，还提供了拼音、笔画等多种索引，你可以用不同的索引去找同一个字。

方法三：先分类再查找。

一般的书店都是把书分成文学、科普、小说、菜谱、旅游、历史、儿童读物等，分好类的书被放在书店的不同楼层和不同位置。我们如果知道这本书是儿童读物，那么我们去一个书店，可以直接走到儿童读物那边去找，在这一类里面，书可以随便放在一起，也可以再按某种顺序，比如按书名首字母的顺序排序。

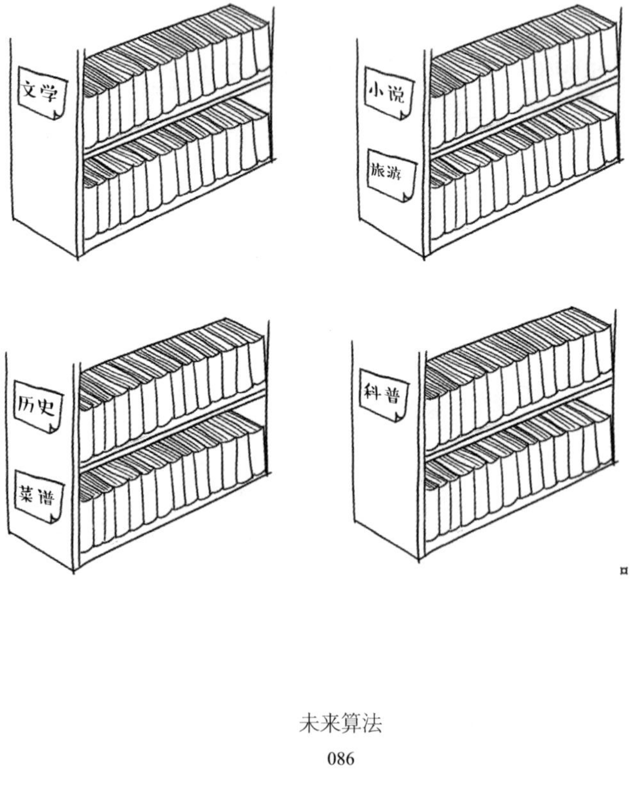

¤ 图 4-4

除了线下的书店，几乎所有的电商网站也都是这样组织的。网站的左边或者上面是商品大类，大类里边再按照价格、销量等排序。这种先分大类，在大类里边排序查找的方法很常见，一般的计算机也是这样找东西的。这种方法的好处是我们可以大大缩小查找的范围，加快查找的速度。

我们上面讲了最常用的三种查找方法。那么我们怎么决定选哪一种方法呢？这当然要看你一共有多少物体，这些物体有什么特性，你有多大的空间，你希望多快地找出来。比如你家里只有10本或20本书，其实顺序查找一下就可以了，但是如果一个书店有几千本书，那么就先分成几大类，然后再找。而图书馆可能有上万本书，那么就先分几层的类，按大类别，按年代，再按作者姓名，最后才能够比较快地找到一本书。

我们再来看一件影响这个决定的很重要的事。在正常的世界里，我们要寻找的物品的集合一般都不是不变的，比如说书店或者是图书馆会不断地进新书，电商网站每天都会进新的商品，也会有旧的商品下架，商品的价格会发生变化，商品的销量也会发生变化。所以事实上，我们这个总体的物品的集合，是一个动态的集合。

在动态集合面前，前面的搜索方法表现不同。方法一对加新的东西很方便，只要把新的书或者物品拿进来放在那儿就行了，没有什么要求。就像你家里书架上的书并不一定按什么顺序排，把书放上去就行了。方法二应付新内容就要麻烦很多。所有的书在任何时候都要按顺序排好。那么来了新书或者新的商品，你就

思考

下面请思考两个相关的小问题：

（1）在什么情况下先分类再索引更好？在什么情况下先索引再分类更好？

（2）有时候我们并不需要具体找到某一本书，比如，我们想找一本比较好的儿童书作为礼物。在这种情况下怎么安排，怎么查找最方便？

要把它插到合适的地方去。要找到合适的地方，这本身就是一个搜索问题，也是我们下面一个例子会讲的。方法三比较折中，如果来了新的物品，你只要把它简单地按照大类扔到那个类别里去就行了，在大类里，排不排序都是可以的，所以，方法三处理新物品所需的时间可能会比方法一长一点，但是比方法二要短一点。

谁和你一样大

搜索和查询并不只是知道名字再找到相关的物体那么简单，下面我们来看一个更有意思的例子。

你来到一个夏令营或者 MBA（工商管理硕士）训练营上课，你走进教室，其他人都在了，而且按照年龄排好了队。他们在做一个暖场的游戏：在全部的人里面，你要找到你按年龄排的位置。具体说来，里面如果有和你一样大年纪的人，你就要找到他或者她。如果没有和你一样大年纪的人，你就要找出那个刚好比你小一点和刚好比你大一点的人，排在他们之间。你可以问任何一个人的年龄，但是你没有其他的信息，比如你从外貌看不出别人的年龄。你要怎么找到你的位置呢？

注意，前面顺序已经排好了，假设所有人在你到来之前，都按照年龄和生日排好了队，从小到大。所以这是一个搜索问题，不是一个排序问题。你的任务是要找到自己的位置。

你可以走到队伍的开头，然后问见到的每一个人多大年纪。如果他比你小，你就继续走；如果他比你大，或者和你一样大，你就找到了自己的位置，你站到他的前面即可。你这样重复直到找到队尾，如果队尾那个人还比你小，你就站到他的后面。这也是一种遍历的查找方法，计算机也可以用。

下面我告诉你一个更好的策略：你直接走到排好的队伍正中间，问那个人几岁。我们叫这个人 A。如果 A 和你一样大，恭喜你，你找到了自己的位置。如果 A 比你大，那你要找的位置一定在队伍的前半部分。如果 A 比你小，那你要找的位置一定在队伍的后半部分。不管哪一种情况，你一下子就排除了屋子里一半人的可能性，不用去问他们了！

然后，你在剩下的那个队伍中，用同样的策略，直接去问那个最中间的人。如此反复，每次你至少都能把队伍缩短一半。比如，一开始有 7 个人的话，你第一次去问 4 号，就能知道要么你和 4 号一样大，要么再问前 3 个，要么再问后 3 个。可能第二次你就能问出来最后应该站哪，第三次问你就可以直接确认了（见图 4-5）。

这种搜索方法叫**二分搜索法**，是计算机行业最常用的搜索方法。二分搜索法在已经排好顺序的物品中，每次去比较中间的那

¤ 图4-5

个值，以此决定下一次的搜索范围。二分搜索法很直观，它每一步都直接帮你把剩下的工作去掉一半。这种方法在搜索物品的数目较大时非常有用，比如在 100 万篇论文里找到某一篇，在 10 万个商品中找到某一款等。二分搜索法的要求是原有的数列需要是排好序的。这个要求，我们可以用第 2 章里讲到的不同的排序算法来满足。

下图显示了如何在一组排好的数里用二分搜索法找到 7（见图 4–6）。这组数字一共有 17 个，分别在 0~16 的位置里。数字已经从小到大排好序。我们第一次比较的是位置 8，发现里面的数字是 14，比 7 大，所以在前半部分继续找；第二次比较的是位置 3，发现里面的数字是 6，比 7 小，所以在后半部分继续找；第三次比较的是位置 5，发现里面的数字是 8，比 7 大，所以在前半部分继续找；第四次比较的是位置 4，发现里面的数字是 7，找到了！

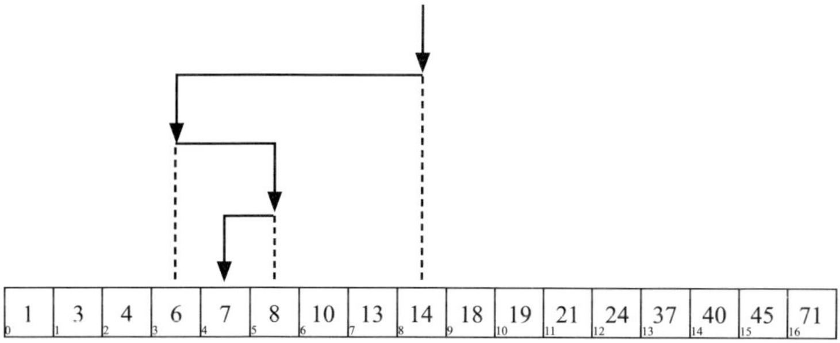

¤ 图 4–6

二分搜索法的应用很广，我们在之前找书的那个例子里提到一个方法二，是要把所有的书按照某一顺序排好。当来了一本新书的时候，为了给这本新书找到合适的位置，我们就可以用二分搜索法。

把一个新的物品插到一个已经排好的序列里，这样的场景非常多，比如每天来的新产品、新视频、新歌。抽象地说，在任何排序的场景下，我们要把一个新的物品插到合适的位置，二分搜索法都是一个很好的方法。

有了二分搜索法，有没有三分搜索法呢？其实三分搜索也是可以做的，就是一开始把所有排列好的东西分成三组，然后分别去问站在三组分割处的两个人，问到答案后，你就能去掉两组，在剩下的一组里继续找。三分搜索或者更多分的搜索和二分搜索雷同，但操作更复杂些，又没有明显的优点，所以可以用，但并不常用。

找到一家满意的餐馆

生活中我们经常要找餐馆吃饭。找餐馆是一个典型的多条件的搜索，比如我想吃北京朝阳区的四川菜，价格要在人均 100 元以下。这样的餐馆有多个？我们要用怎样的一个算法来找到合适的餐馆呢？

首先，你可以想象，我们给每个餐馆打多个**标签**。比如，一个标签是它的地区，代表是朝阳区、东城区还是大兴区；第二个标签是它的菜类，可以是川菜、江浙菜、粤菜、北京菜；第三个标签是它的人均价格，这是一个数字。

假设北京所有的餐馆是我们可能的目标，这所有餐馆的集合，也叫**搜索空间**，就是划出来给我们在里面找东西的地方。在每个餐馆都有了标签之后，我们给每一个标签做一个索引。有了索引以后，当一个人要找餐馆的时候，他会给出他的条件，比如“朝阳区，四川菜，价格在人均 100 元以下”，这个条件翻译成计算机的语言，就需要通过标签来进行多次查找，比如下面这个方法一。

（1）在整个搜索空间，也就是在所有的北京餐馆中，找到朝阳区的所有餐馆，假设有 2 000 家。

（2）在上面所有的结果中，找到所有提供四川菜的餐馆，假设有 100 家。

（3）在上面所有的结果中，找到人均价格低于 100 元的。

第三步后的结果如果有 20 家，这 20 家就可以提供给用户去挑选了。

上面这个方法，会找到所有符合条件的餐馆。但是这个方法是最好的吗？不一定。如果大部分餐馆的人均价格都是高于 100 元的，也许更好的方法是下面的方法二。

（1）在整个搜索空间，也就是在所有的北京餐馆中，找到人均价格低于 100 元的，假设有 500 家。

（2）在上面所有的结果中，找到朝阳区的所有餐馆，假设有 80 家。

（3）在上面所有的结果中，找到所有提供四川菜的餐馆。

你可以注意到，方法二和方法一的三个步骤都是要看地区、菜类和价格，它们只有先看哪个标签后看哪个标签的区别。这几步下来，我们还是会找到所有 20 家朝阳区提供四川菜的客单价低于 100 元的餐馆。但是由于方法二的第一步就把餐馆的数目缩减到了 500 家，而不是方法一的 2 000 家，方法二需要查看的总餐馆数目要少得多。所以方法二很可能更快。

思考

下面请思考两个相关的小问题：

（1）如果我们知道，在所有的餐馆里，提供川菜的是很少的，那么我们的算法是否应该第一步先找川菜呢？

（2）我们怎么知道应该先用区域，先用菜类，还是先用价格来找到合适的餐馆呢？

你的手机通信录

管理你手机里的通信录或者微信通信录，其实也是一个非常好的结合排序、分类和搜索的例子。一般来说，你的通信录都是按照从 A 到 Z 的顺序排的，这样能便于你按照拼音的首字母去找到一个联系人。

同时，你也可以给你的联系人打一些标签，比如“亲戚”“朋友”“同事”“开会认识的人”“我关注的人”“屏蔽朋友圈的人”等。这些标签把人分成了各个类，这些类是可以互相交叉的，你可以想象在你的同事当中，有你屏蔽了朋友圈的，也有不屏蔽朋友圈的。

在这种设置下，你就可以做各种搜索了。比方说，你当然可以按照拼音首字母来搜索一个朋友，这大概是我们用得最多的。同时，你也可以按照标签搜索，如果一个通信录做得比较好的话，你可以用多个标签进行搜索，比如“我关注的人”+“朋友”。

过滤

我们现在引入一个叫作**过滤**的概念。过滤就是用一个条件去除掉一些不符合条件的东西，以便你找到自己想要的东西。

其实我们已经看到过好几个过滤的例子了。在通信录里，我们每次用标签搜索，可以看作过滤掉不符合这个标签的人。比如“我关注的人”这个标签，就把不关注的人过滤掉了。“不屏蔽朋友圈的人”这个标签，就把“屏蔽朋友圈的人”都过滤掉了。

每次加一个过滤，符合条件的结果就可能少一些，也可以说，搜索空间就缩小了一些。在找餐馆的那个例子里，“朝阳区”“四川菜”也可以看作过滤掉“非朝阳区”“非四川菜”的标签。当然，过滤也不一定非要用标签，比如上面例子里那个客单价的过滤就可以使用一个数字，通过让数字满足一个条件来实现过滤。

图 4–7 展示了“过滤”的过程，它有点像个漏斗。符合条件的结果，不管是餐馆还是你通信录里的人，会经过一层层漏斗出现在最终结果里。

过滤帮助我们缩小搜索的范围。过滤的结果往往还是一些物品的集合。所以，如果要找到单个的物品，也许还需要一个一个地遍历搜索，或者用索引之类的办法。比如，当我们有了 20 个

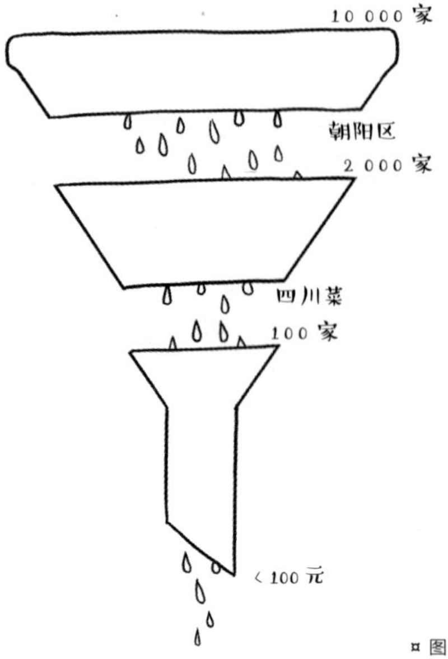

¤ 图 4-7

可选的餐馆以后，我们还是要一个一个地看，最后找到自己中意的那一个。

再提一下，我们常常希望搜索的结果是动态的。比如我们希望在输入一个人名的同时，所有符合条件的人都会出现。假设你要找的人叫“陈亮”，当你打了一个“陈”字，所有姓陈的朋友都会出现，然后你又打了一个“亮”字，叫“陈亮”的朋友就会出现，你也许有多个叫“陈亮”的朋友，他们都会出现。这个搜索是怎么做的呢？用我们学过的概念，你可以先用“姓”做一个索引搜索，找出所有姓陈的人。在这些人当中，你可以再用简单的顺序查找，找到名字第二个字是“亮”的人。

选购汽车

比找餐馆稍微复杂一点的搜索问题是选购汽车，在理解了上一节“过滤”概念的基础上，我们可以在选购汽车这个生活问题上大大缩短选购时间，提高决策效率。

选购汽车之所以更复杂，是因为搜索的空间更大——市面上有太多的汽车品牌和车型可供选择，以及筛选的条件更多——价位、品牌、车型、性能、外观。

为了解这个相对复杂又昂贵的搜索问题，我们可以先通过前面讲述的分类思维和排序思维分析一下选购汽车的需求，先把想买车的需求分类，列出使用需求对汽车选购的影响因素。

需求：上下班通勤，代步工具。选购考虑因素：安全，油耗。

需求：有孩子的家庭出行，日常出游。选购考虑因素：安全，空间。

需求：商务接待。选购考虑因素：品牌，舒适度。

需求：驾驶乐趣，好看。选购考虑因素：操控，动力，外观。

然后，我们再根据每一项需求针对自己实际情况的重要程度进行权重排序，最后得出选车考虑因素的排序，比如，价格 > 安全性 > 空间 > 油耗 > 品牌 > 外观。

接下来，我们可以通过“过滤”的方法依据优先级排序来缩小搜索空间。

（1）根据预算，用价格筛选，比如 15 万元到 20 万元之间，根据自己的预算范围来大规模筛选符合价位区间的品牌和车型。

（2）根据用途，用车型筛选，比如 SUV（运动型多用途汽车）或紧凑型轿车。有孩子的家庭用车，因为人员和物品多，一般对空间有更多要求，就更倾向于 SUV；如果对动力和驾驶操控感需求较多，就更倾向于动力型轿跑。所以根据用途和车型，可以进一步缩小搜索空间。

（3）品牌、安全性和外观。选择品牌可以通过国别选德系、日系、国产，然后再圈定几个候选的品牌；安全性可以参照“中保研”官网的汽车安全指数；外观就按照个人喜好选择硬朗型或者流线型。

由以上步骤逐层缩小搜索空间，最后你会得到一个候选车型的列表，这样就可以去汽车店实地看车和试车了，试驾过程中你可以再返回需求分析部分来调整自己的需求权重占比，最后确定满足需求的满意车型。

找到牛津大学

下面我们来看看另一大类搜索问题：文字的搜索。

文字搜索最基本的一个问题，是在一篇文章里找一个词或者句子。比如，我们希望能够在下面的这段话中找到“牛津大学”，知道这个词在哪个位置。所谓位置，是一个字在一个段落当中的顺序数，第一个字是位置 1，第二个字是位置 2，以此类推。

骐骐去牛津大学参加了决赛。他们有一整天的比赛和相关的活动，听了牛津大学计算机科学家的演讲，参观了牛津校园，还看了有趣先进的AI展示。

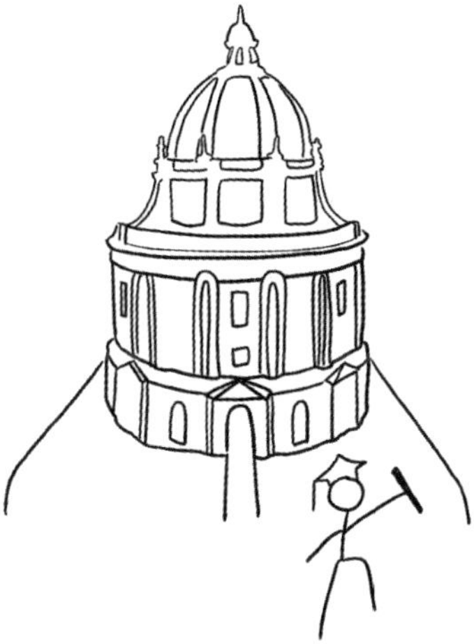

¤ 图4-8

计算机怎么完成这个找到“牛津大学”的任务呢？像以前的例子一样，计算机一般总有一个最笨的方法，就是一个一个地尝试。

方法一：因为我们要找的是一个四字词，那么计算机就从第一个字开始，每四个字一组，看看是否匹配“牛津大学”。如果是，它就记下这个位置，如果不是，就继续前进，直到看完整个段落。

在所给段落中，第一个四字词是“骐骐去牛”，和“牛津大学”不匹配；第二和第三个四字词分别是“骐去牛津”和“去牛津大”，也不匹配；第四个四字词是“牛津大学”，找到了一个匹配！不过我们的要求是全部匹配都要找到，所以算法继续每四个字比一次，后来，在第 30 个位置，又发现一个匹配。这样，直到段落全部走完，我们的搜索结果就是 4、30 和 46，也就是在 4、30 和 46 号位置上找到了匹配的词（见图 4–9）。

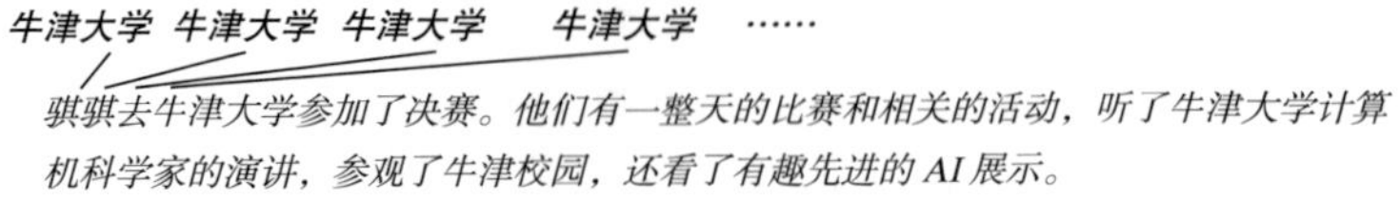

¤ 图 4–9

这个方法简单，不会错，就是做起来比较慢。每个位置比 4 次，如果文字段落有 100 个字，就要比 100 × 4 = 400 次。如果在互联网 1 兆的文字网页中找一个词，就比较难。

方法二：方法一有些步骤显然可以省去。你一定看出来了，如果一个四字词的第一个字不是"牛"，那么后面三个字就不用看了。这样，在所给段落中，因为只有 3 个"牛"字，其实需要比较的次数是 100+3 × 4 = 112 次，而不是 400 次（见图 4–10）。

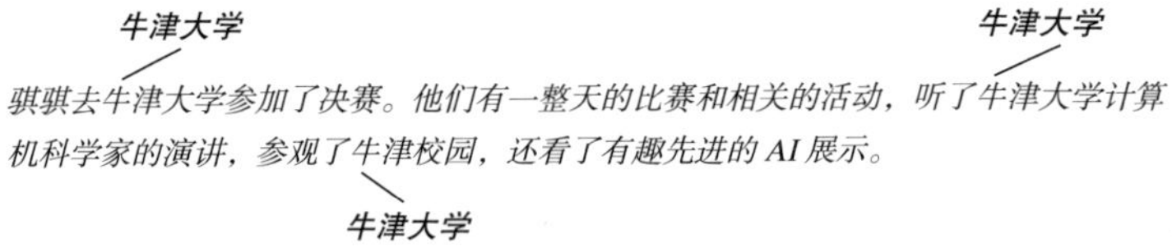

¤ 图 4–10

我们上面介绍的是怎么样在一个段落里找到一个词。这个方法的实际用处往往是判断一个词是否出现在一个段落里或者一篇文章里，出现在哪里。比如上面这个例子，我们可以说“牛津大学”这个词出现在这个段落里，并且出现在第 4 号、第 30 号和第 46 号这三个位置。这叫**关键词搜索**，是我们后面要介绍的搜索引擎的基础。

更加宽泛地说，在一段文字字段中找到一段匹配的“子字段”是文字搜索最常见的问题，一般称为**字段匹配**（sub-string match）。这些字段可以是有意义的关键词，也可以不是。字段匹配是文字搜索的基础。

在实际搜索中，我们往往不是只找一个词，除了“牛津大学”之外，“骐骐”“科学家”“比赛”“决赛”等都应该能匹配到这个段落。

而且搜索不能只是找到连续着的词。比如搜索“牛津大学演讲”，这个短语也应该能匹配上面那个段落，虽然在段落中，“牛津大学”和“演讲”是不连续的。这个时候，方法一和方法二都不管用了。这个要求一下子把难度升高了很多。也许你会说，这个不难啊，我先用刚才的方法把“牛津大学”找到，然后再看“牛津大学”后面有没有出现“演讲”，这两个词如果出现了就算匹配，如果不出现就不算匹配。其实答案不是这样简单的。因为也许会有一种情况，前面出现的是“牛津”两个字，后面出现的是“大学演讲”四个字，那么这其实也是一个匹配。所以不能将问题简化成找“牛津大学”和“演讲”。更进一步，还有“牛”“津”单独出现的情况呢？其实这个问题比我们前面讲的简单的匹配要复杂得多。这里不再多说了。

搜索引擎是怎么工作的

搜索引擎帮助我们在整个互联网上搜索合适的信息。它是最强大的搜索，也是最有用的搜索应用之一，谷歌、百度、必应、搜狗、360 搜索等都是搜索引擎。你在微信的头条页面里搜文章等，也都要用到搜索引擎的技术。

下面我用很简化的方式解释一下搜索引擎是怎么工作的。记住，搜索引擎其实是非常复杂的，一个有上万名员工的公司往往就做这么一件事，搜索引擎建立在大型的跨国数据中心和复杂的网络结构上，每时每刻处理着上千亿条各种类型的信息。所以，我们下面讲的是一个非常简化的过程。

根据我们前面学过的分解问题的方法，搜索引擎的工作一般分为三个步骤：第一步是爬取网页，第二步是建立索引，第三步是支持用户的搜索。这三步需要不断地重复，不是一次就能做完的。所以在下面的流程图里，我们用一个箭头表示每个步骤都要不断重复（见图 4-11）。

¤ 图 4-11

第一步，爬取网页。在这一步中，搜索引擎试图用互联网的爬虫，把所有的网站和网页都找到。因为互联网上有特别多的网页，目前大概在 60 亿这个级别，所以这个“找”的工作并不是很简单的。而且，每一秒钟都有新的网页被创建，旧的网页被更新，这些爬虫要能迅速找到新的网页，分辨出旧的网页是不是更新了并拿到新的内容，还要能应付登录、广告、图像、视频、动态网页等情况。我们这里就不讲网页抓取的细节了，但是大家可以想象，爬取网页这项工作是搜索引擎一直需要做的，而且速度和效率都很重要。

第二步，建立索引。这一步用我们前面讲的方法，给第一步搜集到的网页建立索引。这个索引当然不像一个书店的索引那么简单。比如，几亿个网页的信息放在哪里，怎么放？这是个大问题。再比如，这些网页不可能仅仅按照从 A 到 Z 的顺序去排队，因为仅仅 A 打头的就太多了。而且，新爬到的网页怎么插进去呢？

我们讲一个搜索引擎使用的方法：按照用户可能搜索的关键词来建索引。假设有一个词——“火箭”，用户可能会搜索它，而它出现在 1 万个网页里面。那么，搜索引擎需要建一个索引，从“火箭”这个关键词指向含有“火箭”这个词的 1 万个网页。再假设说，“发射”这个关键词又出现在 7 000 个网页里面，那么我们就要建立一个索引，从“发射”这个关键词指向那 7 000 个网页。将来，当我们搜索“火箭发射”的时候，这两个关键词同时出现的网页就可以被找出来。

在真正的搜索引擎中，不仅会有关键词到网页的索引，还会有关键词在网页中出现的位置信息，还有网页的结构信息，比如标题、文字、图片、注释等。

第三步，支持用户的搜索。上面我们讲了一个非常简单的搜索情景，搜索引擎可以用多个关键词来找到用户想要的网页。

现在，我们再次利用分解问题，讲清楚大部分搜索引擎的搜索第三步，也就是用户搜索是怎么做的。

用户搜索这一步可以再分解成两步，第一步叫匹配，第二步叫结果排序（见图 4–12）。匹配是什么呢？在刚才的例子中，从所有的网页里面找出那些含有“火箭”和“发射”这两个词的网页，就是个匹配的例子。匹配就是找到一个“候选集”，可以说是粗选，把可能的匹配结果都先拿回来。匹配也可以被看作缩小搜索空间，让第二步需要看的网页少很多。结果排序，就是把那些可能的候选结果，从最相关的到最不相关的进行排序。比如拿着 7 000 个你要给用户展示的网页，哪些排在前面，哪些排在第一页，哪些排到后面。结果排序的讲究也很多，本章开始提到的谷歌算法 PageRank 就是个结果排序算法。比如说，有的网页或者文章点击量很高，那说明它内容比较好，应该排在前面；有的网页中“火箭”这个关键词出现不止一次，也许它应该排在前面。

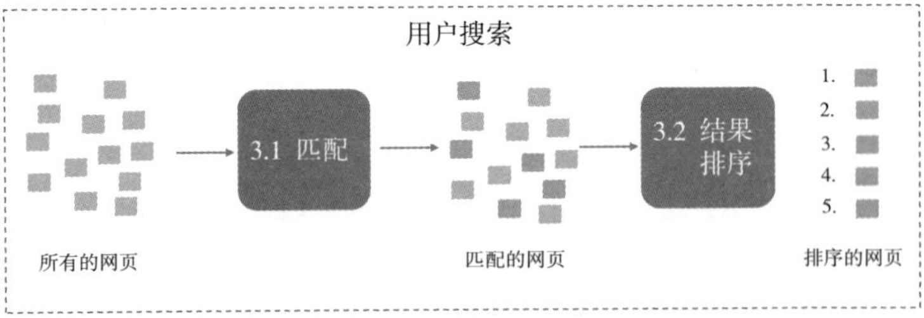

¤ 图 4–12

在谷歌搜一下“火箭”这个词，有 661 000 000 个结果（匹配的网页），用了 0.68 秒。“火箭”“发射”有 310 000 000 个结果，用了 0.51 秒。在实际的网页搜索中，信息处理量巨大，在人们能接受的一两秒内进行匹配和排序，是极其具有挑战性的任务。

实际生活中，搜索引擎不可能给每个用户想要搜索的每个关键词都建立索引，包括可能输入错误的词，也不可能把一个网页上所有的字和词都做好索引，就连是否有个空格这样的情景也需要处理，还有歧义的字和词。用户想要的结果往往并不能完全靠关键词找到，比如一个人搜索“浪漫电影”，她并不是要找一个电影的名字叫《浪漫电影》，而是说她希望找到这一类的有浪漫情节的电影。

每年，谷歌搜索引擎大概要改进它的算法 500 次。这些算法的改动和数据的改动是每时每刻都在发生的。不过，虽然搜索引擎的每一个步骤都有很多艰难的细节，但是从道理上来讲，它也使用了我们本章讲述的方法：搜集数据，找到合适的候选集，过滤，再把结果排序。我们有了分解问题这个强大的工具，再难的问题也是可以一步步解出来的。

搜索算法也具备前面讲的几个算法的特性：有多种方法找东西（多样性）；需要循环直到找到为止（重复性）；只要东西在，就一定能找到（完整性）。

思考

我们这几个搜索的例子都是相当简化的。下面再给几个需要动脑筋的实际搜索场景，请你想想怎么做。

（1）在搜索引擎里搜图，我们给的是文字，出来的是图，这是怎么做到的？

（2）打车软件如何动态地找到最符合条件的车？

总结一下，你生命的很多时间都用在找东西上，计算机搜索算法帮你从海量信息里面找到你想要的东西，想去的地方，比如：

- 搜索引擎在50亿个网页里找到相关网页。
- 图像搜索在海量的、重复的、质量不等的图中找到最相关的图。
- 生活App帮你找到餐馆、咖啡店、娱乐场所。
- 每家电商网站都提供搜索商品的功能，帮你找到最相关的商品。

当我们只有少数物品的时候，排序、分类也许就够用了，好比我们手机上只有10款App，你想用哪一款，翻一下就能找到了。但是当我们有上百款App、上千个联系人的时候，我们就必须依靠在本章学到的强大的搜索功能。

从搜索到推荐

搜索是一个主动行为，我们要找一个东西才会开始搜索，就像上一节讲的搜索引擎，我们要先有一个要搜的想法，然后用关键词把想法表述出来，输入搜索框，开始找答案。

在个人电子计算机时代，搜索引擎对于“让人们最平等、便捷地获取信息，找到所求”这一想法贡献巨大。个人电子计算机一开始是作为生产工具出现的，所以人们打开网页，开始查找信息，一般是带有一个特定意图的，人们把这个意图转化成为一个搜索信息。

随着移动互联网时代的到来，人人手里都有一部永远不离身的手机，拿起手机的时候，我们并不会特意想要搜索什么，这个时候，信息的获取就从搜索发展到了**推荐**。

推荐之于使用者，也就是用户来说，是一个被动行为，也就是说，对于信息的获取，我们不需要时时刻刻想着我们要找什么，计算机通过对我们的了解，应用算法把我们可能会喜欢的信息推荐给我们，计算机对我们的了解越多，推荐的信息越符合我们的需求。

在互联网的内容消费上，存在一个“用户精力”的分水岭，这个分水岭划分出了两类产品形态。在信息低速增长期，内容的产能不足，用户的精力过剩，此时需要增加内容的数量来满足用户的需求；在信息高速增长期，内容的产能过剩，用户的精力不足，此时需要提高内容的质量，并通过推荐精准地满足用户的需求。

例如，百度在搜索引擎发展的早期，需要通过百度贴吧和百度知道来增加内容数量。在信息高速发展以后，内容已经多到超出用户消化能力的程度，像今日头条这样的以信息推荐为主的应用就应运而生。

但无论是主动搜索还是被动推荐，它们本质上都是连接用户获取信息的需求端和海量信息的供给端的一种技术。查找和搜索的算法可以帮助我们在信息如此高速增长的今天更好地理解如何高效地获取信息，未来也如此。

用搜索思维来找工作

“寻找”是我们在人生中一直在做的事。我们不仅要找衣服、找路、找餐馆、还要找到合适的工作，找到合适的伴侣，找到合适的生活方式，找到自己的快乐和幸福。

我们常常烦恼于求而不得，寻而不见。

懂得搜索的原理会使你在锲而不舍的寻找中有章法可循。现在我们知道了，搜索其实是分成两步的，第一步是锁定寻找的范围，确定和缩小搜索空间，第二步才是在合适的范围内找到想要的物品。那么，如果你一直求而不得，也许你可以做下面几件事。

- 想一想你锁定的范围是否正确。
- 扩大你的搜索空间。

• 调整你的搜索条件。

以找工作为例，我们可以先从自身的情况出发，问自己下面几个问题。

（1）什么是我最感兴趣的？有了兴趣才会有持续的动力一直做下去，可以试着列出自己感兴趣的事情，看看在没有外界条件限制的情况下喜欢做什么。

（2）什么是我最擅长做的？每个人的天赋和经历不一样，试着列出自己做过的各种事情，看看哪些事情自己得心应手，比较擅长做。

（3）工作中哪些因素对我最重要？比如薪金、工作环境、公司文化、工作内容、老板、同事、成长空间等。

这些问题的答案，可以变成后面搜索的过滤条件。以上三个问题的答案交集就是最适合你的工作：你既感兴趣、有热情去做，又能得心应手，同时它对于你又意义非凡。了解了自己想要做什么之后，应聘工作也是一个搜索问题，你也可以问自己以下两个问题。

（1）我想要做的工作都有哪些公司可以应聘？当然这里有很多可以过滤的条件，比如选择哪一个城市工作和生活，选择什么样的公司规模，是成熟稳定的大公司还是创业发展的小公司，是行业前列的公司还是中部上升期的公司。还有上面第三个问题的答案，都可以用在这里作为筛选条件。

（2）我如何在众多应聘者中脱颖而出？选定了候选的应聘公司，就根据自身的情况制定一个应聘的策略，这本质上是把以上对自己的兴趣、专业、追求的分析和应聘公司的需求、条件、职位要求进行匹配。

如果遇到不匹配的情况，我们可以调整以上的搜索空间：要么调整应聘公司的范围，扩大搜索空间，选择更多的公司；要么调整搜索条件，重新选定要应聘的公司；要么提高自己的技能，学习新技术，获得新能力，让自己的选择面更广。

祝你找到心仪的工作。

一章小结

这一章讲到的概念

搜索（查找）、顺序查找、索引、二分搜索法、标签、搜索空间、过滤、关键词搜索、字段匹配、搜索引擎、推荐。

关键内容总结

- 我们花很多时间搜索。我们平时做的很多事情，都是在“寻找”。
- 搜索的效率和我们如何组织东西有很大关系。所以，搜索不是独立的，它和前面所说的排序、分类、插入、整理息息相关。
- 面对现代的海量信息，搜索的速度和效率非常重要，迅速缩小搜索空间和把结果按相关性进行排序至关重要。
- 新时代的搜索以很多新的面貌出现，比如推荐、语音助手。

“他当然在我的梦里，但是后来我也在他的梦里。”

—— **刘易斯·卡洛尔**《爱丽丝漫游奇境记》——

“He was part of my dream, of course -- but then I was part of his dream, too. ”

— Lewis Carroll, *Through the Looking Glass*

第 5 章

递归算法：洋葱、汉诺塔和昨天的你

下面我们要给大家介绍计算思维里面最酷炫的一个概念。可以说，它理解起来有点奇怪，但是想了解计算机的人不能不知道它。我希望通过这个方法，让你发现，对于看上去特别复杂的问题，计算机居然可以用这么美妙而简单的方法来解决。

这个概念叫**递归**（recursion）。

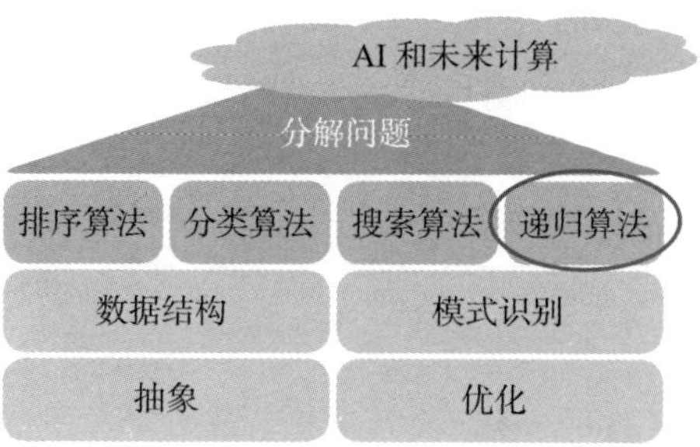

¤ 图 5–1

小时候我们都听过这个故事：从前有座山，山上有个庙，庙里有个老和尚，老和尚在给小和尚讲故事。老和尚说，从前有座山，山上有个庙……

这是一个无限循环的故事，和递归有一点像。但是，递归不会无限循环，也不是如此单调，因为它每次的“下一个故事”都比“现在的故事”要小一些。我们来看看递归是怎么回事。

报数

我们先举一个相对简单的例子。大雾天，有一些人从前到后排成了一个很长的队。现在，站在最后面的人想知道自己是第几个人。他看不到队首，也没有办法走到前面去一个一个地数。他想出来一个很简单的办法，就是问他前面的人：“你是第几个人呀？”

被问的这个人如果不知道自己是第几个，就又去问前面的那个人：“你是第几个人呀？”直到问到站在队首的第一个人，因为前面没有人了，他就会确定地回答说：“我是第 1 位。”第二个人听到了，就知道说：“我是第 2 位。”以此类推，等到倒数第二个人的时候，如果他说“我是第 360 位”，那么他后面的最后一个人就知道自己是第 361 位了（见图 5–2）。

这种方法让我们可以说：“我的排名 = 我前面那个人的排名 +1。”

假设我是第 N 位，虽然我现在还不知道 N 是几，但是排在我前面那个人一定是第 N–1 位。用我们前面讲过的指令，这可以表示为下面这样的形式。

¤ 图5-2

我的位置（N）=

　　我的位置（N-1）+1

这个算法看上去有点奇怪，它的名字“我的位置”出现在自己的内容当中。这个报数解法的基本思想就叫作递归，也就是我们这一章要介绍的概念。递归是根据本身的简单版本去定义问题或解决问题的过程。递归这个词听上去有点抽象，它的基本思路就是，我们要做一件大事，这件大事可以这样做：先把小号的同一件事做好，再做好自己的这一步。

在上面排队报数的方法中，一个人的排名是用她前面一个人的排名算出来的，这就是一个简单的递归。

递归的方法有一个特别大的好处：每个人的任务都是完全相同的。在上面这个报数的例子中，每个人都做三件事：（1）问前面的人，（2）加上1，（3）告诉后面的人。我们说过，这种重复性的工作最适合让计算机来做，做个几百万遍都不成问题。

也许你会说，排队报数这么简单的事儿，就从第一个人报数到最后一个不就完了吗？记住，你现在站在后面，没法走到前面去让第一个人开始报数。报数这么简单的一件事，用递归方法做，是可以从队列任何一个地方开始的，不需要知道队列有多长，不需要一个单独的人来数数。在本章后面的例子里，比如在汉诺塔的游戏里，我们还会看到，很多的任务不像数数这么简单，也不是在同一个队列上。在那之前，我们再看两个相对简单的递归例子，来继续了解递归的基本概念。

洋葱的面积

我们有一颗洋葱，但并不知道它里面一共有多少层，也不知道每层有多厚。我们现在想要计算它每层加起来的总面积。我们可以一层一层地把洋葱剥开，假设每剥一层，我们就能算出或者量出它的面积，比如可以把这一层展开，或者用周长估算一下。

现在我们想要计算这颗洋葱每层加起来的总面积。我们可以这样想：洋葱的总面积等于洋葱现在最外面一层的面积，加上里面所有层的面积。

也就是说，如果最外面一层是 10 平方厘米，剥掉这一层剩下的总面积是200平方厘米的话，那么总面积就是210平方厘米。

但是，你也许会问：里面的洋葱还没剥掉，怎么知道它的总面积呢？

这就有点像前面排队报数的例子，我们可以假设，这个小点的洋葱面积是可以用同样的方法计算出来的。也就是说，如果当前是第 N 层洋葱，那么洋葱总面积是 N−1 层的洋葱的总面积加上第 N 层的面积（见图 5−3）。

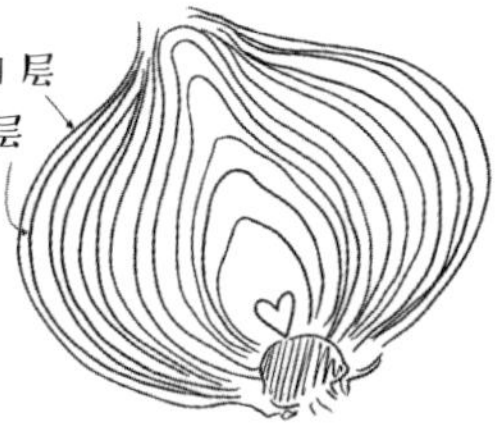

¤ 图 5−3

> **洋葱总面积（N）=**
>
> 洋葱总面积（N−1）+ 第 N 层的面积

也就是说，我们把一个大的洋葱看作最外面这一层加上了一个小一点的洋葱。洋葱可以很形象地帮我们想象这个递归的概念，它是最典型的递归：递归就像是剥洋葱一样一层层地剥开一个问题，每次得到一个同样形式的但是更小的洋葱。

珍珠心

上面这个洋葱总面积的表达式有一个小的问题，就是每一层都用里面的一层来表示，什么时候结束呢？剥过洋葱的人都知道，洋葱的最里面是一个完整的小小的心，像珍珠一样，剥洋葱剥到这个珍珠心的时候就不能再剥了。这个珍珠心很重要，因为它的出现表示洋葱剥完了。这个时候，我们上面算面积的这个题目的最终答案取决于这个最小的珍珠心的面积。我们假设这个珍珠心的面积是P。一个完整的计算洋葱总面积的方法应该这样写：

```
洋葱总面积（N）=
    如果 N=1，洋葱总面积 = P
    否则 洋葱总面积 = 洋葱总面积（N-1）+ 第 N 层的面积
```

在这个递归算法里，这颗洋葱的珍珠心面积P叫作**终止条件**。递归算法必须有终止条件。也就是说，当一个大的问题被一个小的问题所定义，最后小到不能再小的时候，你必须知道这个数字是什么。没有终止条件，你的算法就停不下来了。

像前面那个排队报数的例子，它的终止条件就是第一个人：第一个人前面没有人了，所以他知道自己的报数是1。所以，报数算法的正确写法是：

```
我的位置（N）=
    如果 N=1，我的位置 = 1
    否则 我的位置 = 我的位置（N-1）+1
```

强调一下，每一个递归算法都必须有一个终止条件，这样这个算法才能停下来。形象地说，递归算法是不能在原地不动的，每次使用，结果一定要越来越小，直到遇到终止条件。

花菜

除了洋葱，有人说花菜也是一个递归的例子：把一颗花菜掰开，它就变成了两颗小一点的花菜。

这个花菜递归比前面的排队报数和洋葱都要复杂一点，因为它掰开就成了两个小的，而不是一个小的花菜，其实可能还不止两个，因为花菜在每一个分叉处是可以分成多个不同的花梗的，每个花梗都可再分，直到分到花菜的最外面（见图 5–4）。花菜的最外面一圈有点浅黄色的部分叫花蕾，你仔细看，一颗花菜也许有几千个花蕾。如何计算一颗花菜上面有多少个花蕾？这好像是个难题，但是我们发现，花梗的分法像一棵树。一颗花菜上总的花蕾的数目，也就是每个花梗上的花蕾数目的总和。一个花梗又分成更细的梗，最后到花蕾。

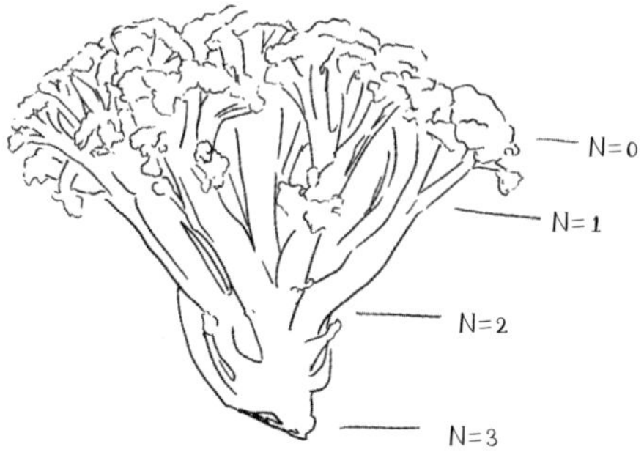

¤ 图 5–4

用这种方法看花菜，N 代表层级，k 代表在这个层级里面的序数，我们可以像下面这样计算。

```
花蕾数目（N，k）=
    如果 N=0，花蕾数目（N，k）=1
    否则
        重复 对每个分叉的花梗 k
        花蕾数目 = 花蕾数目 + 花蕾数目（N-1，k）
```

你也许会问，谁会去数一颗花菜上的花蕾呢？这当然只是一个例子，这个例子说明，对花菜这样一个可重复的树结构（大花菜可以掰成小花菜），计算机有一个正确的、简单的、可重复的方法数出它有多少个花蕾。下面我们来看一个在真实世界中统计中国一共有多少人的例子，你会发现，这个问题可以用数花蕾那种方法来解决。

中国有多少人

中国的地域结构可以被看作一个和花菜“同构”的结构，只不过层数不同，意思也不同。

目前，中国有 34 个省级行政区，包括 23 个省、5 个自治区、4 个直辖市、2 个特别行政区；省、自治区分为自治州、县、自治县、市，约 1 900 个；县、自治县分为乡、民族乡、镇，约 45 000 个，全国大概有 4.3 亿个家庭。图 5–5 把这些数据按照层级画出来了，和前面“花菜”的例子一样，每个省、市、县、乡、家庭都是这颗“花菜”上的一个“结点”，行政结构决定了它们的子结点，比如哪一个乡属于哪一个县。

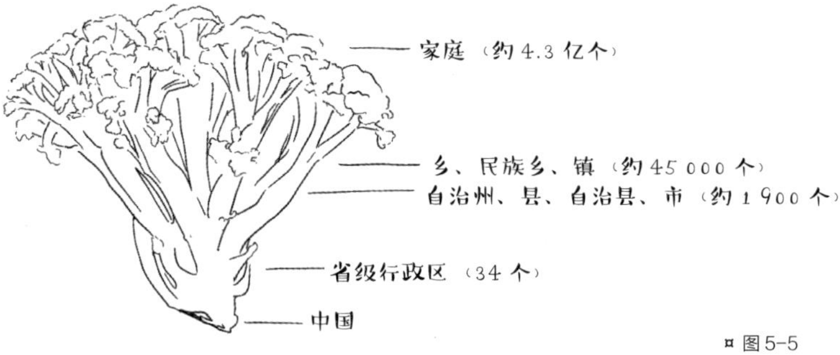

¤ 图5-5

如果要统计中国人口，我们就可以用一个递归算法。中央让每个省统计，省下达到县，县到乡，乡到各个家庭。各个家庭数完自己的人口报上去，上面的一层把这些数字都加起来，再上报。在这个算法里，每个结点用两个数（N，k）来表示，N代表层级，k代表在这个层级里面的序数。

```
人口数目（N，k）=
    如果N=0，人口数目 = 这个家庭的人口数目
    否则
        重复 对每个下属行政区域k
        人口数目 = 人口数目 + 人口数目(N-1, k)
```

比方说，县是第二层，一个县下面有3个乡，乡都在第一层。在上面的图里，这3个乡是第一层的3个结点（1，1）、（1，2）和（1，3），假设：

人口数目（1，1）=2 000

人口数目（1，2）=1 500

人口数目（1，3）=1 200

那么，这个县是第二层的（2，1）结点。

人口数目（2,1）= 人口数目（1,1）+ 人口数目（1,2）+ 人口数目（1，3）= 4 700

这个简单的递归算法有很多的好处。

（1）这个结构有多少层是没有关系的。比如有的乡下面还有村，有的大省也许有多个县级地区。每层有多少个个体也没有关系，比如每个省有多少个县。只要层级关系清楚，这个统计人口的递归算法就会起作用，我们不需要预先搞清楚每个省市的行政结构。

（2）这个结构是可以变的。比如某个乡第二年划入了另外一个县，完全没有关系，我们只要按照当时的行政树结构去统计就行了。

（3）每个地区的操作都完全一致。而且很简单。家庭（终止结点）只要数自己的人数，每个地域只要把它下面区域的人数加起来再上报就行了。第三点还带来一个最大的好处，就是如果有其他项目，比如统计人口的年龄、性别、收入等，只要在唯一的算法上统一加上这个项目，就不会出现有的地域有、有的没有的情况，保证了正确性和完整性。

这个例子让我们看到，上传下达是个递归算法。递归算法其实在生活和工作中也被广泛应用，只不过我们以前不一定这么明确地把它们写下来。

最短路径

我们现在来看如何用递归的想法解决一个最短路径的问题。假设中国有 1 000 个城市，连成一个网，有的城市之间有道路，有的没有。现在，我们想要计算从任意城市 A 到城市 B 之间的最短距离。这两个城市可能相邻，也可能隔着多个其他城市，怎么计算呢？比如在图 5-6 中，我们想要计算从北京到广州的最短路径。

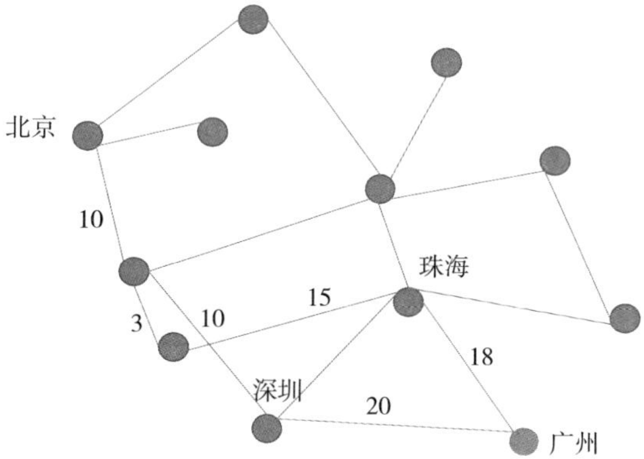

¤ 图 5-6

我们可以看出来，如果城市 A 和城市 B 直接相连，那么它们之间的最短路径就是它们之间的直接距离。假设两个直接相连的城市的距离是 D（A，B）。

```
最短距离（A，B）= 距离（A，B）= D（A，B）
```

对于不直接相连的城市，我们有一个好办法。比如从北京到广州，我们发现有两个城市和广州直接相连——深圳和珠海，所以最后一步一定是走深圳或者珠海。那么，我们可以把从北京到广州的问题，看作把广州从图上去掉后，从北京到深圳或者到珠海的问题。后者又是个最短路径问题，但是地图小了一点，没有广州了。这个问题可以用递归来解。

具体地说，按照上面的图，最短距离（北京，广州）是下面算式中 D1 和 D2 比较小的那一个：

```
最短距离（北京，广州）D1
= 最短距离（北京，深圳）+ 距离（深圳，广州）
= 最短距离（北京，深圳）+ 20

最短距离（北京，广州）D2
= 最短距离（北京，珠海）+ 距离（珠海，广州）
= 最短距离（北京，珠海）+ 18
```

那怎么计算最短距离（北京，深圳）呢？我们可以用同样的方法，看在图 5–7 中，哪些城市与深圳相邻。

图 5–7 和图 5–6 很像，只是图 5–7 没有了广州这个城市，也没有了到广州这个城市的所有的道路。所以图 5–7 是图 5–6 的一个缩小版。如果我们能够在图 5–7 当中找到北京和深圳、北京和珠海之间的最短路线，那我们就能保证在图 5–6 中找到北京和广州之间的最短路线。

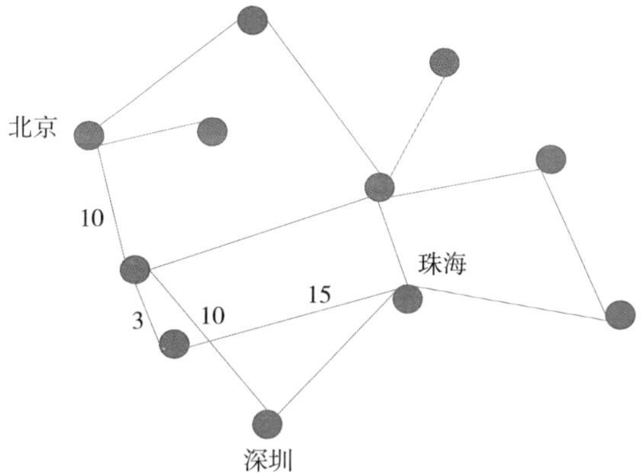

¤ 图 5–7

在这个缩小的地图中，我们可以算出来：最短距离（北京，深圳）= 20，最短距离（北京，珠海）= 28，所以，D1 = 20+20 = 40，D2 = 28 + 18 = 46。因为 D1 < D2，所以：

> 最短距离（北京，广州）= D1 = 40

而且我们知道，要实现这个最短距离就要走深圳。

这个找最短距离的方法就是递归。递归把一个大一点的问题变成一个同样的小一点的问题。这个方法把一个在大地图上的问题变成了一个在小地图上的类似的问题。

用算法写出来，从城市 A 到城市 B，最后一步一定是走过一个与B直接相连的城市k。设想城市B有多个直接相连的城市，我们用递归算法把每一个 k 走一遍。这个算法的终止条件是什么呢？那就是：如果两个城市直接相连，那么最短距离（A，B）= D（A，B），D 是它们之间的直接距离。

```
最短距离（A，B）=
    如果A，B 直接相连，最短距离 =D（A，B）
    否则重复  对每个与 B 直接相连的城市 k
        最短距离 = 最短距离（A，k）+D（k，B）
```

这个最短路径的算法可以用于地图导航，它保证算出任意两个点之间的最短距离。它的好处是，如果在一个小一点的地图上，比如每个省之间的路径都算好了，那么跨省的距离也可以搭建在小范围的数据之上，而不需要重新开始计算。真实生活中，地理信息当然比上面所说的要复杂得多。但是你可以看出来，只要有足够多的时间，这个递归算法是可以处理任何复杂地图而保证找到最短路径的，并不会因为地图更换了或变大了就给出不正确的答案。

世界末日的汉诺塔

汉诺塔谜题是由法国数学家爱德华·卢卡斯于 1883 年发明的。传说越南河内（旧译“汉诺”）的印第安寺庙里有一个大房间，房间里面有三根银棒，上面串有 64 个金盘。婆罗门祭司在古代预言的指示下，按照不变的布茹玛规则移动这些盘子。因此，这个谜题也被称为“梵天塔之谜”。根据传说，当这些盘子的最后一步移动完成时，世界将会灭亡。

什么是布茹玛规则呢？其实只有以下简单的两条。

（1）每次只能移动一个圆盘。

（2）大盘不能叠在小盘上面。

终极问题是从 64 个金盘开始的，一共要移动几次，如何移动？你也许觉得这个问题不难。你可以试着做一下，在纸上画，用家里的盘子，或者用扑克牌代表大小的圆盘都可以。

我们现在先来看最简单的情况。为了讲清楚一步步的步骤，我们给每座塔一个字母名称——A、B、C，并且用图 5-8 来展示汉诺塔问题。开始的时候，A 塔上有一叠穿孔圆盘，盘的尺寸由下到上依次变小。要求是按上面的规则将所有圆盘移至 C 塔。

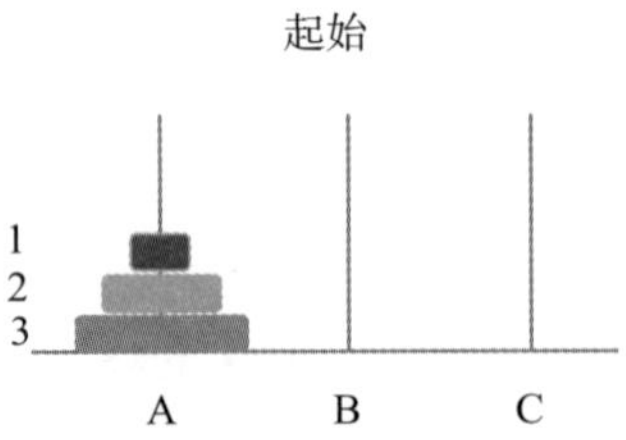

¤ 图 5-8

在做多层圆盘之前，我们设想一下，如果只有一层圆盘，你会怎么做?

你一定说这个太简单了，只有一层，把这个盘子直接从 A 挪去 C 就是了（见图 5-9）。对的，你已经做好了。

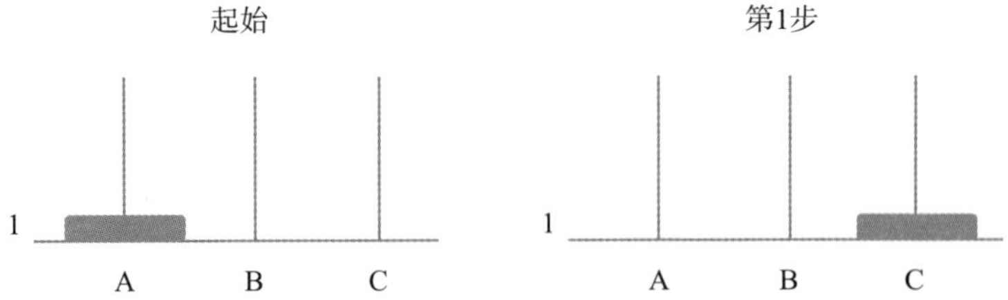

¤ 图 5-9

如果有两个圆盘怎么做呢？一种做法是下面这些步骤（见图 5-10）。

（1）把盘子 1 挪到 B。

（2）把盘子 2 挪到 C。

（3）再把盘子 1 从 B 挪到 C，这样两层的就做好了。

我们之所以要用这三步，是因为我们要遵从布茹玛规则：我们不能把两个盘子一起挪到 C，因为我们不能一次移动两个圆

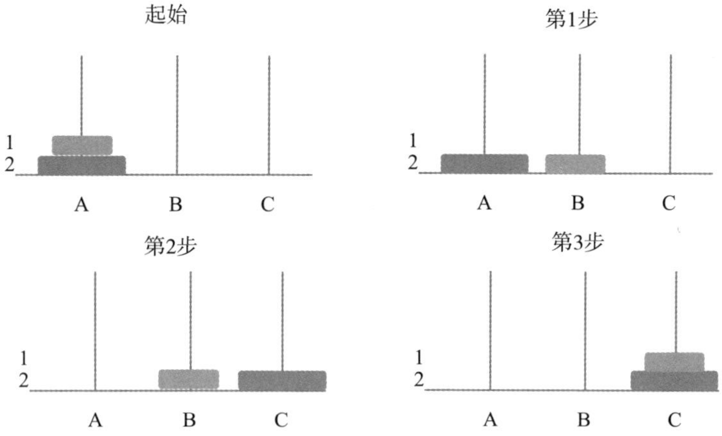

¤ 图 5-10　两层的汉诺塔

盘；我们也不能把盘子 1 挪到 C，然后把盘子 2 也挪到 C，因为规则 2 要求小盘子一直在大盘子的上面。

下面请大家在家里用不同大小的盘子做三层的汉诺塔游戏。三层的足够复杂，如果成功了，你就理解汉诺塔游戏的真谛了。相信大家经过尝试都可以成功，但是你们有没有在尝试中找到什么规律？如果真是 64 层的汉诺塔，你也知道怎么做吗？

下面是三层的步骤（见图 5-11）。

（1）把盘子 1 挪到 C。

（2）把盘子 2 挪到 B。

（3）把盘子 1 挪到 B，这时候盘子 1 在盘子 2 上面。

（4）把盘子 3 挪到 C。

（5）把盘子 1 挪到 A，注意盘子 1 回到了 A，为了能够挪动

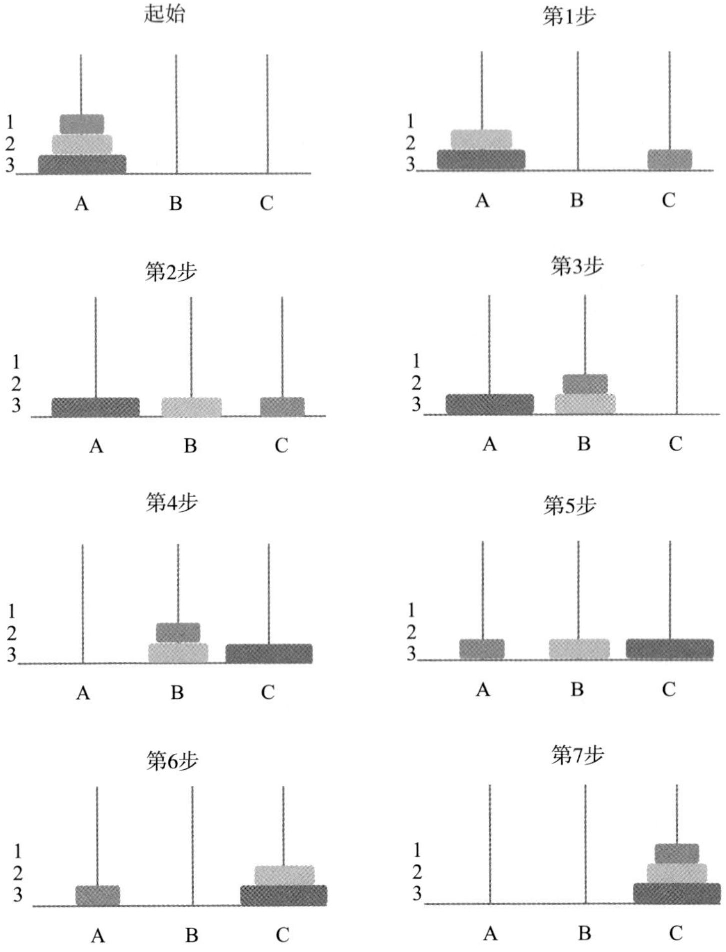

¤ 图 5-11　三层的汉诺塔

盘子 2。

（6）把盘子 2 挪到 C。

（7）把盘子 1 挪到 C，这样三层的就都做好了。

这个时候，回忆起我们刚才介绍的递归的概念。做三层的时候，你可以先假设两层的已经做好了，就是做三层的时候，某人把上面两层都已经挪到了 B。那么，我们就把一个最大的盘子 3 挪到 C。然后，我们再用这个两层的办法把盘子 1 和盘子 2 挪到 C。

用我们习惯的方式，这个三层汉诺塔的算法可以写为：

```
汉诺塔（3 层到 C）=
    汉诺塔（2 层到 B）
    挪盘子 3 到 C
    汉诺塔（2 层到 C）
```

上面这个汉诺塔解法的核心思想还是递归。当汉诺塔有 N 层，A 塔有 N 个盘，目标是遵从布茹玛规则，把这些盘全部移到 C 塔。那么解法是：先把 A 塔顶部的 N–1 个盘移动到 B 塔，再把 A 塔剩下的大盘移到 C，最后把 B 塔的 N–1 个盘移到 C，同样遵从布茹玛规则：

```
汉诺塔（N 层到 C）=
    汉诺塔（N-1 层到 B）
    挪盘子 N 到 C
    汉诺塔（N 层到 C）
```

如果祭司们不用上面的方法，而是凭自己的猜测随意移动金盘，那么他们要花的时间就要比这种方法长，甚至把盘子挪来挪去，却找不到解法。

而对于懂计算思维的人，这个费事的问题就这样被递归完美地解决了。你也许会发现，用这种方法做 N 层的汉诺塔需要的步数是 2^N-1，做 2 层的需要 3 步，做 3 层的需要 7 步，以此类推。而且这已经是最优方法了，不可能用更少的步数完成。如果传说是真的，并且祭司能够以每秒一次的速度移动金盘，执行最少的移动次数将花费 $2^{64}-1$ = 18 446 744 073 709 551 615 秒，或大约 5 850 亿年完成，这大约是当前宇宙年龄的 42 倍，所以不等 64 层的汉诺塔移动完毕，世界可能就灭亡了。但是，有了计算机，我们可以用比每秒一次快得多的办法移动 64 层的汉诺塔，也许可以赶在世界灭亡之前做完。

斐波那契的兔子

另外一个世界闻名的递归算法的例子就是斐波那契的兔子。意大利数学家斐波那契最初在 1202 年调查了一个问题：兔子在理想情况下繁殖的速度有多快？

假设一对新生的兔子放在田里，一只雄性，一只雌性。兔子能够在一个月大的时候交配，这样在第二个月末，雌性可以生产另一对兔子，一雄一雌。假设这些兔子永远不会死，并且从第二个月开始，每个月雌性都会生产一对新的雌雄兔子。斐波那契提出的难题是：一年后会有多少对兔子？

我们先来展开看看这个问题：

在第一个月结束后，雌雄交配，但仍然只有 1 对。

在第二个月结束后，雌性生产 1 对新的兔子，所以现在有 2 对兔子。

在第三个月结束后，原始雌性生第2对，我们一共有3对兔子。

在第四个月结束后，原来的雌性生了另一对小兔子，两个月前出生的雌性也生了第一对，所以我们一共有 5 对兔子，如图 5-12 所示。

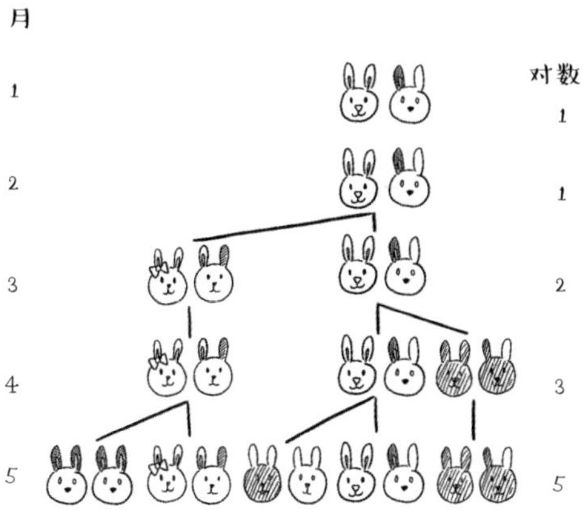

¤ 图 5-12

我们可以像上面那样一直算下去，算到第 12 个月，或者更多，但是这种手工一步步的算法太烦琐了。你有没有发现这个算法的规律？

在这个场景下，每个月的兔子数目，是前一个月的兔子数目（原来的兔子还都活着）加上更前一个月的兔子数目（更前一个月的兔子都已经长大，它们每对都生一对新的小兔子），用公式写下来，就是在第 N 个月：

```
兔子数目（N）=
    兔子数目（N）= 兔子数目（N-1）+ 兔子数目（N-2）
```

大家可以看到，这个计算兔子数目的方法，也是把一个问题用自己更小的同样的问题来定义。别忘了我们的终止条件：第一个月是 1 对，第二个月也是 1 对。所以更加严谨的写法是：

```
兔子数目（N）=
    兔子数目（1）= 1
    兔子数目（2）= 1
    兔子数目（N）= 兔子数目（N-1）+ 兔子数目（N-2）
```

现在我们来算一下 12 个月后有多少对兔子：

兔子数（12）= 兔子数（11）+ 兔子数（10）

= 兔子数（9）+ 兔子数（10）+ 兔子数（10）

= ……

= 144

在生活中，即使你不养兔子，你也到处可以看到**斐波那契数列**的影子。斐波那契递归和自然界的物理规律相符，花瓣、向日葵的图案都是按斐波那契数列预测的形状生长的，这样可以优化它们吸收阳光的能力。从贝壳的形状，到星系的变迁，到威力无边的飓风，到美女的标准脸形，许多人们看到的神奇现象的背后都有斐波那契数列的魔手。

昨天的你

读到现在，不知道你有没有看出来，递归，其实也是另一种分解问题的方法。以前我们讲的分解问题，是把一个问题直接切成几块，而递归是把一个问题按层次分解。就好比，以前我们看一个人，可以把他看成头、身体、胳膊和腿的组合。而现在我们看一个人，比如看你，可以看成昨天的你又进步了一天。

比如，你在 2021 年 1 月 1 日下定决心要好好读书。为了不给自己太大压力，你选择了一种循序渐进的方法。第一天读 1 页书，第二天读 2 页，第三天读 3 页，以此类推。那么如果今天是 2021 年的第 100 天，你读的总页数，就是昨天的你读的页数加上 100。当然，上面这个每天读的页数并不用严格限制，每天读多少都是可以的。用我们前面熟悉的方式写下来，它是下面这样的。

读书（今天）=

如果这是新年第一天：读书（今天）=1

如果这不是新年第一天：读书（今天）= 读书（昨天）+ 今天读的页数

递归可以说是计算思维中最为优美的一种方法，它将简练和复杂融为一体，用很简练的表达方式解决非常复杂的问题；它帮助人们想清楚一个正确的解，而让人们忽略已知的细节；它是计算思维中的归纳艺术，仿佛万物溯源，直到到达最简单的颗粒。

一章小结

这一章讲到的概念

递归、终止条件、汉诺塔算法、斐波那契数列。

关键内容总结

- 递归算法把一个大的问题拆解成同构的小问题。
- 递归算法需要有终止条件。
- 递归算法的好处除了简洁优美，还有不要求预先固定问题的大小层级和结构，非常灵活。

第二部分

架构

"我想要一只干净茶杯，"帽匠插嘴说，"让我们移动一下位子吧。"
他说着就挪到了下一个位子，睡鼠跟着他挪了，三月兔挪到了睡鼠的位子上，
爱丽丝很不情愿地坐到了三月兔的位子上。这次挪动唯一得到好处的是帽匠。
爱丽丝的位子比以前差多了，因为三月兔刚把牛奶罐打翻在它的盘子里了。

○—— **刘易斯·卡洛尔** 《爱丽丝漫游奇境记》 ——○

"I want a clean cup," interrupted the Hatter: "let's all move one place on."
He moved on as he spoke, and the Dormouse followed him: the March Hare moved into the Dormouse's place, and Alice rather unwillingly took the place of the March Hare. The Hatter was the only one who got any advantage from the change: and Alice was a good deal worse off than before, as the March Hare had just upset the milk-jug into his plate.

— Lewis Carroll, *Alice in Wonderland*

第 6 章

数据结构：皇室家谱和继承

就像我们家里有地方放书本、衣服、袜子一样，计算机也需要有一些地方来存东西，它才能更好地做事。计算机把这些“东西”称为**数据**。我们前面几章里用来举例子的书、孩子、餐馆、文章、短视频，在计算机看来都是数据。说是给书排序，但我们并不会把书塞到计算机里，我们只会给每一本书一个名字，然后计算机排那个代表书的名字。这个书名是书在计算机里的表示，它就是一份数据。给动物分类也是一样，计算机只是给每个动物一个名字和类别，然后给它们分类，动物在计算机里的表示，也是一份数据。

东西是数据，那么存东西的地方和方式，就是**数据结构**。记住，计算机通常要应付大批量的东西，一大堆东西乱扔在一起，计算机不知道怎么办。所以我们需要帮助它把东西整理好，比如衣服怎么标记，抽屉怎么安排，才能够更好地存放、提取和使用这些数据？每个算法都要和数据打交道，这就是本章要讲数据结构的原因。

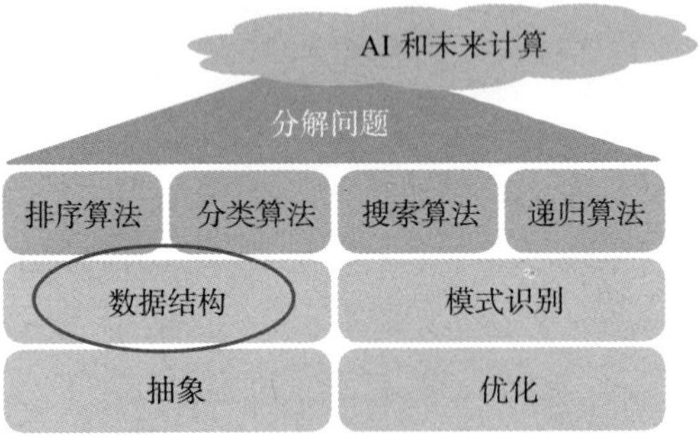

¤ 图 6-1

为了解释数据结构的重要性，也就是“东西是否有空间放”这件事对算法复杂性的影响，我们来看一个给袜子配对的例子。

配对的袜子

给洗好的袜子配对，应该说是生活中比较麻烦的一个问题了。因为你会发现，总有一两只袜子找不到合适的配对。

这个难题用算法怎么解决呢？首先，假设所有洗好的袜子都被放在一个口袋里，一共有 10 双不同的袜子。我们要给这 10 双袜子配对。如果在配好对之前，你没有其他地方可以放这些袜子，而你的每只手只能拿一只袜子。在这种情况下，唯一的办法就是左手从这个口袋里拿出一只，右手再拿出第二只，如果这两只袜子能配对，就把它们配好放起来。如果第二只跟第一只不配呢，你一只手只能拿着一只袜子，那么右手拿的第二只就必须要放回那个口袋里，然后右手再拿一只出来，和左手的袜子比较（见图 6–2）。

¤ 图6–2

用这个方法，如果你不能保证每次拿出来的袜子都是之前没有被拿出来的，那么这个过程有可能永远继续下去。如果你能保证每次拿出一只不同的袜子，那么它可以保证所有的 10 双袜子最终都配成对。也就是说，保持左手的不变，在你右手把袋子里的每只袜子都拿出来一次之后，你总能找到一只和第一只配对的。这时你就可以把配好的一对放起来，然后再重复这个动作。左手从袋子里拿一只，右手再把其他的都拿一遍，找出可以配对的第二只。这种方法耗时会比较长，最坏的情况是，你有可能要找遍袋子里所有的袜子才能找到可以配对的第二只，在最坏的情况下，配好 10 双袜子需要拿取的次数是：20+18+…+4+2=110 次。当袜子数量更多的时候，你会发现这个任务不堪重负。

这的确是一种算法，是计算机可以理解的一步步的指令。但这种方法真的很笨，我们在生活中也基本上不会这样做。我们之所以这么做，是因为在上面的例子中，袜子只能在洗衣袋中或两只手上，没有别的地方放。在生活中我们是怎么做的呢？我们可以把拿出来的第一只袜子放在床上，然后，第二次拿出来的袜子如果和第一只一样，就配对放好，如果不一样，就把它放在第一只的旁边，再到袋子里去拿第三只。第三只如果跟前两只能够配对就配对，如果不能，就把它并列放在第二只袜子的旁边。这样，只要袋子里的每一只袜子都拿出来了，就全部配好对了。也就是说，如果我们有 20 只袜子的话，20 个拿出的动作，就能把它们全部配好（见图 6–3）。

¤ 图 6–3

第二个方法跟第一个方法有什么不同？

方法二的关键在于，我们假设有一个地方能够放那些已经拿出来的袜子，而且可以按照顺序来放。那需要多少空间来做这件事呢？答案是：能够放 10 双袜子的空间。在计算机看来，每只袜子都是“数据”。这个能够放数据的空间，就叫作数据结构。数据一个一个挨着放一排，可以随时放进去和取出来的数据结构，叫**数组**（array）。

数组可以被想象成床上摆袜子的空间，或者一排抽屉，数组中的数据是可以随时进随时出的，就像袜子可以随时和它配对的那只袜子放到一起，或者一起被收起来。

数组很常用，很好用，美中不足的是必须在使用前预先知道固定的数目。比如，你这个星期只洗 3 双袜子的话，还是要有放 10 双袜子的地方。也就是说，要预先知道你最多需要多少空间。在这个例子里，我们需要 10 双袜子的空间自由使用。如果不知道有多少双袜子，你就必须有一张很大的床，保证每双袜子都有地方放，才能使用这种随进随出的配对方法。所以，用数组的问题在于可能会浪费空间。

我们常用的笔记本也像一个数组，你可以翻到任意一页去写，但是往往空着多页。

前面几章我们讲的算法，很多地方可以用到数组，只不过前面几章讲的时候我们把这个细节省略了。比如，我们说孩子先排成一排，老师找一个最矮的。在计算机看来，“孩子”就是个数据，“一排”就是个数组，老师可以随时从里面找到最矮的。再比如，如果计算机把每个字看成一个数据，那么“牛津大学”就是一个四字数组。

我们说，数组里的数据像摆在床上的袜子一样，你随时可以拿到任意一个。有不能随时出入的数据结构吗？我们现在介绍第二个数据结构——队列，就不是随进随出的。让我们以生活中的排队为例来解释一下。

队列

我们去超市买菜，需要在出口排队，这就是另一种数据结构，我们把它叫作**队列**（queue）。超市排队的规则是谁站在前面谁就先付钱出去。队列是一种“先进先出”的数据结构，也就是先被放到队列里的数据必须先被拿走。上楼的扶梯也是一个典型的队列，因为先站上去的那个人会先下扶梯。除了超市排队，我们平时做很多事情也是先进先出，比如报名去参加活动，上飞机，上火车，每天买午餐时排队付钱等。这些都是队列的例子，遵从着队列的规则。

队列最大的优点就是当队首的人（或者说第一个数据）走掉的时候，第二个人会自动向前一步变成第一个，第三个人会向前一步变成第二个，以此类推。这个特点是数组不具备的，好比上面那个例子，一双袜子拿走了以后，那个位置是空出来的，可以再放一双进去，但是其他袜子不会自动移到那个位置。所以，用数组不仅需要预先知道要用多大的，而且要记得哪些地方空着，哪些地方用了。而队列会自动按先后顺序排好。

试想北京机场每天 10 万人进进出出，不可能给每个人一个固定的位置。在机场，我们拿票、寄行李等事情都是用队列解决的。和数组相比，队列的好处是可长可短：人多就长点，人少就短点，随着时间的推移，队列前面的人不断离开，队列后面的人不断增加，每人自动前移。和数组相比，队列常常可以省出很多空间。

¤ 图 6-4

在第 2 章那个电影院的排序例子里，座位可以用数组来处理，因为每个孩子坐一个座位。孩子排队进去，就需要用队列了，因为我们希望一个孩子被安排好座位以后，其他孩子会自动向前走，不会乱走，也不会站着不动。

插队

我们排队的时候，最不喜欢有人插队。比如一个医生专家门口排了个队，本来该你进去了，前面却来了个熟人先进去了，这就是让人讨厌的插队。那个熟人之所以被先放进去，是因为他被认为比你有更高的优先级。这种现象计算机也可以模拟，计算机可以用多个队列和**优先队列**来实现有规则的插队。

有时候插队有原因，不可避免。比如在机场里，普通乘客正常排队，但是如果有机组人员来，他们可以先上。机场的办法是用两个队列：一个给普通的乘客，一个给机组人员。这两个队都走同一个门进入候机厅。如果机组人员的队列里有人，那么就机组人员先走，走完为止。如果机组人员那个队里没有人了，就让乘客走。如果机组人员那边有人来，他就会直接插到下一个乘客的前面。在这种情况下，乘客和机组人员本身都是队列，乘客和乘客之间、机组人员和机组人员之间的相对顺序是不会改的，但是机组人员优先于乘客。

大家可以想象，这种需要优先队列的情况在计算机要处理的各种问题当中经常出现。举个例子，邮件处理可以使用一个优先队列。当你收到所有邮件的时候，它们都在你的收件箱里，组成一个很长的队列。如果暂时没有时间按顺序一个个处理，你可以把其中一些打上星号。这些星标邮件会被优先回复，然后你有时间再去处理那些普通的不太重要的邮件。在这种情况下，所有的邮件就被拆成两个队列，两个队列都是按照原来的顺序排的，甚至可以同样排在你的收件箱里，而你是按照两种优先级来处理的。当然，把邮件先分类到不同的文件夹再回复，也是一个办法，相当于把一个大队列分成多个小队列，再按照不同的优先级去处理。

队列是“先进先出”，难道还有“先进后出”的数据结构吗？有的。举个简单的例子：你去吃三个球的冰激凌，是不是后放上去的球，会先被吃掉？

恺恺的抽屉

我家大儿子恺恺有一段时间总是穿那几件T恤，我以为他肯定是最喜欢这几件衣服。有一次问他，他说：“不是最喜欢这几件，而是因为每次洗完了这几件都放在抽屉的上面，然后每次我穿的时候就在最上面拿。”

恺恺的这个抽屉对应了计算机里另一种存东西的方法，这个方法是你把新的东西往上面放，然后想用的时候就把最上面的东西拿出来，在计算机里这叫作**堆栈**（stack）。堆栈是一种数据结构，在堆栈中，后被放进去的数据，会先被取出来。

堆栈，其实在生活中用处还挺多的，只是你平时不一定这么去想这类存东西的方式。比如说我们每天洗完碗，如果是把它们摞着放的话，那么我们先放的就会在最下面，后放的会在最上面。我们用的时候，一般会从上面拿，这就是一个堆栈的例子（见图 6–5）。日理万机的领导们桌面上有一大堆文件，后被放上去的先被领导看到，这也是一个堆栈的例子。这个碗柜或者文件堆，都是后进先出的数据结构。

¤ 图 6–5

在计算机算法中，什么时候用得着堆栈呢？堆栈最大的好处是可以用来快速地存东西，不需要动脑筋想怎么存；第二大好处是，和队列一样，它占有的空间也是和你现有的空间一样大的，不需要像数组一样浪费空间。

在之前抓牌的例子中，如果牌是发给每一个人的，发得很快，那你的牌就会在面前先堆一会儿，然后你一张张地拿起来排序分类。你面前那沓牌就是一个堆栈：后放上去的牌，会先被拿走。其实你只是要一个地方简单快速地存储你还没有整理的牌。如果你用一个数组，也就是把每张牌分别放在面前，对这些还没有整理的牌来说是没有必要的，还占了很大的地方。如果你用一个队列，你必须抽取最早发的那张，也就是最下面的那张，但是其实这些都是没整理的乱牌，没必要费劲从下面去拿。

这个时候，堆栈是最快、最省力、最省空间的数据结构。堆栈还有一个特点，就是可以多个人放、多个人拿。比如，煎饼摊儿的老板在一边做煎饼，顾客在另一边拿，皆大欢喜（见图 6-6）。快递包裹需要被分发，也可以用一个堆栈，随放随取。很多时候，多台计算机一起完成多件工作，这些工作就可以放在一个堆栈里，每台计算机干完了一件工作，就去拿下一件工作，没有工作的时候就等着。这是用堆栈支持计算机并行处理任务的一种方法。

¤ 图 6-6

摆渡车

你如果住在北京，一定会知道首都机场经常用摆渡车送我们去坐飞机。摆渡车只有一个门，如果一群人，从 1 号到 10 号一共 10 个人，按顺序地上了摆渡车，那么他们从摆渡车出来以后上飞机的顺序是什么呢？

这个答案你一定会很快地想出来：人们出摆渡车和进摆渡车的顺序是反的（见图 6–7）。如果是 1，2，3…10 这样上摆渡车的话，他们出来以后上飞机的顺序是 10，9，8…1。

¤ 图 6–7

现在给大家一个稍微有趣一点的情景。如果每辆摆渡车只能装 10 个人，但是一共有 20 个人，前后有两辆摆渡车，那么人们上飞机的顺序是什么呢？我们可以看到，第一辆摆渡车出来的顺序是 10，9，8…1，第二辆是 20，19，18…11。假设第一辆摆渡车走在第二辆前面，最后大家上飞机的顺序就是：10，9，8…1，20，19，18…11。

你也许发现了，每辆摆渡车是一个堆栈，进去的人和出来的人颠倒了顺序。两辆摆渡车一起是一个队列，因为先走的车先到。所以这个例子是两个不同数据结构的组合，它显示了一个队列和两个堆栈可以把人们排成什么顺序。

稍微总结一下，我们讲了随时放东西进去和随时拿出来的数组，先进先出的队列，先进后出的堆栈。选择合适的数据结构很重要，我们前面讲的算法，比如排序，被排序的人、数字、图书等都要存储在数据里。而数据的存储是不是有效，对算法的效率影响非常大。比如，我们在袜子配对的那个例子里看到，使用不同的数据结构可以大大地简化算法，让同一个任务很快完成。又比如，我们有一万本书想要用前面两两交换的办法排序，如果是放在一个队列里，每次要取出来一本书是很难做到的，放在数组里就容易很多。但是，如果用归并排序，也就是把已经排好的一些书再排在一起，用队列又方便很多，只要每次比较几个队列的队首就行了。

思考

下面请思考两个相关的小问题：

（1）如果用二分法，在 1 000 个已经排好序的数字里面找到某一个数，那么这 1 000 个数是存在数组、队列还是堆栈里面最快？

（2）超市里不同物品的货架更像哪个数据结构？

歌单、菜单和名字

下面我们再用歌单、菜单和人的名字讲另外一些数据的概念：关键词（key）和内容（value）。

你想听一首自己喜欢的歌，要怎么找到它？你可以去搜索这首歌的名字，也可以自己列一个歌单，从歌单中找到这首歌。不管哪一种方法，你都需要知道这首歌的名字，才能找到和听到它。

如果你仔细想一下，你的目的是听歌，不是听歌的名字。但是一首歌的名字可以帮你找到这个内容，找到这首歌本身。

我们去餐馆吃饭，拿到菜单点菜，也是这种情况。每道菜的名字代表了这道菜，但是我们不是去吃这道菜的名字的，我们是想吃菜本身。

在计算机术语里，这种数据结构叫**键值对**（key-value pair），也可称为关键词–内容对。关键词，比如一首歌的歌名，一道菜的菜名，一个人的人名，是用来找到内容，也就是这首歌、这道菜、这个人的。关键词用来指出内容，指引到内容，但它不是内容本身。我们想要的是内容本身，但是一个音乐 App 可以列很多歌单，却很难直接把所有的歌，包括歌词和歌曲，不经过歌名这一步直接提供给用户。歌名有多重要，关键词就有多重要。

你会发现，关键词不一定是唯一的。歌曲《红豆》有王菲版的，还有周杰伦版的。菜呢，比如泡椒鱼头，很多店都会有，那么，你想要去吃的是北京海淀区某店的泡椒鱼头，还是朝阳区某店的泡椒鱼头呢？所以，有时候要两个或者多个关键词才能锁定一个确定的内容，比如“王菲版的《红豆》”。

一个人的名字可以是关键词，但也不是唯一的关键词。叫

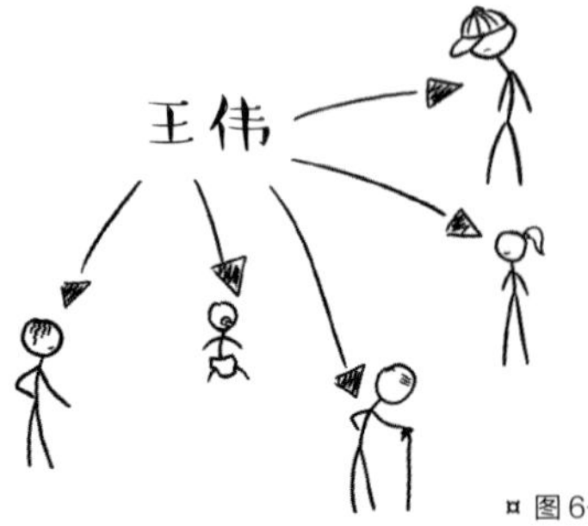

¤ 图6-8

“王伟”的人有千千万万个，就算是北京朝阳区的王伟也可能有几十上百个。还有一个办法能够把一个内容，也就是到底是哪一个王伟定下来，这个办法就是给他一个唯一的 ID 号，也就是身份证号。这个身份证号是能和其他人区分开的唯一一个表示这个人的方法。

键值对，也就是关键词-内容对，这个数据结构的优点是关键词一般是不变的，但是内容经常可以变化，可以增减。比如维基百科是用关键词来索引的。一个著名科学家得了一个奖，这个内容马上就可以加上，而科学家的名字和其他旧的内容不用变。

关键词本身可以被用来排序、分类、索引和查找，比如在 KTV 的点歌台，我们可以按照歌手的名字、按照拼音、按照男女歌手、按照他们的地域来点歌。当我们找到一个歌手的时候，我们就可以看到她的所有歌。

朋友圈

我们常常刷朋友圈，每次下拉，就会刷出一些新的帖子。我们想一下，对朋友圈这些帖子来说，怎样才是最好的实现？我们可以看看下面这几个要求。

- 朋友圈看到的帖子可以不断地增加。
- 帖子之间的相对顺序不再改变。
- 发帖的人可以删除自己的帖子。发帖人删除后，被删除的帖子不再出现。你拉黑一个朋友，他或她的帖子也不再出现在你的朋友圈中。

如果把每一个帖子看作一个计算机处理的数据，那么能够表示这些帖子的最好的数据结构是一个**链表**（list）。链表是一批数据有序地串在一起，每一个数据有上家和下家，可以增加或者减少，但是保持相对顺序不变。朋友圈就像是一串帖子组成的链表，顺序不变，可以增加或者减少。每一个帖子只要知道自己的前一个和后一个帖子是哪个就行了，因为每次我们上下拉动，就是看上一个或者下一个帖子。

这个链表和队列有什么区别呢？它们最大的区别是，队列只能从前面拿数据，也就是拿掉第一个才能拿第二个，而链表虽然也保证数据的相对次序不变，但是可以从中间拿掉数据，比如删帖，或者增加新的数据。

链表是一种非常灵活的数据结构，便于增减。除了朋友圈，其他各种有一定顺序的事件也经常是用链表来存储的。比如微信的聊天群，有新对话的群被放到最上面，其余的保持顺序不变，这也可以用一个链表来实现。

¤ 图6-9

家谱

在第 3 章，我们讲过把全世界的东西用问题和“是”与“否”的答案分类的例子。如果我们要把全世界的东西都存在一个地方，最多寻问 23 次就能找到，那么怎么存放呢？答案是一种叫**树**的数据结构。

像自然界的树一样，“树”的数据结构从同一个根衍生出许多树干，每个树干衍生出更小的树干，最后衍生出更多的叶子。所谓“树”结构是这样的，它包含结点（node）和边（edge）。每个结点之间用边相连。两个相邻的结点之间的关系是单向的，一个是父结点，一个是子结点。每个父结点可以有多个子结点，但是每个子结点都只有一个父结点。再精确一些，一个叫“树”的数据结构符合以下条件。

- 全部的结点都是连接的。
- 相连的两个结点一个是父结点，一个是子结点。
- 这个结构里不能有“环”，也就是说，结点之间符合层级关系。

在任何一个“树”里，都只有一个结点没有父结点，这个结点叫根结点（root），也就是“树根”的意思。

树结构其实很好理解，家谱就是一种树结构（见图 6–10）。

企业里的职级关系也是树结构，CEO 是根结点，下面的副总、经理、职员等组成一个公司的人员树结构。这个结构如果不清楚，比如一个人有多个汇报对象，或者不平衡，比如类似功能的组织有的过于庞大，或者一个人管理一两个人，都会造成人员组织的问题。

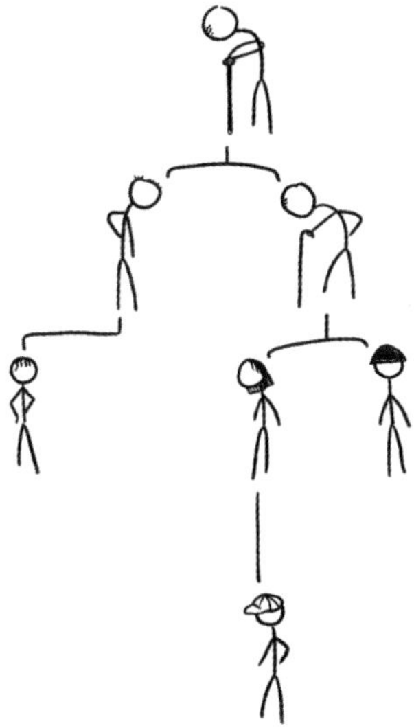

¤ 图 6-10

二叉树

二叉树（binary tree），是一种每个结点最多有两个分支（也叫树叶）的树结构。所谓最多，就是说有的结点可以没有分支，有的结点可以有一个或两个分支。我们来看一个例子，了解一下二叉树有什么作用。

图 6-11 所示的这“三棵树”都是二叉树，每一棵树的结点

上都有一个数字。你看出有什么共同规律来了吗？

也许你已经发现了，在这三棵二叉树上，统一的规律是：任何一个父结点的数字都比它左边的子结点的数字大，又比它右边的子结点的数字小。

比如我们来看第一棵树 A，这个根结点上面的数字是 4，它左边子结点上的数字是 2，右边子结点上的数字是 5。4 比 2 大，但是比 5 小，所以这三个结点是符合上述大小关系的。

然后我们再来看以 2 为根的这棵子树。在这棵树上，2 也比它左边的子结点的数字 1 大，但是它又比它右边的子结点的数字 3 小。所以这棵子树也是符合我们刚才说的这个规律的。

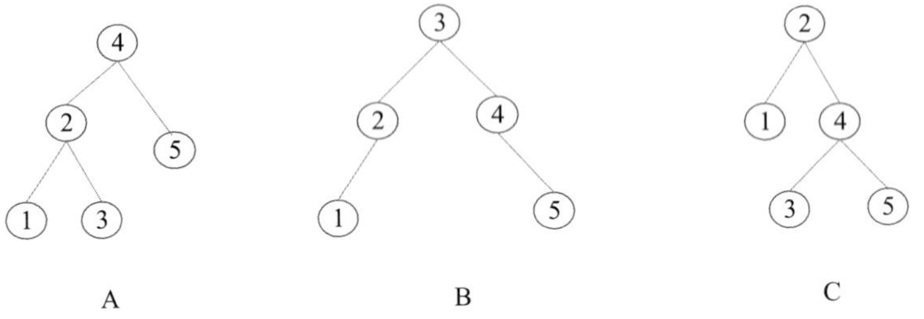

¤ 图 6-11

如果一棵二叉树上面所有的父结点和子结点都符合这个规律，那么我们就把这棵二叉树叫**二叉排序树**（binary sorting tree）。有趣的是图 6-11 的三棵树都是正确的二叉排序树，它们都排了从 1 到 5 这 5 个数字，但是它们长得不一样。

爬树

下面我来教给大家一个“爬树”方法，叫作遍历二叉树。这个方法可以系统性地走过二叉树上的每一个结点，并且把它们按照顺序排出来。为了解释方便，我们用“打印当前结点数字”来表示把一个数写出来，这样走完一棵二叉树，我们就能够看到一串数字。

```
重复
    如果当前结点有左边的子结点，就走到左边的子结点
    打印当前结点数字
    如果当前结点有右边的子结点，就走到右边的子结点
    退回到父结点
直到每个结点都走过
```

我们以第一棵树 A 为例。

（1）从根结点 4 开始，先发现这个结点左边是有左子树的。

（2）从 4 走到了 2，然后 2 又有左子树。

（3）从 2 走到了 1。这个时候 1 没有左子树了。

（4）打印 1。

（5）退回到 2，打印 2。

（6）2 有右子树，往右边走。走到了 3，打印 3。

（7）又退回到 2。

（8）退回到了 4，打印 4。

（9）走到右子树 5，最后打印 5。

按照上面的具体执行方案，这段指令打印的顺序是：1，2，3，4，5（见图 6–12）。

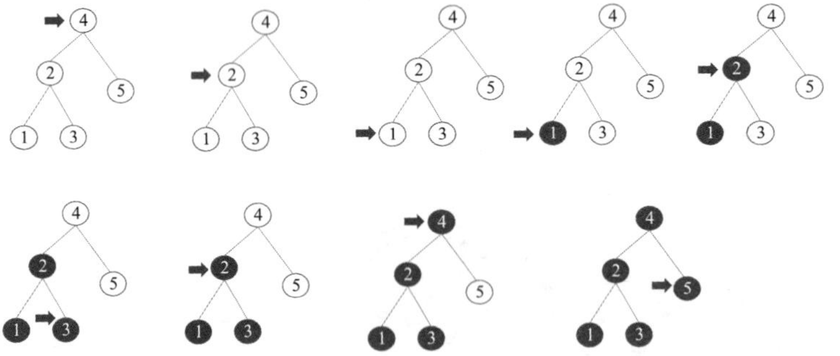

¤ 图 6–12

二叉树是一种固定的树结构，也是一种存储数据的数据结构。按照同样的方法，图 6–11 的树 B 和 C 也能打印出 1，2，3，4，5 这些数字。你也许会问，我们费这么大力气来存这 5 个数，为什么不直接就存 1，2，3，4，5 呢。当然，如果只有这 5 个连续的数字，我们确实是不需要用二叉树来存储的。树结构有用，主要有两个原因。

原因一：我们往往用二叉树来存储数字，比如号码或 ID，但是我们更关心 ID 后面的值。例如，如果 1，2，3，4，5 代表了我们从小到大生活的 5 个城市：（1）阳朔，（2）拉萨，（3）三亚，（4）天津，（5）北京。那我们用上面爬树的方法打印出来的就是：（1）

阳朔，（2）拉萨，（3）三亚，（4）天津，（5）北京。

原因二：在现实生活中，我们往往需要存储大量需要排序的数据，但这些数据经常要增加或减少。那么这个时候二叉树是有非常大的好处的。

我们来看一个简单的例子，从下图的 A 树中先删掉（3）三亚，然后加上（10）上海，那么按照这个顺序走下来，这棵二叉树最后是 C 树的样子（见图 6–13）。这棵树符合二叉树的规则，也就是任何一个结点的左子树永远比父结点小，且右子树永远比父结点大。这棵二叉树如果用我们上面所说的那个遍历的算法，也完全可以打印出非常好的顺序排序，就是：（1）阳朔，（2）拉萨，（4）天津，（5）北京，（10）上海。

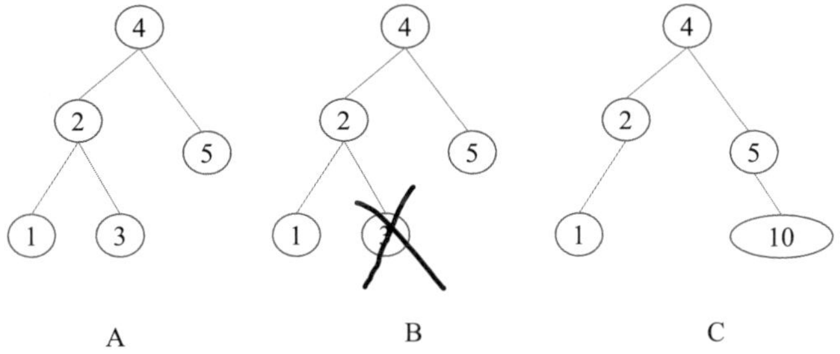

¤ 图 6–13

大家可以看出来，二叉树是非常强大的，在任何的插入、删除操作之后，它都可以准确地把树上所有的数字排序出来。

所以，二叉树的好处在于可以任意地增加和减少数据，同时保留排序的功能。一棵有 N 个结点的二叉树的高度是 $\log_2$（N）左右。所以在二叉树上找到一个数据的方法是比较快的，我们在

第 3 章“全世界所有的东西”那个例子里已经看到过了。在最快的情况下，全世界所有的东西都可以挂在一棵 23 层的二叉树上。

皇室家谱和继承

家谱也是一种数据结构，只不过不是一棵二叉树，因为一对父母才有孩子，每家也不一定只有两个孩子。有趣的是，皇位的传递顺序其实很像二叉树遍历的算法。只不过皇室家族不是二叉树，而是多叉树而已。

皇位或者遗产继承这么大的事情，必须有严格的不可争议的顺序，否则就乱套了。所以，皇室一般是像计算机一样使用有规则的算法。在下图里，皇位传递的顺序应该是从父皇到长子，到长孙，再到次孙，然后再到次子。换句话说，是从父皇到长子到长孙，这一条线走完后，再到兄弟（见图 6–14）。

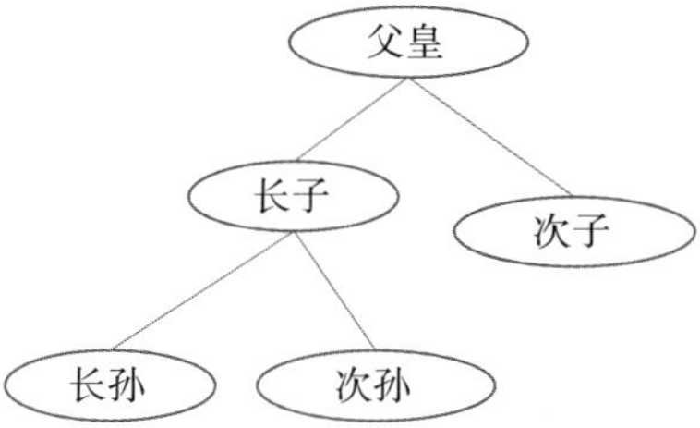

¤ 图 6–14

这个继承的算法可以这样精确地表述。

```
重复
    这个结点是下一个继承者
    从左到右遍历每一个子结点，重复这个过程
    退回到父结点
直到每个结点都走过
```

人气网红

在一个社交网络上，一个人可以看到他自己的照片、朋友的照片，以及朋友的朋友的照片。那么，你怎么知道一共有多少人会看到你的照片？

要表示这个社交网络，最好的办法就是用一张图，每两个人之间如果是朋友关系，就有一条连线，如果不是朋友关系，就没有连线。**图（graph）**这种数据结构，也有结点和边，但是它的任何结点和结点之间都可以有边，没有限制条件。

我们来看下面这张图，小张、小王、小李、小赵、小钱、小孙、小刘一共 7 个人，他们是 7 个结点，他们之间的边表示他们之间的朋友关系（见图 6-15）。我们定义的人气，是指一个人的朋友数目加上朋友的朋友数目。谁的这个数目最多，谁就人气最高。在下图里，谁最有人气呢？

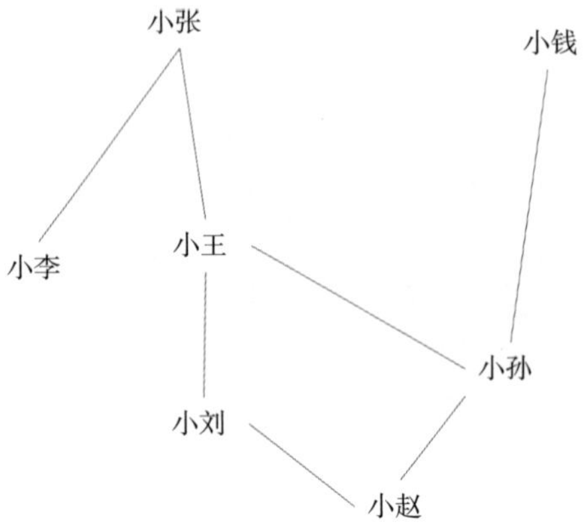

¤ 图 6-15

在这张图里，如果只看直接的朋友，那么小王、小孙各有 3 个朋友，再加上朋友的朋友，每个人的朋友数就如表 6-1 所示。

表 6-1

	直接的朋友（个）	朋友的朋友（个）	总数（个）
小张	2（小王、小李）	2（小刘、小孙）	4
小王	3（小张、小刘、小孙）	3（小李、小钱、小赵）	6
小李	1（小张）	1（小王）	2
小赵	2（小刘、小孙）	2（小王、小钱）	4
小钱	1（小孙）	2（小王、小赵）	3
小孙	3（小王、小赵、小钱）	2（小张、小刘）	5
小刘	2（小王、小赵）	2（小张、小孙）	4

答案是，小王最有人气，一共有 6 个两步之内的朋友。

除了社交网络，生活中的不少情景都能很好地用网络来描述。比如，城市里的路就形成了一张很复杂的网络，各种结点可以是汽车站、大楼，公路可以看作边。地铁图又是另外一张复杂的网。公路图、公交图、地铁图、行人地图交会，形成我们每天行动于其中的城市交通网。导航系统的算法，就时时运行于这张大图上。

这一章我们介绍了常用的数据结构，什么场景用哪种数据结构，以及怎么用。在计算机处理数据的时候，数据结构是非常重要的，因为计算机处理的数目实在是太大了。比如朋友圈，如果一个人有 200 个好友，每天每人发 1 个帖子的话，听起来并不是很多，但是如果一共有 1 亿个人都在发帖，那每天就会有 200 亿个帖子。同时又有 1 亿个人在看，那么怎么存、怎么取这些帖子，就是一个非常大的问题。

大数据与云计算

未来是数据的世界，尤其是**大数据**的世界。

在了解数据结构和数据化思维的基础上，我们来简单说一下什么是大数据，以及大数据和我们经常听到的云计算、AI 是什么关系。

大数据这个计算机行业的术语因为媒体报道和传播的广度，已然被大众广泛了解。大数据是指无法在一定时间范围内，用常规软件工具进行捕捉、管理和处理的大量数据的集合，是需要新处理模式对其进行处理后，才能具有更强的决策力、洞察发现力和流程优化能力的海量、高增长率和多样化的信息资产。

数据如果被称为大数据，需要具备几个特点，例如大量、高速、多样。

大量：大数据的特点首先就是容量巨大，例如我们前面提到的抖音短视频应用，平台会搜集每一名用户的每一个使用动作，一个用户在几十分钟刷视频的过程中会产生大量行为数据，包括点击、播放、完播、点赞、评论、转发、关注、收藏等，与此同时，有上亿名用户在使用短视频应用，这就产生了亿万级别的行为数据，平台搜集的这个数据量是巨大的。

高速：这个数据采集的过程是瞬间发生的，所以具有高速的特征。

多样：在这个例子中，除了用户使用短视频应用的行为数据，还可能会产生用户的位置数据信息。通常，大数据采集工作因为数据是各种各样的，也就具有了多样的特征。

云计算的概念经常与大数据的概念同时出现，两者是相辅相成的关系。按照通俗理解，云计算就是把计算能力搬到“云端”，也就是通过互联网到达远程数据计算中心。大数据运用日趋成熟的云计算技术，从浩瀚的互联网信息海洋中获得有价值的信息，再进行信息归纳、检索、整合。云计算是基础，没有云计算，就无法实现大数据存储与计算。大数据是应用，没有大数据，云计算就缺少了目标与价值。

比如，你观看了一个短视频，这个数据就通过网络传送到了云端，然后通过云计算的处理，短视频应用就知道下一个推荐给你什么视频。当然云计算和云端只是一种形象化的表述，实际的计算发生在大型的数据中心。而且这个运算从云端到我们的手机端是几乎瞬间发生的。

云计算可以被理解为把计算能力和计算资源整合起来，统一规划，这样信息量更大，计算能力更强。我们来看几个你熟知的大数据在云端的应用场景。

- 导航软件知道实时路况，是因为路上很多车都在移动，这些车里的手机实时地把路况信号反馈给导航软件的计算中心，集成后反映正确的路况。
- 抖音能够推测你的喜好并且按喜好推荐下一个视频，是因为它从成千上万个和你有雷同兴趣的人们的观看习惯中学习出你的爱好，从他们爱看的视频里找到你可能爱看的视频。
- 运动类 App 了解你的运动习惯，自动测出你是否进入一个锻炼流程，比如“你在室外跑步”，这是因为你的轨迹符合很多其他“室外跑步者”的轨迹。它也可以根据别人的喜好推荐适合你的健身运动。
- 信用卡、支付 App 预警你的账号可能被盗用，是因为它们了解你日常的消费习惯、消费位置和场所，所以能发现不符合日常规律的反常行为。

现在大家都在说 AI。在 AI 应用里，表面上看起来计算机有时候像人一样，是有智能的，它好像自己会感知、会学习、会做决策。其实，AI 背后的计算机，还是用本书里讲的这些算法来工作的，它们也是程序写成的。

AI 的应用跟普通程序的最大的区别就是，它有一定的学习能力，也叫**机器学习**。这种学习能力从哪里来呢？是从数据或者信息里面学来的。AI 需要处理特别大的数据，所以数据怎么放、怎么存、怎么取、怎么用尤为重要。数据越多就越可能提升机器学习的精确性，同时，复杂的机器学习算法的计算过程，也迫切需要分布式云计算这样的关键技术来提供计算能力。所以，大数据、云计算、AI 都是相互联系并相互作用的概念。

我们在第 10 章会专门介绍 AI 的一些应用和方法，你在这一章掌握了数据化思维，就相当于拿到了一把通往未来 AI 时代的钥匙。

一章小结

这一章讲到的概念

数据、数据结构、数组、队列、优先队列、堆栈、键值对、链表、树、二叉树、二叉排序树、图、大数据、云计算、机器学习。

关键内容总结

- 算法离不开数据，数据结构是数据存储的各种方法。
- 算法的有效性依赖于数据结构。用对了数据结构，算法就会更快、更好，尤其在数据量大的时候。
- 大数据、云计算是未来数据和算法的方向，AI 是基于机器对大量数据的学习的。

“你们能告诉我，”爱丽丝小心翼翼地说，“你们为什么要给玫瑰花涂颜色吗？”
黑桃五和黑桃七都不吭声，望着黑桃二。
黑桃二低声说：“哦，小姐，你知道，这里应该是种红玫瑰的，
我们弄错了，种了白玫瑰。如果王后发现了，我们都得被砍头。”

—— **刘易斯·卡洛尔**《爱丽丝漫游奇境记》——

“Would you tell me, ” said Alice, a little timidly, “why you are painting those roses? ”
Five and Seven said nothing, but looked at Two. Two began in a low voice, `Why the fact is, you see, Miss, this here ought to have been a red rose-tree, and we put a white one in by mistake; and if the Queen was to find it out, we should all have our heads cut off.”

— Lewis Carroll, *Alice in Wonderland*

第 7 章

模式识别：会扫地的机器人

计算思维是描述问题和解决问题的思维。在之前的几章中，我已经介绍了计算思维的重要算法概念和相关的数据结构。现在，我们稍微转一转方向，讲讲计算机如何一步步地为人解决大规模的问题。本章所介绍的概念，是人和计算机对话最基础的概念。它们能帮助我们在现实生活的场景中找出规律（模式识别），然后用一些方法把规律描述和表现为计算机可以懂得的问题，再让计算机按照我们想要的方式去解决问题（逐步逻辑）。

模式识别（pattern recognition）这个词听上去比较深奥，简单地说，它就是找规律，找到相同或者不同的点，透过现象看本质，找出世界上哪些问题在本质上是一样的，可以用同一个方法来解决。手写汉字识别、语音识别，以及许多 AI 领域的应用都基于模式识别的方法。现在，我们先来用一个简单的例子介绍一下模式。

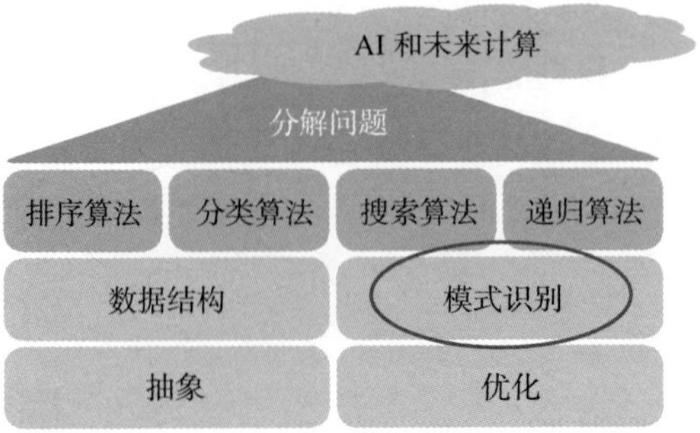

¤ 图 7-1

大城市、中城市、小城市

这里有三个句子：

北京是一个大城市。

三亚是一个中城市。

襄阳是一个小城市。

这三个句子共同的模式是什么？你一定很容易看出来，这三个句子的共同点是“____ 是一个 ____ 城市”，其中两个空是可以填的。为了讲清楚填哪一个空，我们也可以把这个共同的模式表示为：X 是一个 Y 城市。

在上面这句话中，X 是可以变的，它可以是北京、三亚、襄阳或者其他城市。Y 也是可以变的，它可以是“大”“中”“小”。

其他的部分，至少在这三句话中是一样的。

知道这个模式有什么用呢？在计算思维里，能够正确地找到这个模式非常有用。我们来看几种可能的用途。

方便起见，我们把“X 是一个 Y 城市”这句话称为模式 M。

在模式 M 里，X 可以用任何一个城市取代，Y 可以用“大”“中”“小”来取代。比如，我们可以用这个模式造出句子来：“天津是一个大城市”，“阳朔是一个大城市”，“拉萨是一个大城市”。

我们看到，上面这些句子语法虽然正确，意思却不一定正确。那么，怎么造出意思也正确的句子呢？我们可以用一个算法来帮助解决，用前面学到的“如果……就……”，来造这些句子。

如果 X 的人口大于 100 万，那就把 Y 设成“大”
如果 X 的人口在 50 万～100 万之间，那就把 Y 设成“中”
如果 X 的人口小于 50 万，那就把 Y 设成“小”

现在假设计算机有一张表，上面有所有城市的人口数，这些统计数字是我们都知道的，那计算机就可以根据模式 M 造出正确的句子了。比如：

天津的人口是 1 500 万，所以，计算机就可以说“天津是一个大城市”。

阳朔的人口是30万，所以，计算机就可以说“阳朔是一个小城市”。

拉萨的人口是60万，所以，计算机就可以说“拉萨是一个中城市”。

在这里，我们再向大家介绍两个重要的概念——**输入**和**输出**。上面那个例子里的城市，比如“天津”“阳朔”“拉萨”，都是输入，也就是我们告诉计算机给这个模式填写的X。而“天津是一个大城市”这句话是计算机告诉我们的，叫输出。可以想象我们在和计算机对话，那么，我们告诉计算机的话，就是输入；计算机反过来告诉我们的，就是输出。

为什么我们要训练找规律的能力？为什么模式识别是计算思维最核心的概念之一？

计算思维是关于解决问题的思维。计算思维的关键不是解决一个问题，而是解决一类问题，也就是符合模式的所有问题。

如果一台机器只知道“北京是一个大城市”，那它并不能成为一台计算机。如果一台机器知道全中国的城市都是大城市、中城市或者小城市，而且能把它们全部打印出来，那它还不是一台计算机，它只是一台印刷机。一台机器拿到一个城市，如果能根据它的人口判断它是个大城市、中城市还是小城市，这台机器才有了一些“思维能力”。如果一个城市的人口有变化，那这台机器要按照新的人口做不同的判断。所以，一台由计算思维指导的计算机可以解决判断任何一个城市是大、中还是小的这一类问题，而不是关于某一个城市的具体问题。

这也是计算机如此强大的原因所在：一个问题一旦被解决一次，就可以被反复地、可预测地解决。

拿铁、卡布奇诺、馥芮白

我们再来看一个咖啡的例子，讲一下模式识别和算法的联系。

走进一家高档咖啡店，你可能会被它华丽而拗口的菜单吓到，除了我们花了功夫记住的“卡布奇诺”“拿铁”，还有“馥芮白”“浓缩玛奇朵”“拿铁玛奇朵”“海盐骑士爱尔兰奥利奥”之类的。但是你也许会发现，这些花哨的咖啡店可能只有一台咖啡机。

稍微研究一下，你会发现这些不同类型的咖啡的基本组成部分都是三种原料：浓咖啡、蒸牛奶、奶泡。不同咖啡的区别，只是这三种原料的比例不同、顺序不同。

举个例子，在卡布奇诺和拿铁中，这三种原料都是相同的，顺序也相同，只是比例不同。

卡布奇诺：1/3 浓咖啡 +1/3 蒸牛奶 +1/3 奶泡。

拿铁：1/4 浓咖啡 +1/2 蒸牛奶 +1/4 奶泡。

大家很容易看出来，这两种饮料的模式是：X 浓咖啡 +Y 蒸牛奶 +Z 奶泡。

同样符合这个模式的还有其他咖啡饮料。

玛奇朵：1/3 浓咖啡 +1/4 蒸牛奶 +0 奶泡（杯子不要装满，5/12 空着）。

馥芮白：1/3 浓咖啡 +1/2 蒸牛奶 +0 奶泡（杯子不要装满，1/6 空着）。

¤ 图 7-2

其他一些咖啡饮料会按照合适的比例加上焦糖、热巧克力以及各种香料等，或者把牛奶和浓咖啡的顺序颠倒一下，上面再拉个花，但是在识别了不同饮料的共同模式后，这件事看上去真的没有那么难。这也解释了为什么很多咖啡店只用一台咖啡机就够了。

不过作为一个咖啡消费者，我并不想花时间去记这些比例，或者花几万块钱去买一台咖啡机。所以，我只要记住我喜欢的饮料的名字，告诉服务员就可以了。服务员执行合适的“算法”。服务员加上这台咖啡机，就像是一个可以处理不同输入的算法。它能够处理的模式是：X 浓咖啡 +Y 蒸牛奶 +Z 奶泡。至于 X、Y、Z 是多少，还有 X、Y、Z 的顺序如何，都是由那个输入，也就是咖啡饮料的名字来决定的。

我们后来会发现，给模式起个名字比较好讲清楚，这个模式可以表示为：做咖啡（饮料名字）= X 浓咖啡 +Y 蒸牛奶 +Z 奶泡。

在这个模式里，“饮料名字”是输入。给了饮料名字，咖啡店就有了固定的 X、Y、Z 和顺序，也就可以做一杯符合名字的饮料。按照配比，咖啡的具体做法就相当于一个算法。

大家可以看到，计算思维中有一个非常有趣的现象，就是一旦模式规则定义好了，这个算法就可以交给别人去做，谁去做都行。咖啡饮料约定俗成的规则不是我们作为消费者来定义的，但是我们作为消费者可以享受。我们给服务员一个“输入”，比如“焦糖玛奇朵”，我们就可以得到一个“输出”，就是一杯做好的符合预期的饮料。

模式识别就是把一些类似的问题变成一个问题。如果能够多次重复地解同一个问题，算法的效率就会很高。所以我们不用每个人都买咖啡机，而是把这件可以清楚定义、多次重复的事交给一些专门的人去做。做咖啡是一个技能。一个算法很像一个技能，就像做一杯咖啡，生手可能做得慢，熟练的服务员做得又快又好。服务员可以自己训练这个技能，和消费的人不相关，就像算法可以被单独地优化甚至替换，只要模式搞清楚了，同一个输入得到同一个输出就行了。

这个世界上很多的现象是有规律的，虽然表面上看它们可能因为各种欺骗性的包装而千差万别。模式识别包括发现共性，发现不同，逻辑推导下一步。计算思维的模式识别强调必须想清楚所有可能的情况，并且对各种具体的情况进行具体的指导。

下面我们用机器人的例子来进一步说明，如何用简单的模式操纵计算机做强大的事。记注，计算机只能够接受一步步的指令。计算逻辑更加偏重于严密地、一步步地按逻辑执行，最后达到目标，我们称之为**逐步逻辑**（step-wise logic）。换句话说，逐步逻辑告诉计算机在每一种情况下具体该怎么做。

机器人包包

我们有一个机器人叫包包。你不能告诉它说：“走路！”因为它不知道怎么走，什么时候走，什么时候停。但是，一个机器人可以接受一些命令，比如：“前进一步”“停止”“左转”“右转”。

¤ 图 7-3

简化来说，我们用4个字来给包包下命令：进、停、左、右。

进：前进一步。

停：停止行进。

左：左转。

右：右转。

我们可以想象，包包行走在一个无限大的方格棋盘上。现在我们就可以通过输入，让包包按我们的意志走路了（见图 7-4）。比如，我们可以说：

进进进：包包前进三步。

进进左进进：包包前进两步，左转，再前进两步。

进进右右进：包包前进两步，右转，右转，再前进一步。

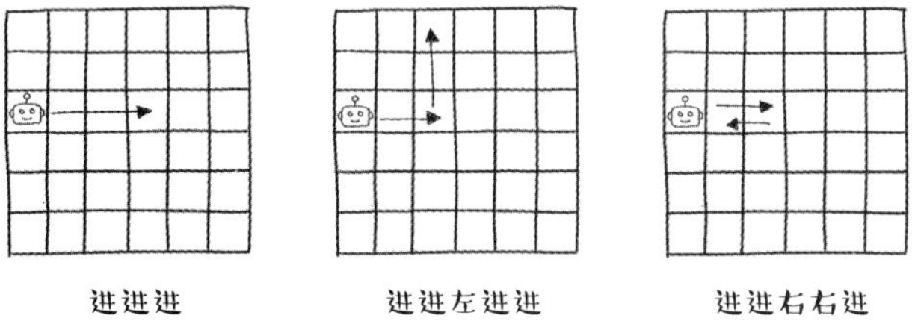

¤ 图 7-4

红绿蓝紫灯

在前面的例子里，包包需要预先知道所有的指令，才知道怎么走。一旦给了它一串命令，我们就没法改它的路线了。

我们都知道“绿灯行，红灯停”这种交通规则。我们可以在包包的路上放一些灯，来随时告诉它应该向哪一个方向走。对包包来说，它还是接受上面那4个命令，但是命令是一个一个来的，即时接受，即时执行。

假设我们有4种颜色的交通灯：红、绿、蓝、紫。

包包的执行模式是：如果看见X颜色的灯，就做Y的动作。

也就是说，包包这个小机器人的工作只有一种模式，但是这种模式在表现上可以玩出万种花样来。我们现在来为包包设计指令，也就是决定X和对应的Y是什么。下面这4组X和Y可以让包包遵从前面的指令。

X：Y

红灯：停

绿灯：进

蓝灯：左

紫灯：右

我们用各种颜色的灯来控制包包的动作，这样做的好处是你可以想象在实际的生活当中，用同一个灯随时更换颜色，而不用把指令事先都写好。现在我们就可以通过调整包包路上的灯，让包包按我们的意志走路了（见图7–5）。

绿绿绿：包包前进三步。

绿绿蓝绿绿：包包前进两步，左转，再前进两步。

绿绿紫紫绿：包包前进两步，右转，右转，再前进一步。

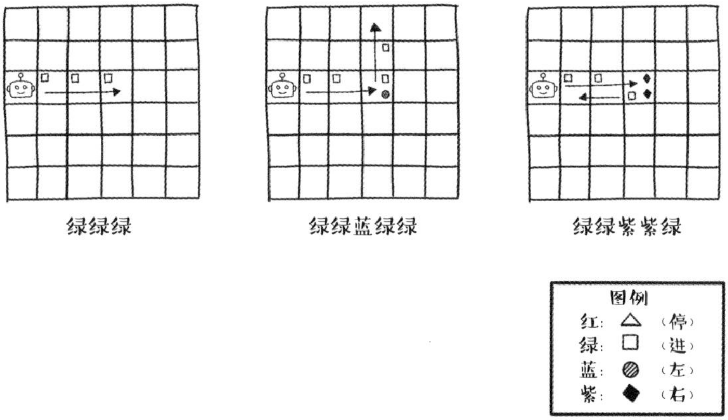

¤ 图 7-5

你可能会问，这个“绿绿绿”不就是“进进进”吗？有什么区别呢？其实不是，“进”是直接给机器人指令，“绿”是一个信号灯，这个信号灯一下子帮我们增加了很多灵活性。比如，我们可以把“绿”的意思改成“前进 2 步”，那么“绿绿绿”就意味着“前进 6 步”，如果“绿 = 后退 1 步”，那么“绿绿绿”就是“后退 3 步”。这样，包包的指令和动作是固定的，但是信号灯和指令的关联是可以灵活定义的，用信号灯给包包发指令就方便多了。

上面这个情景，看上去逻辑并不复杂。但是，仅用一个模式和三个灯，我们就可以操纵机器人包包在任何一个有垂直路线的地图上走路了！这个模式最大的好处是可以随时设计新的指令和新的动作，比如可以用橙色灯让包包转180度，或者让它跳舞等。这样机器人包包就可以拓展了，可以不断地学习新的技能。

模式识别对人来说可能不是难事，所以我们不需要专门去想红灯怎么办，绿灯怎么办，我们已经相当熟悉。但是，计算机需要细致的、严谨的、正确的、逐步的指示。

这和我们在数学中学到的逻辑不同，数学逻辑往往是一步，而计算机需要的是“一步步的逻辑”。比如，是否是绿色，如果是绿色怎样做，如果不是怎样做，一共要几步。

重述一下，计算思维就是用一种模式解决千万个同类问题的思维。包包虽然能力有限，但是它的路线和形式可以有无限种变化。

等一下，你是不是发现，红灯这个很重要的信号到现在还没有用上？其实对包包这个机器人来说，没有收到指令的时候，它就是停止不前的。但是，我们也可以让机器人看到“绿”就“一直前进”，直到碰到一个红灯。升级版包包就可以做到。

升级版包包

包包可以接受我们的命令，在任何直的路线上走路，在正交的路口转弯。可以想象，包包可以在任何N×N的方框里走路。包包的能力局限在于它像个算盘珠子，拨一下走一步。它能够正确地理解命令，但不够聪明，跟它对话比较费劲。如果要让包包走 1 000 步，你需要给它 1 000 个绿灯（见图 7–6）。

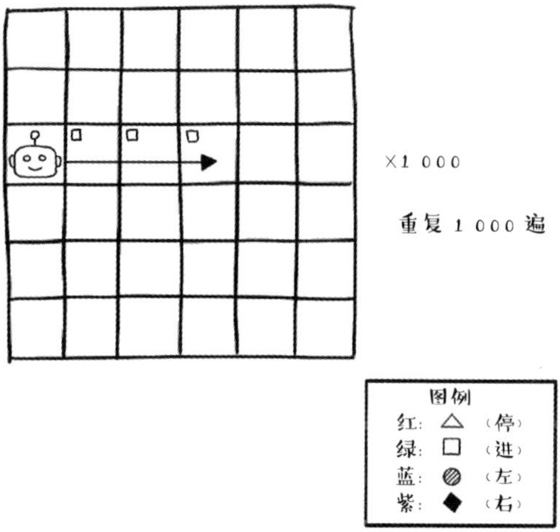

¤ 图 7–6

现在我们有了一个升级版的包包，名叫博博。博博能够懂得“重复……直到……”的概念。如果让博博走 1 000 步，我们只需要说：

```
重复 1 000 次
    进
```

博博还可以走 1 000 次 3 × 3 的方框，用下面这个指令。

```
重复 1 000 次
    进进进左
```

在这个走方框的指示中，博博每次走的模式都是一样的，都是前进 3 次，左转 1 次。大家可以看到，一个简单的模式可以用“重复”来让博博做多遍。

我们也可以用信号灯来控制博博。因为博博懂得“重复”，我们可以在想要博博停下来的地方放一个红灯，然后我们给博博指令，让它一直走，直到红灯处停下来（见图 7-7）。

```
重复
    进
直到
    红灯
```

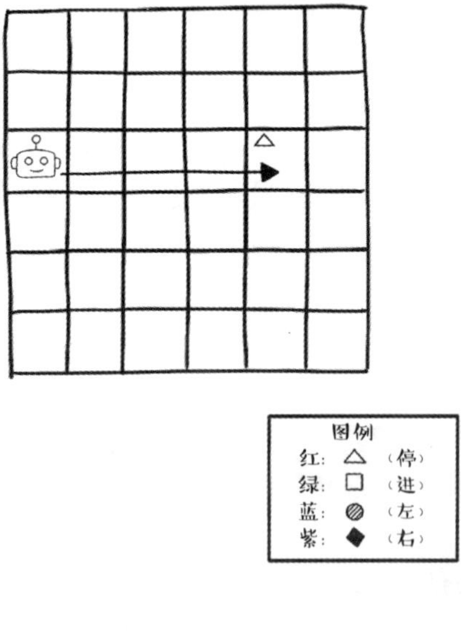

图 7-7

博博能做的事和包包一模一样，就是在这个方框里乱走，但是博博做起来需要的指令更少。下面我们就来看看博博还可以做到哪些事。

填满正方形

博博走方框有什么用吗？我们逐渐可以看到，博博要把它走方框的本事发挥得更好。比如，它可以给一个正方形涂色。想象博博有一支笔，它可以给格子涂色。那么，博博要怎么给有很多格子的正方形都涂上色呢？下面我们就来讲博博的方形涂色算法。记住，像前面的不少算法一样，博博也可以有多种方式完成任务。

我们先假设博博要画一个 10×10 的正方形。这个假设是为了简化讲解，后来我们会看到，这些方法也适用于非 10×10 的其他形状。

方法一：一条一条地涂色。也就是说，我们可以操作博博从左到右一条一条地把整个正方形涂满颜色。具体怎么做呢？

我们先看第一条线是怎么涂出来的。博博可以用下面的指令。

```
重复 10 次
    涂色
    进
```

上面这个涂色一条线的方法是一个模式，这个模式可以重复使用。为了重复使用方便，我们给它取一个名字，叫“涂色一条线”。

```
涂色一条线 =
    重复 10 次
        涂色
        进
```

只给一条线涂色还不够，我们来看博博怎么回到原点（见图 7-8）。它可以用下面这些指令，包括先转 180 度，再前进 10 步，回到原点。

```
回到原点 =
    右右
    重复 10 次
    进
```

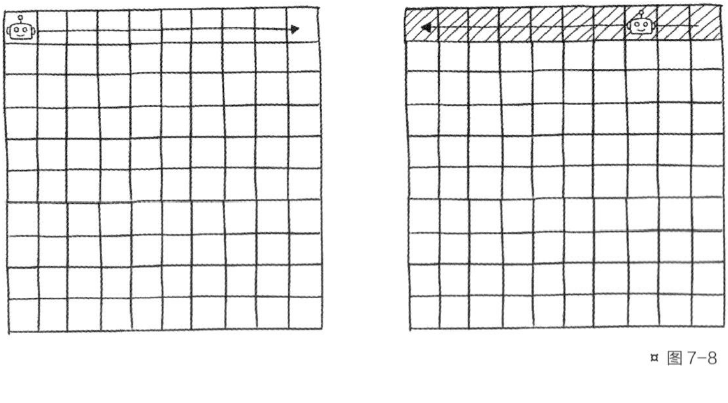

¤ 图 7-8

每次给一条线涂色是一个模式，回到原点又是一个模式。这个时候，博博在原点，但是面朝反的方向。我们需要它向下移动一步，这时可以用以下指令。

```
向下移动 =
    左
    进
    左
```

这样，博博走到下面一个方块，并且面朝右方，就可以再重复上面的两个模式，去给第二条线涂色了（见图 7-9）。

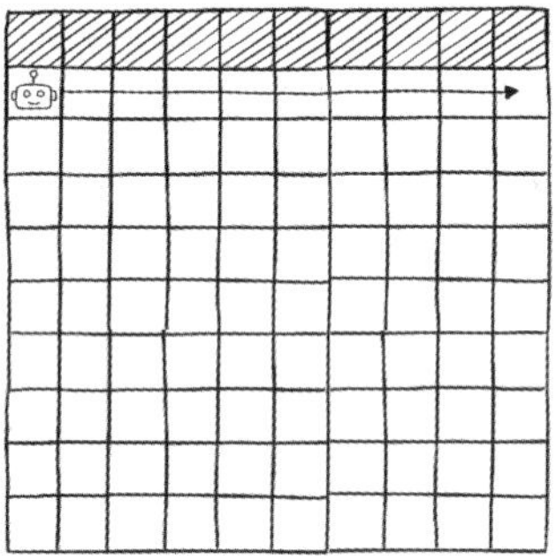

¤ 图 7-9

我们有了上面三个简单的模式，就可以把它们组合起来，给 10×10 的正方形涂色了。

```
重复 10 次
    涂色一条线
    回到原点
    向下移动
```

有意思的是，我们可以把前面的三个简单模式组合起来，形成一个更复杂的模式，使博博给一排格子涂色，然后回到原点，再走到下面一格，我们叫它“完成一排”。

```
完成一排 =
    涂色一条线
    回到原点
    向下移动
```

也就是说，我们可以用下面的指令让博博给 10 排线涂完色（见图 7–10）。

```
重复 10 次
    完成一排
```

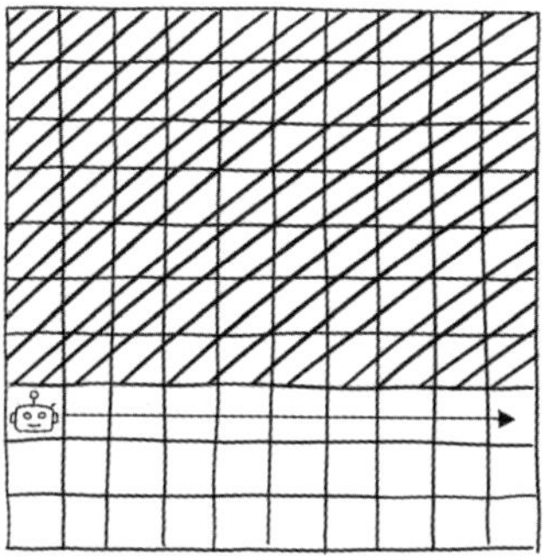

¤ 图 7-10

大家也可以看到，其实上面这些模式完全可以用来给非 10×10 的格子涂色，比如可以画 100 条，也可以画 X 条。

```
重复 100 次
    完成一排
```

```
重复 X 次
    完成一排
```

当然，每一排也不一定是 10 个格子。模式的强大就在于它可以复用。一个模式是可以复用的一系列操作。我们如果学会识别合适的模式，就可以用简短正确的指令调动已知的模式，让计算机做复杂而重复的工作。

画圈的博博

下面我们来看一个更加有趣的画法，博博可以一圈圈地把这个正方形涂满（见图 7-11）。

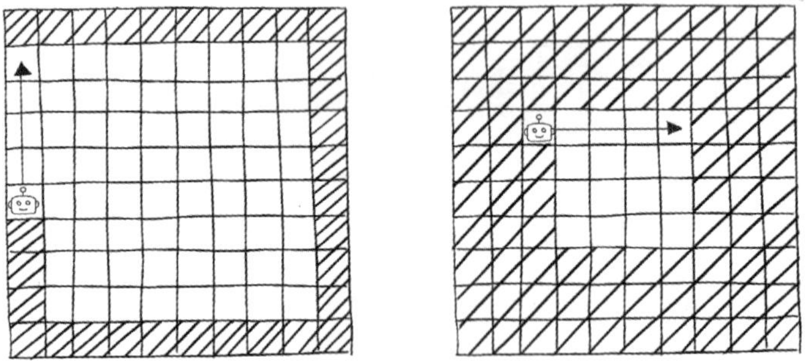

¤ 图 7-11

我们还是用 10×10 的方框来举例子，但是注意，在这个新算法里，每次博博不是画 10 格，而是逐步减少。为了表示这个逐步减少，我们需要记住现在博博要走几格。这个数字我们记为 X，我们把 X 叫作**变量**，也就是一个可以变的数。

在这里，我们复用前一个例子中“涂色一条线”的模式，只不过不一定是重复 10 次，而是可以重复 X 次，X 是这个模式的输入。

```
涂色一条线（X）=
    重复 X 次
        涂色
        进
```

我们先看一个 X×X 的方框可以怎么画出来。每画一个方框，也是一个模式，我们可以给它取个名字，叫“涂一个方框”。这个模式中带着一个变量，也就是可以给它一个 X，即方框的边长。

```
涂一个方框（X）=
    涂色一条线（X-1）
    右转
    涂色一条线（X-1）
    右转
    涂色一条线（X-1）
    右转
    涂色一条线（X-1）
    右转
```

下面我们用这个模式来画出整个 10×10 的正方形。

开始的时候，X=10，当然，我们完全可以让 X 是其他任何正整数。

```
涂色正方形（X）=
    重复
        涂一个方框（X）
        X 减去 1
    直到 X=0
```

有趣的是，我们也可以用红绿灯来控制博博，让它用绕圈的方法来填满一个方框。这个方法就是在博博的路上放满绿灯，直到我们想要它转弯，就放上一个紫灯，然后再放上绿灯（见图 7-12）。

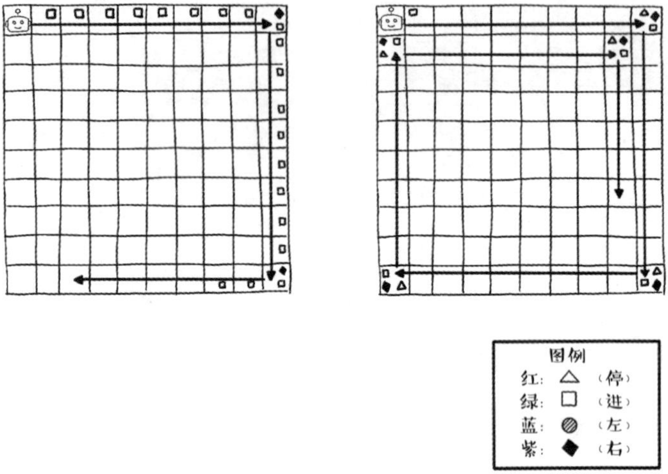

¤ 图 7-12

在这种情况下，我们只要把合适的灯放在博博的路上，它就会用“涂一个方框”的方法涂满所有方格。你一定会发现，更强大的是，博博不一定要涂满所有方格。它可以按照指示灯走出任意图案。比如，它可以写一个“2”，也就是说，我们可以临时给出输入，改变博博的轨迹（见图 7-13）。

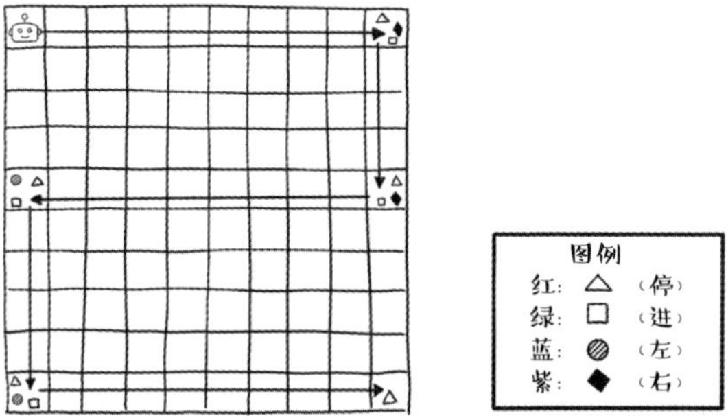

¤ 图 7-13

包包和博博可以被看作最简单的机器人。复杂的机器人逻辑跟它们的道理是一样的。你可能会发现，上面我们给博博的指示已经很像机器人编程了，但是你不需要学习编程语言，也不需要仪器就可以玩。

电子老鼠走迷宫

我小时候读到过一篇关于电子老鼠的报道，这篇报道引起了我对计算机和电子行业很大的兴趣，我记忆犹新。报道说，有人按照机器人的原理做了一只电子老鼠。这只聪明的老鼠能走出任何迷宫。只要这个迷宫有出口，它就一定能够找到出口。而且我还清楚地记得一个细节，这只老鼠一边找路，嘴里还会一边说："哎呀呀，我走错了，我走错了！"

我当时觉得这只老鼠简直是太有意思了，就去看了它走迷宫的方法，其实很简单。我们先把迷宫想象成一格一格的，每一格要么是空的可以走的路，要么是不能继续再往前走的墙。

这只电子老鼠走迷宫时遵从的规则，可以用下面的模式来表示。

```
重复
    如果前面是空的就往前走
    如果右边是有空的就右转
    如果前面是墙就向左转
直到 走出迷宫
```

简单地说，电子老鼠的方法是沿着右面的墙走，直到走到出口。这个方法也许不是最短的逃出迷宫的方法，却能保证它找到一条路线，走出任何一个没有回路的迷宫。注意，这只电子老鼠可以走出从来没有走过的新迷宫，所以它显得“有智能，很聪明”。

¤ 图 7–14

如果老鼠走了曾经走过的路，那它在第二次走过某个格子的时候，就会说“我走错路了”，其实是走远路又绕回来了，因为它只会沿着右面的墙走，所以会错过左边更短的路径。

那如果规则是不能走重复路线，怎么办呢？老鼠可能就会通过一次次尝试不同路线来找到最佳的路径。这就是计算机算法可以做的事情：预先不知道迷宫是什么样的，凭借着几个简单的规则，指导电子老鼠走出迷宫，并且找到最佳路径。

扫地机器人

有了上面所有的例子，我们终于可以来讲扫地机器人是如何工作的了。

现代生活节奏越来越快，人们做家务的时间也越来越少，科技的发展给我们的生活带来了很多便利，扫地机器人就是一个常见的新兴家用智能电器。用过或者见过扫地机器人的读者可能都比较熟悉，只要收到一个指令或者启动一个按键，扫地机器人就会从一个初始位置出发，自动沿着一个智能规划的路线遍历各个房间，进行自动清扫工作，扫地机器人配置的传感器像眼睛一样识别环境和墙面，以一条规划好的路线遍历每一个房间，同时识别和躲过障碍，最终回到出发点。

了解了上面机器人模式识别的例子，你有没有感到好奇，扫地机器人是如何工作的呢？

假设我们有一个扫地机器人沃沃。沃沃懂得博博所接收的那种指令，只不过它走过一个方格的时候不涂颜色，而是把这个方格打扫干净。

¤ 图 7–15

首先，我们稍微修改博博的模式，使之变成打扫卫生而不是涂颜色，而且碰到障碍物就返回原点。这个模式可以写成：

```
打扫一排（M）=
    重复
        打扫
        如果前面可以前进，前进一步
    直到 前面是障碍物
```

然后，我们用上面的模式和前面已经讲过的“回到原点”“向下移动”，让沃沃打扫一个 M × N 的长方形。

```
打扫一个长方形（M，N）=
    重复N次
        打扫一排（M）
        回到原点
        向下移动
```

最后，假设沃沃有一张要打扫的房间的地图（见图 7-16）。沃沃可以粗略地把这个房间分成几个长方形可以覆盖的区域，每个长方形要保证中间没有障碍物，但是长方形可以大于实际的打扫区域。这个分长方形的算法这里暂且不介绍了。总之，要打扫的区域被这几个长方形所覆盖。

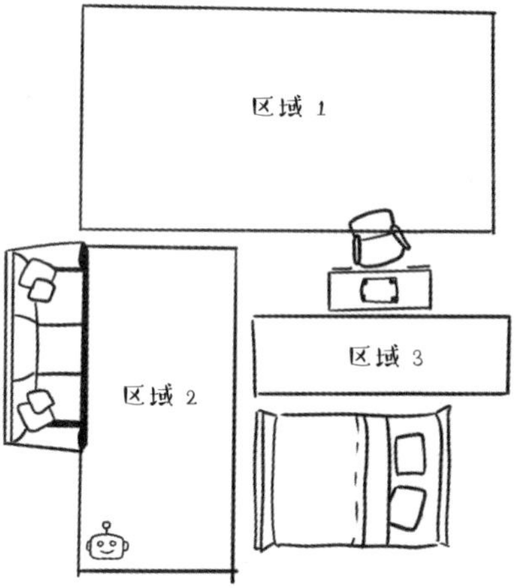

¤ 图 7-16

每个区域都是一个长方形，现在沃沃可以开始一块一块地打扫了。

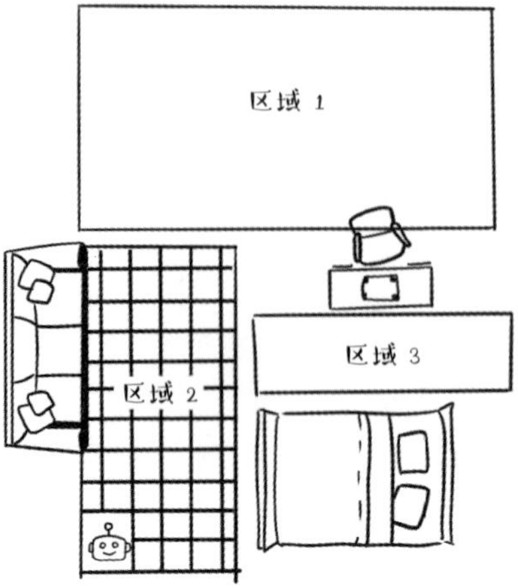

¤ 图 7-17

沃沃就这样一块一块地打扫，然后转战下一个区域，直到全部打扫完。

```
打扫房间 =
    重复
        把房间分成多个长方形区域
        对每个区域，使用
            打扫一个长方形（M，N）
        直到所有长方形区域打扫完
```

这就是我们购买的扫地机器人的基本思路。

现在，我们总结一下，来看看我们学到的计算思维概念是怎么运用在这个扫地机器人上的。

分解问题：利用分解问题的想法，沃沃的战略如图 7-18 所示。

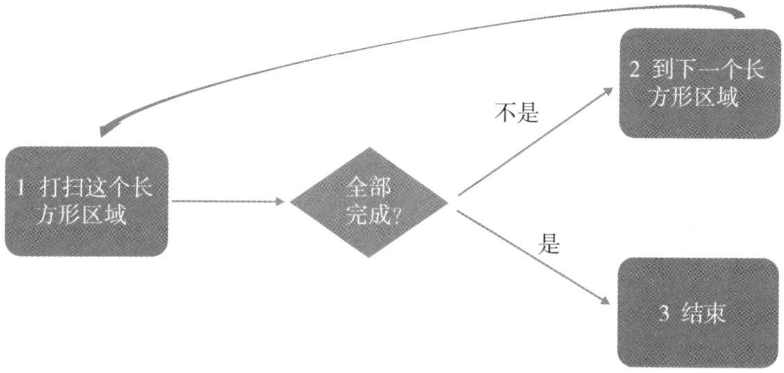

¤ 图 7-18

模式识别："打扫一个长方形"是一个标准的模式。当我们发现，打扫一个形状不规则的房间的问题，可以通过把房间分成多个规则长方形来解决，我们就可以成功地运用"打扫一个长方形"的模式来解决这个大的不规则的问题。

把需要解决的问题用一系列已知模式来表示和解决，是计算思维的核心思想之一。

算法：打扫每一个长方形的问题，可以用前面"涂色正方形"的算法来解决。我们在前面的例子里看到过两个算法，一个是一行一行地涂色，一个是一圈一圈地涂色。我在第 2 章讲过，算法除了正确性，还有多样性、重复性、完整性。涂色算法也一样，它不是唯一的，比如我们注意到，一行一行地打扫，也许不用每次都回到最前面，再开始下一行，而是可以来回地走，一圈一圈地打扫，也可以学会绕过障碍物。

算法首先是要保证正确和完整。打扫长方形的算法，必须不管长方形的长和宽是多少，都可以走完，不能只走一半。在这些例子里，不管房间的形状如何，只要它的地图能被多个连接的长方形覆盖，沃沃就能够成功地打扫这个房间。

我们还讲过算法的重复性，这个重复性和本章我们所学的模式识别有很大关系。也就是说，如果你发现了一个算法，那么你可以一遍一遍不断地运用这个算法，就好比打扫房间的算法多次用了“打扫一个长方形”，而“打扫一个长方形”多次用了“打扫一排”的算法。

计算思维的好处也显而易见：一旦计算逻辑搞清楚，模式找到，指令清晰，计算机就可以反复地、正确地解决同样的问题。一个扫地机器人可以打扫任何大小和形状的房间，而不会抱怨工作繁重或者无聊。

咳嗽声识别新冠

2020 年全球暴发新冠疫情，新冠肺炎的检测和确诊成为全世界医疗系统的重要课题。

在 2020 年 4 月，麻省理工学院的自动识别实验室（Auto-ID Labs）研发了一个基于语音的新冠肺炎 AI 检测工具 Sigma（西格玛）。Sigma 可以“听出”健康人和新冠肺炎患者咳嗽声的差别，进而区分出用户是否感染了新型冠状病毒。

这个基于模式识别的想法，最早来源于研究小组在针对神经类疾病患者的另一项研究中，语音识别算法比人类专家更早判断出病人的发病情况。由此，研究小组提议，可以为新冠肺炎设计一款AI语音识别工具，并用大规模搜集的实时数据对其进行模式识别。经过几次尝试，研究小组打造出了AI语音识别模型Sigma。

他们具体是怎么做的呢？

首先，在模式识别的第一阶段中，模型需要学习分辨咳嗽和不咳嗽的声纹，通过分类算法来对咳嗽的声音数据进行分类。研究小组用众包的方式向社会开放搜集和获取数据，请新冠肺炎患者通过社交媒体渠道提交录音。录音的要求是时长12秒的咳嗽声、数字从0到9或拉长的语气词“嗯”。

接下来，研究人员利用这些数据，借助主成分分析方法制作出一个图表，对健康人的咳嗽声和新冠肺炎患者的咳嗽声分别进行了聚类分析，提取两种咳嗽声的特征。经过模式识别后，Sigma模型能够主动区分出这两类声音。

然后，研究小组根据实时训练数据同步更新模型。到2020年11月，刚刚公布的结果显示，这个工具能识别与新冠肺炎特有的4个特征相关的咳嗽差异：肌肉是否退化、声带强度、情绪（例如怀疑和沮丧）、呼吸和肺功能。结果表明，该AI模型识别出新冠肺炎患者的准确率为98.5%，识别出无症状感染者的准确率为100%。

为了进一步提升Sigma模型的准确性，研究人员计划在未来搜集大量真实数据，让模型更深入地学习。研究人员称，如果能够建立一个足够大的实时数据来源，Sigma模型还能被开发出更多功能：对于已经确诊新冠肺炎但在居家隔离的患者来说，Sigma可以进行一项纵向音频测试，为用户提供是否需要到医院就诊的建议；Sigma 还可以筛选出病情最严重的新冠肺炎患者，优先为他们分配重症监护病房。

这项研究在模型层面达到了很好的效果，但要实际投入应用还需要更多的真实病例数据，这项研究的结果如果能够大规模投入应用，将会成为一个免费、方便、无创的预筛选工具，用于识别潜在的无症状感染者。

我们可以看到，整个研究的基本思路就是这一章介绍的模式识别，通过对感染者和未感染者咳嗽声音的声纹模式进行识别，来判断是否感染新冠病毒。

认清本质，识别规律，预测未来

总结一下，模式识别是在不同的认识事物的过程中找到共同的规律，找到了以后，这些规律抽象出来就可以重复操作。计算机科学里的模式识别，不像我们举的例子这么简单。但计算机做的很大一部分事都是在现有的数据中找规律。找到规律，就可以对未来可能出现的现象做出预测。

对经济规律的预测，包括对股市的预测，都是最典型的模式识别案例。市场经济，股市起伏都是复杂问题，不能用一个简单的数学公式描述。所有的经济学家和分析师每天都在试图总结之前发生的事情的规律，从而对未来做出一定的指导。

比如，我们都知道供给关系影响商品价格，那么在复杂的供应链下，什么样的供给关系组合对价格产生多大影响，就是一个模式识别的问题。再比如，什么因素影响人们的购买行为？这些因素可能包括人们的收入、支出、可支配现金、家庭结构、风险承担能力，也包括文化、消费习惯、近期社会事件等。找出哪些因素对购买行为产生多大的影响，也是一个模式识别的问题。

股市有大量的历史数据，包括直接和间接影响价值的因素和事件。我们从中能够看出规律，为人们带来直接收益。所以，股市预测就是对过去事件的模式识别和对未来走向的预测。“周五一般股市都上涨吗？”不是这么简单，和经济一样，股市的复杂性在于它不是一个模式，而是很多模式的交杂。不少人试图简化这些模式，比如忽略所有外部事件，只看曲线来做交易，就算如此，曲线的模式也足够复杂。

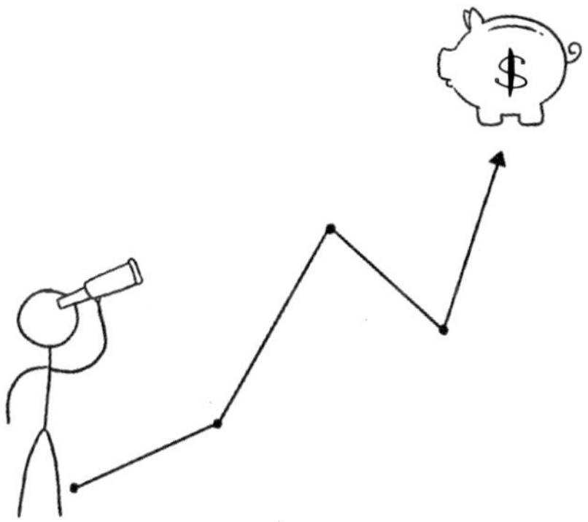

¤ 图 7–19

同样，医生看病也是最典型的模式识别：根据所有症状的组合，根据病史、发现模式，做出是什么病症的判断。越有经验的医生，模式识别能力越强，判断力越好。

AI 技术基本上就是基于大量数据的模式识别。识别规律，预测未来，是计算机和 AI 最好的用武之地。

一章小结

这一章讲到的概念

模式、模式识别、输入、输出、逐步逻辑、变量。

关键内容总结

- 计算机解决的不是单个问题，而是一类问题。模式识别，是识别哪些问题属于一类，并把它们清晰表达出来的能力，这也是计算机的强大之处。
- 对简单的模式给予合适的输入和输出，可以解决复杂的问题。
- AI 的强大应用很多都是基于大数据和模式识别的。
- 大的预测问题，无论是经济周期还是股市走向，很多也基于对过去规律的模式识别。

爱丽丝禁不住双唇挑起微笑："你知道吗，我一直以为独角兽也是神话般的怪物。
我从来没有见过一只活着的独角兽！"
"好吧，既然我们已经见面了，"独角兽说，"如果你相信我，那我就相信你。"

○—— **刘易斯·卡洛尔** 《爱丽丝漫游奇境记》 ——○

Alice could not help her lips curling up into a smile as she began: "Do you know, I always thought unicorns were fabulous monsters, too? I never saw one alive before!"
Well, now that we have seen each other," said the unicorn, "if you'll believe in me, I'll believe in you."

— Lewis Carroll, *Through the Looking Glass*

第 8 章

抽象：
10 根手指限制了我们的想象

图灵的故事

艾伦·图灵是一位杰出的数学家。他于 1912 年出生于伦敦，曾就读于剑桥大学和普林斯顿大学。在第二次世界大战爆发之前，他已经在英国政府的密码学校做兼职工作。1939 年，图灵在白金汉郡的布莱奇利公园担任专职角色，在那里进行了最高机密的工作，以破译德军密码。

图灵在布莱奇利工作的主要重点是破解 Enigma（英格玛）代码。Enigma 是一种德国武装部队用来发送消息的加密机。尽管波兰数学家已经研究出如何读取 Enigma 信息，并与英国人共享了此信息，但德国人在战争爆发时通过每天更改密码系统来提高安全性，这使得理解代码的任务变得很困难。可以说，在图灵之前，Enigma被认为不可破解。

图灵在此过程中发挥了关键作用，与其他同事一起发明了一种叫Bombe的巨型计算机。该设备有助于减少破解代码者的工作。从1940年中期开始，德国空军的信号开始被破译，图灵的机器获得的情报帮助盟军取得了胜利。

后来，图灵的机器还帮助解密了更复杂的德国海军通信。在大西洋之战期间，图灵的机器对于帮助盟国至关重要。

1936年，图灵发明了一种假想的计算设备，后来被称为“通用图灵机”，为现代计算和AI奠定了基础。第二次世界大战结束后，他以先前的工作为基础，并结合了他在战争中学到的一切，继续了这一领域的研究。在为美国国家物理实验室（NPL）工作时，图灵发布了ACE（自动计算引擎）的设计，该设计可以说是现代计算机的先驱。

艾伦·图灵对计算机科学的影响已得到广泛认可：自1966年以来，年度“图灵奖”一直是计算机行业的最高荣誉。诺贝尔奖没有涵盖计算机领域，所以图灵奖就是计算机领域的最高奖项。但是20世纪70年代，布莱奇利的工作以及图灵在破解Enigma代码方面的作用一直都是秘密的，直到20世纪90年代公众才知道完整的故事。据估计，图灵和其他破解代码者的努力使战争缩短了好几年。可以肯定的是，他们挽救了无数生命。

2001年，乔布斯说了一句影响全世界如何听音乐的话："把1 000首歌放到你的口袋里。"20年后，我们每个人的手机音乐App里，大概能听到5 000万首歌。这5 000万首歌是怎么放到你的口袋里的？

我们生活在一个物理世界里。计算机生活在一个数字世界里。计算机并不像人一样懂得真实的事物。计算机不会唱歌，虽然它可以把别人唱的歌播放给你听。计算机并不能真的看见春花秋月，虽然它可以显示春花秋月的图像。计算机需要我们利用计算思维，把真实世界抽象成它能够理解的语言，然后，在进行计算或操作后，它再把结果展示回到真实世界。

抽象就是在与计算机对话时，删除物理空间或时间细节，以集中解决关键的问题。

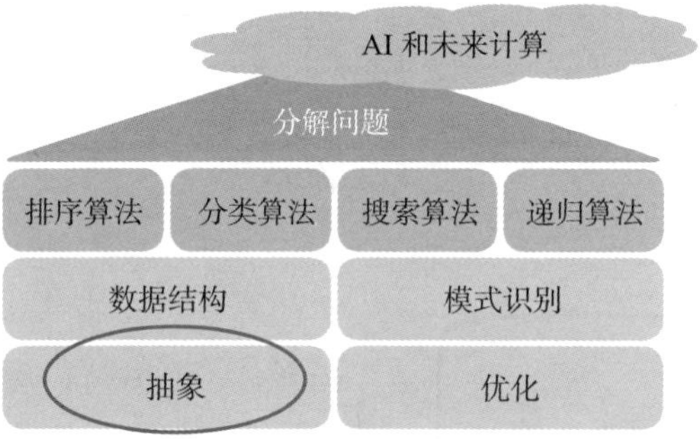

¤ 图8-1

抽象是计算思维的4个基本概念之一，但是抽象是和算法、数据结构等息息相关的。还记得，我在第2章讲排序的时候提到了非常重要的一点，就是不管我们是排简单的数字1、2、3，还是排孩子的身高1.5米、1.6米，还是按字母从A到Z排序，只要我们排序的那个东西可以比出大小或者先后，这些算法就都是奏效的。这就是一个抽象的例子。下面我们来看抽象的另一个例子：地图。

公交车导航

导航已经成为人们生活中很自然的一部分。一个公交车导航软件可以在地图上为公交车导航。它可以根据起点站和终点站，找出所有可能的路径和换车的地点，告诉我们一共有几站，给出要经过的站名。

现在的问题不是如何导航，而是为了让导航软件完成上面的任务，在一个常规地图上，哪些信息是必要的，哪些不必要呢？

我们可以想象，小路、人行道，以及其他公交车不走的路线，比如封闭高速路，对这个问题都不重要，周围的小区和花园也不重要。重要的是什么信息呢？每条公交车线路起始的站名和最终的站名，以及中间经过的站名都很重要，而且车站的顺序也重要。

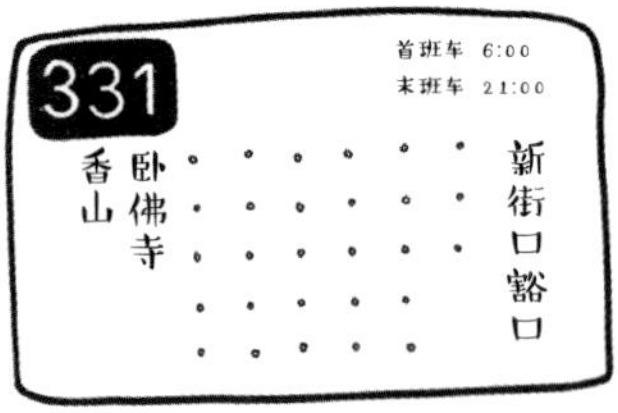

¤ 图8-2

你会发现，为了给导航软件讲清楚所有的路线，每条公交车线路都可以简单地表示为一个有序的清单：公交车号，起点站，中间站1，中间站2……终点站。比如：331，香山，卧佛寺……新街口豁口；375，西直门，车公庄……蓝旗营。

上面这种有序清单，就是对公共汽车运行路线的抽象。它省去了一切没必要的信息，而保留了所有导航需要的信息。

当然，如果你需要汽车运行的时间，我们可以在清单上加上首班车时间、末班车时间或者时刻表。我们也可以加上每个站在哪条路上，每个站之间距离多远。抽象的关键是我们只需要抓住用得上的信息，用一个有规律的方法表示，而省略其他信息。

这个清单可以存储在我们前面讲过的数组、链表等数据结构里。用这样的方式表达公交车路线，就可以让计算机在上面运行导航算法了。也就是说，我们做到了把实际生活中的公交车路线抽象给计算机用。

同一个事件或场景，根据不同的用途，可以做不同的抽象。比如同一个城市，我们常常可以看到不同的地图：地铁图、交通地图、公交车图、公园景点图等。每一张地图，都可以看作对这个城市的一种抽象，它们都略去了对这个用途没用的信息，而准确地表示对这个用途有用的信息，比如公园景点图的比例常常是不准确的，但是交通地图的比例必须准确。

社交网络

现在我们来看看，完全同样的信息，也可以有不同的抽象方法。还记得在讲数据结构的第 6 章，我们看到，一张图和一张表可以表示同样的信息。比如有 4 个人，小张、小王、小李、小赵。小张认识小王，小王认识小李和小赵，小李也认识小赵。这 4 个人互相的关系可以用表 8-1 来表示，圆圈代表认识。

表 8-1

	小张	小王	小李	小赵
小张		O		
小王	O		O	O
小李		O		O
小赵		O	O	

这 4 个人的关系也可以用一张图来表示。在这张图中，每个人是一个结点，认识的人之间有一条边，不认识的人之间没有边（见图 8-3）。

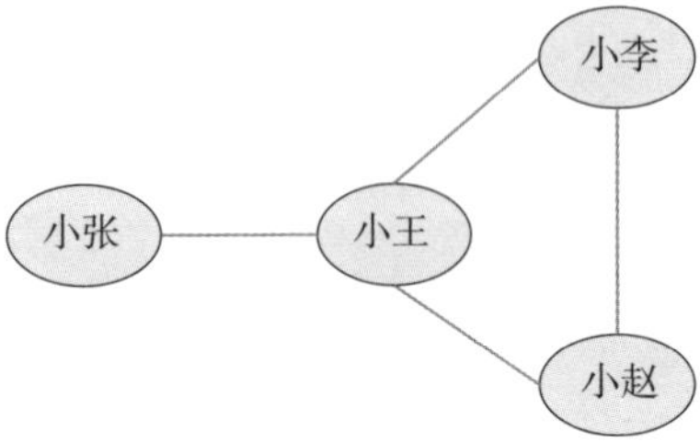

¤ 图 8-3

如果我们问，小王有几个朋友？那么从表 8-1 里我们很容易看到，小王有 3 个朋友。当然从图 8-3 里数也不难。但是如果我们处理的是社交网络里上万个人的关系，用表格可能就比用图快得多。

如果我们问，小张想认识小赵，需要找谁来介绍最快？在图 8-3 里看一目了然。如果小张想认识小赵，他们中间唯一的一个结点就是小王，所以找小王介绍就好了。但是用表 8-1，找到这种介绍关系就不直接，难一些。

可以说，上面的两种表示都是实际生活中这 4 个人的关系的抽象。注意，我们目前只关心他们谁认识谁，不关心小张是男是女，有多少岁，所以我们在抽象的过程中略去了无关的信息。

这个例子想要说明的是，物理世界中的一个信息，可以有不同的抽象方法。这4个人的关系可以用一个表来表示，也可以用一个图来表示，两种表示可以互相转换，它们表达的信息是完全一样的。但是我们可以看出来，在回答不同问题的时候，可能某一种方式更加方便和快速。

思考 表8-2和图8-4显示了7个人之间的友谊，A为了和G交朋友，A需要最少几个人的介绍呢？

表8-2

	A	B	C	D	E	F	G
A		O	O	O			
B	O		O	O			
C	O	O		O			
D	O	O	O		O		
E				O		O	O
F					O		O
G					O	O	

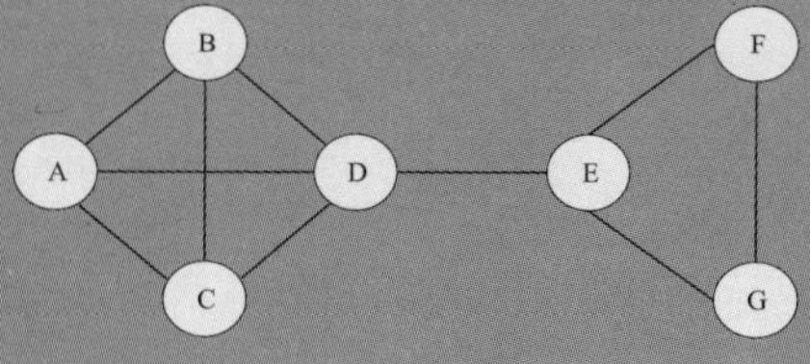

¤ 图8-4

你知道吗？你和世界上任何一个陌生人之间所间隔的关系不会超过六度，无论那个人是总统还是奥运冠军，一般说来，最多通过六个人你就能够认识任何一个陌生人。这就是著名的“六度关系理论”。画一下你的社交图，想象一下你能否在六步之内走到你的偶像面前。

电梯的按钮

大家都坐过电梯，电梯的按钮一般按一下就亮了。不知道大家注意过没有，对电梯里按钮的亮和暗的控制是有不同类型的。比如有一些电梯按钮，按亮了以后就不能再消除了，直到到那一层楼为止。但有的电梯按钮按亮了以后，可以再按一下消除。

下面我们介绍一个强大的抽象方法，叫**状态图**（state diagram）。一个状态图也是一幅图，它有结点和边，每个结点里是一个**状态**，每条边上有一个**动作**，从一个状态，经过一个动作，可以到达另一个状态。

在这个例子中，电梯按钮的状态有两种：一种是“亮”，一种是“暗”。对于电梯按钮有一个动作是“按键”。“按键”动作会把状态从一个带到另外一个。另外，还有一个可能改变电梯按钮的情况是“到站”，即电梯到了应该去的那一层，电梯按钮也应该变暗。这个“到站”虽然不是人手工操纵的动作，但也可以被看作一个改变电梯按钮状态的动作。

在图 8–5 左边这个状态图 A 里，电梯按钮暗的时候你“按键”它就会变亮，亮的时候你“按键”它还是亮的，到站的时候，这个电梯的按钮又会变暗。也就是说，符合这个状态图的电梯按钮，按了以后就再也不能消除，直到这个电梯停到那一层以后才会自动变暗。

右边那个状态图 B 表示了不一样的电梯按钮设计。在这个设计中，你每按一次按钮就会变到一个相反的状态，亮变暗，暗变亮。到站了，按钮也会变暗。

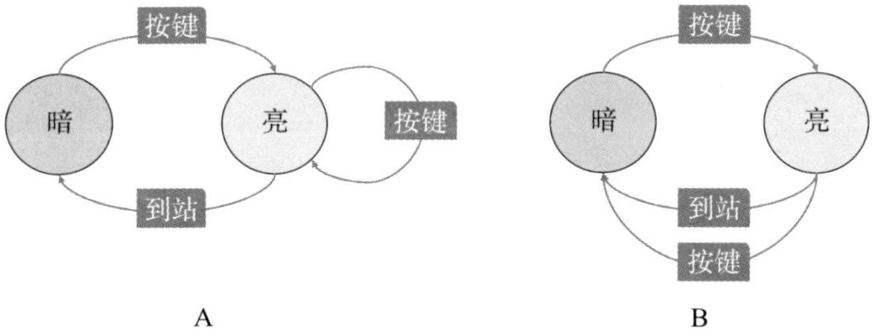

¤ 图 8-5

状态图是一个非常有用的工具，它帮助我们把实际生活中的行为抽象表示出来，让这些行为能够一步步可预测和可重复地实现。比如在这个例子中，计算机可以根据上面的状态图来控制电梯，状态图清晰明了，一步步地指出来这个按钮应该怎么操作，计算机会懂得并且严格按照指示去操作，不会出错。同时，状态图会忽略和这些关键行为不相关的信息，比如电梯按钮的大小、颜色和形状，电梯的容量等。

使用不同的状态图，就可以用不同的方式来控制电梯。更换状态图，就可以更换方式。也就是说，我们可以通过替换状态图从方法 A 转到方法 B，而且随时可以换回去，既不用更换电梯的按钮，也不用更改计算机程序。

订单的一生

我们大家都在网店上下过单，你有没有想过，就在你下了那个订单以后，那个订单一共经过了多少个不同的状态，东西才到你手里的呢？下面我用状态图的概念给大家稍微总结一下。

一个订单的一生大概如此：订单创建后付款，收到付款以后，店家把货品包装起来，货品包装好了以后就可以发货了，货物发出以后，经过递送来到客户家，然后被签收，这个订单就完成了。

抽象一下，我们可以看到，订单经过了下面6个状态：订单创建、收到付款、货品装好、货物发出、货物送到、订单完成（见图8–6）。跟上面电梯按钮的例子一样，这个订单在任何时间都是处于某一个状态的，状态的转化是因为有一个动作发生，比如这个动作可以是付款，也可以是发货。在这个动作发生了以后，订单就从某一个状态转到了另一个状态。

下图表示了订单走过的状态和触发状态转换的动作。

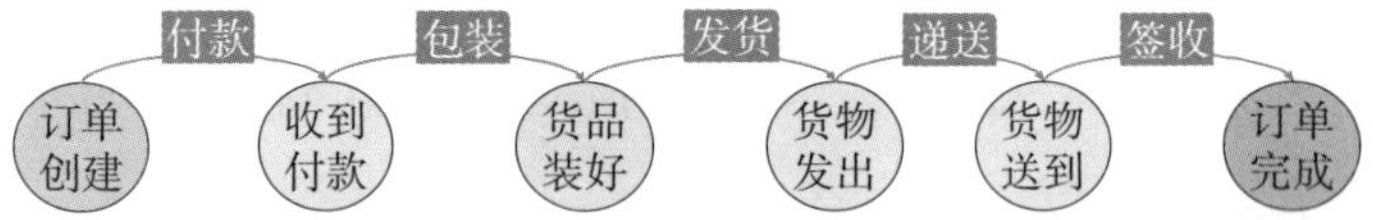

¤ 图8–6

我们都知道，一个订单在各个环节都可能会出现问题，比如，如果我们没有成功地付款，那么订单就会被取消，再比如，如果我们过了一个月还没有收到货物，那也许是店家没发货，也许是货物在递送过程中丢了，需要打电话去询问这个订单。这样或那样的问题也可以用状态图来表示。下图展示了一个更加真实的订单的状态图（见图 8–7）。

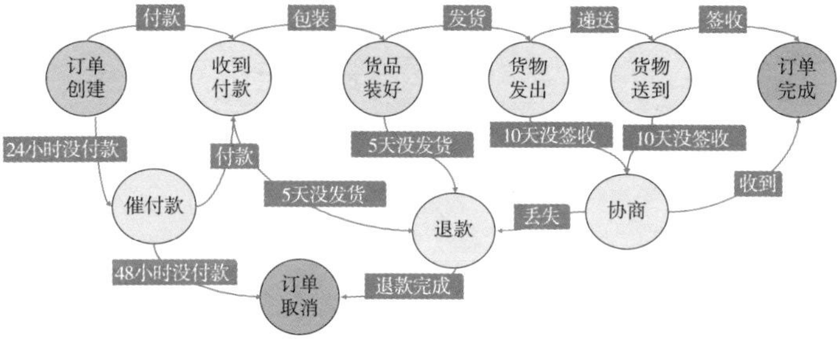

¤ 图 8–7

在图中，大家可以看到可能有多个边进入同一个状态，比如“丢失”“没发货”等几种不同的情况都会导致订单进入退款的状态。另外，在这个状态图里，“订单完成”和“订单取消”都是只有一些边能够走到它们，它们却没有边出去。这个“订单完成”和“订单取消”，我们也叫终止状态。而“订单创建”是个起始状态，因为它只有边走出来，没有边到它那里去。

电梯按钮的状态图是没有起始和终止状态的，因为电梯可以一直不停地运作。但是一个订单必须要有创建，最后要么完成，要么取消。这个状态图能够帮助我们看到，一个订单不能停在一个中间的状态，比如货物发出了，但没有完成或取消。

状态图对电商系统非常有用。比如一个客户的订单有问题，他打电话来问客服，客服可以根据订单号，利用状态图，非常快地找到这个订单是什么状态，比如发货了但是没收到。然后他可以看到是什么原因导致了这个状态，下一步是什么，什么动作能够帮助这个订单从这个状态中走出来，到达“订单完成”或者“订单取消”。

真实生活中订单的状态比上面这个图还要复杂得多。但是，复杂没有关系，和上图相比只是状态多了，其中能够转换状态的动作也多了。只要我们想清楚，每一个订单在什么状态，在什么情况下可以移到下一个状态，能够清楚地、严谨地用状态图来表示这个情景，那么哪怕有成百上千个状态和动作，计算机都是很擅长处理的，帮客服找到这个订单不是问题，这是计算机的优势。

状态图是一种把真实世界转换成计算机可以理解的问题的抽象。我们下面来看一下，抽象以后用什么形式和语言来表示，计算机才能真正理解。

10根手指限制了我们的想象

你知道为什么我们的数字系统里只有10个不同的数——0到9吗？

这很有可能是因为我们人有10根手指，我们的祖先数数的时候方便。

其实，除了手指数量这个强有力的原因，我们这个世界的数字还真的没有太多其他理由需要是十进制的。如果是我家的仓鼠最先发明了数学，那估计这个世界就是八进制的，因为它两只前

¤ 图 8-8

爪一共只有 8 个指头。生活当中也有不少十进制之外的例子，比如时钟是十二进制的，一年中的月份也是十二进制的。

计算机为了硬件技术上方便可行，在做数学的时候只懂得两个数：0 和 1。简言之，因为这样存储更方便。计算机只需要记住两个状态，物理上容易操作很多，比如用电压高低来表示两个状态。10 个状态对计算机来说太难了。而且，它也没有手指，所以计算机用几进制都一样，就选择了最简单的**二进制**。

二进制最早起源于 16 世纪的古埃及，中国的阴阳乾坤也是这个道理。简单地说，二进制就是逢二进一。任何一个数字都用 0 和 1 来表示。数字大了，它就用更多位的数字来表示。在二进制中，0 还是 0，1 还是 1，但是 2，因为只能用 1 和 0 两个数来表示，就只能进位了，所以 2 在二进制里会被表示成 10，3 是 11，4 是 100。下面是一张十进制到二进制的映射表，看上去很有规律（见图 8-3）。

表 8–3

十进制	二进制
0	0000
1	0001
2	0010
3	0011
4	0100
5	0101
6	0110
7	0111
8	1000
9	1001
……	……

在计算机里，不仅仅各种数字用二进制表示，一切都是用二进制来表示的，比如字母、图画、照片、视频、地图、音乐、程序等。如果我们能“钻进”计算机，那么我们看到的就是 0 和 1 的世界，只有这两个数字，别的什么也没有。我们看到的计算机展示的任何画面，在计算机里面都是用 0 和 1 这两个数字来存储的，只是在最后展示的时候，比如在手机上或者电脑上给人展示的时候，计算机选择了人们可以理解的、喜欢的方式。

现代二进制数制的发明可以追溯到德国天才大师莱布尼茨，他于 1703 年在法国《皇家科学院纪录》上发表了《二进制算术的解说》，使用符号 0 和 1 搭建了该系统。估计他没有料到，几百年后，差不多整个世界都运作在这个极简的数学系统上。

我们现在知道，任何数字都可以用二进制来表示，那么文字、图、颜色怎么用数字来表示呢？我们来看一个例子。

手机上的数字键盘

¤ 图 8-9

大家有没有注意到，我们手机的数字键盘上写了一些字母。在没有输入法的老式手机上，或者不想用输入法的时候，我们可以用这些数字键来打出字母。

用数字键来打字母的方法是这样的：在切换到字母模式后，每个键，按一次出上面写的第一个字母，按两次出第二个，按三次出第三个，以此类推。

按一次 2 键 = A，即 A → 2

按两次 2 键 = B，即 B → 22

按三次 2 键 = C，即 C → 222

……

按一次 8 键 = T，即 T → 8

如果我们需要打出“YES”，那么正确的按键次序是 999337777。

这个数字键盘打字的方法，就是一种典型的**编码**，也就是把任何一个英文字母、英文单词，用独一无二的一串数字来表示。

注意，这个数字和字母之间的对应不是一对一的，也就是说，任何一个字母都对应一串数字，但是一串数字可能对应多个字母。比如，AA 对应到 22，但是 22 可能是 AA，也可能是 B。解决这个问题的办法，可以是在数字之间加分隔符，比如 2#2# 是 AA，22# 是 B，没有歧义。或者每个字母都用 4 位，比如 00020002 是 AA，0022 是 B，也没有歧义。

> 思考
>
> 55566688833 可能是什么词?

当一个字母用一串数字来表示以后，这串数字又可以再用一串二进制的数字来表示，这样，任何一个字母也就可以用一串二进制的独一无二的数字来表示了。

在真正的计算机里，字母并不是用我们上面所说的这种手机键盘的数字来表示的，但是编码的道理其实跟这个手机键盘把字母表示成数字的道理差不多。编码是把文字、图像等对应成数字码的过程。编码的方法显然不是唯一的，编码的好坏会影响信息存储和使用的效率。

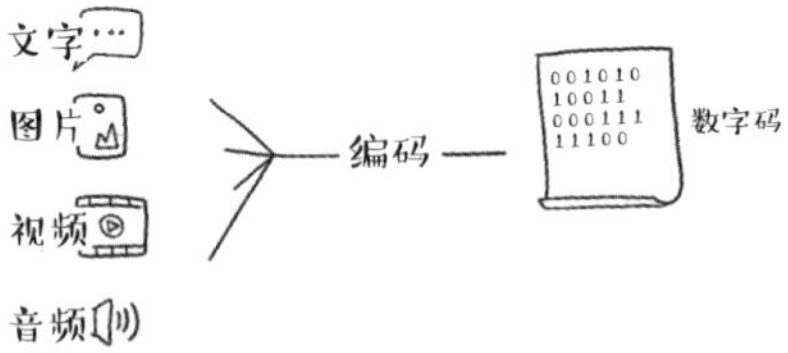

图 8-10

像语言一样，编码必须有标准，这样不同的计算机才能在看到同样的“码”的时候，懂得同样的意思。国际上常用 ASCII 或者 Unicode 等几种不同的编码标准。在 ASCII 中，A 是 65（100 0001），B 是 66（100 0010）。

表 8–4　ASCII

A	65（100 0001）
B	66（100 0010）
……	
Z	90（101 1010）

其他字符也可以被编码，比如“+”是 43（010 1011）。在这些编码标准中，每个汉字也可以对应一串独一无二的数字，比如“大”字的 Unicode 16 位编码是 0x5927。

三种颜色的电视

我们再来举一个编码的例子。你知道吗，电视上所有的颜色都可以用三种原色 RGB，也就是红色、绿色、蓝色来表示，这也叫 RGB 编码。简单地说，黄色是一半红一半绿，紫色是一半红一半蓝。色板上的每种颜色，都可以写成红色、绿色、蓝色的一个组合。反过来，根据一个组合，电视屏幕就知道显示什么颜色。

更具体一些，我们一共有三个原色：红、绿和蓝。其他的颜色，可以想象成这三种颜色的混合色，每个原色各占一个比例。每个颜色在 RGB 编码里都对应三个数字（R，G，B），每个数字可以从 0 到 255，表示红、黄、蓝有多少权重。

表 8–5 展示了 RGB 编码的一些例子。

表 8–5

纯红色	（255，0，0）
纯绿色	（0，255，0）
纯蓝色	（0，0，255）
黄色	（255，255，0）
紫色	（255，0，255）
紫红色	（104，30，30）

这些颜色和数字是一一对应的，也就是任何颜色都相当于三个数字，反过来也一样，三个数字可以还原成一个独一无二的颜色。这样，RGB 帮我们把任何需要显示的颜色编码抽象成三个数字。

现在，我们可以解释为什么能在电视和手机上看到我们熟悉的照片和视频了：当一个显示屏要显示一个彩色的图案时，电视或手机的屏幕先被分成一个个小格子，叫像素，比如 1 024 × 1 024 个像素。一个彩色图案，就是 1 024 × 1 024 个彩色像素组成的，每一个像素都对应着一个颜色编码。这个颜色编码加上亮度、透明度等，就可以显示任何一个颜色和画面了。因为画面、语音、音乐都可以抽象编码成数字，视频又可以用连续的图像来表示，所以我们能在电视和手机上看到我们喜爱的照片、图片、电影和视频。

简易二维码

我们现在来看一个用黑白两种颜色表示信息的例子，也可以把它看作一个简易的二维码。二维码起始就是二维的黑白方块，不同组合代表不同的信息。

我们先来看一个 3×3 的格子，填上的数字如下图所示（见图 8–11）。第一排从 1 开始，从左到右，从上往下地填上了 2 的倍数：1，2，4，8，16，32，64，128，256，也就是 2^0，2^1，$2^2\cdots 2^8$。

1	2	4
8	16	32
64	128	256

图 8–11

现在，我们可以用这个 3×3 的黑白方块来表示其他的数字（见图 8–12）。

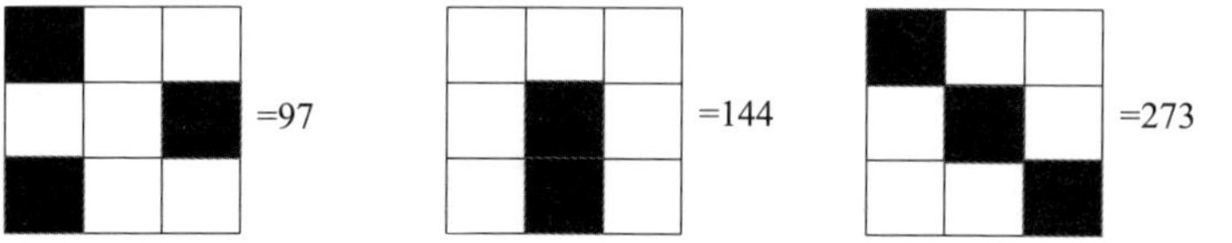

图 8–12

看出来了吗？为什么这些黑白的方格可以跟一个数字等同呢？说出来了，这个道理就很简单了。每一个数字，是图片里所有黑色方块中数字的总和。下图显示了 97 是如何用三个黑方块表示出来的（见图 8–13）。

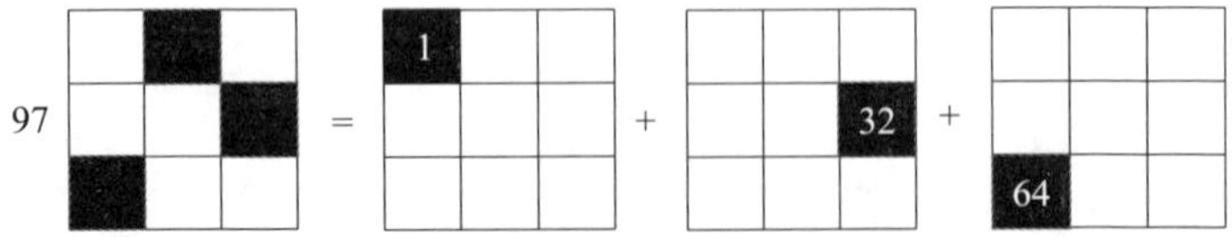

图 8–13

下图显示了 144 的例子（见图 8–14）。

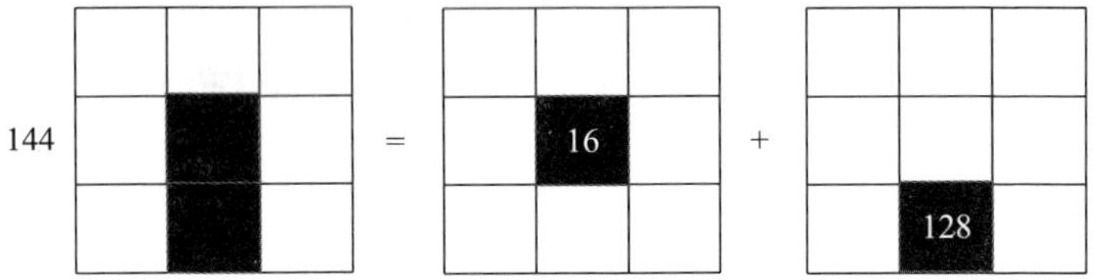

图 8–14

用上面的方法，我们可以用这个 3 × 3 的黑白方块表示任意从 1 到 511，也就是 2^9-1 的数字。你相信吗？

我们下面用二进制来证明这个奇妙的事实。

还记得每一个数字都能用二进制的 0 和 1 来表示吗？下面我们来看看 2^0 到 2^8，也就是图 8–11 里的 9 个数字，它们的二进制编码都是什么（见表 8–6）。

表 8–6

十进制	二进制
$1=2^0$	0000 0001
$2=2^1$	0000 0010
$4=2^2$	0000 0100

（续表）

十进制	二进制
$8=2^3$	0000 1000
$16=2^4$	0001 0000
$32=2^5$	0010 0000
$64=2^6$	0100 0000
$128=2^7$	1000 0000
$256=2^8$	1 0000 0000

你是不是发现了一个规律？虽然在用二进制表示十进制数的时候，每一个位数上的数都有可能是 0 或 1。但是如果这个数是 2 的倍数，那么，它的二进制表示中就只有一个 1，其他都是 0，只是这个 1 的位置不一样，数字每增加一倍，这个 1 的位置向左挪 1 位。

现在我们来看，把任何一个十进制的数字表示成二进制的时候，它总有些位置上是 1。那么，其实我们就挑一些跟这个对应的位置上是 1 的那个 2 的倍数，把它们加起来，就可以得到了这个十进制的数。

比如，97 = 0110 0010。我们依次给这些 0 和 1 分配位数，从右边数第一位叫第 0 位（见图 8-15）。

图8-15

97的二进制数从右数的第1位、第5位和第6位是1。所以，97就是2的1次方、5次方和6次方之和：

$97 = 2^1 + 2^5 + 2^6 = 1+32+64$

用二进制可以写成：

0110 0010 = 0000 0010 + 0010 0000 + 0100 0000

这样看上去是不是一目了然了？97可以用三个黑方块来表示，反过来那三个位置的黑方块也可以表示97。当所有的格子都是黑色时，就是这个3×3的方块可以表示的最大的数，也就是$2^0+2^1+2^2+\cdots+2^8=511$。可以想象，这个3×3的方块是一种编码，它能够表示从0到511的所有数。也就是说，这9个格子可以表示512种不同的信息。

思考

不用具体计算，用上面的图8-11和图8-12，直接回答：

$144 = 2^? + 2^?$

$273 = 2^? + 2^? + 2^?$

这里提一下，在计算思维里，数数一般都是从0开始，而不是从1开始的。因为任何数的0次方都是1，把最右边叫第0位很方便。

生活中付款用的二维码不是我们上面展示的编码，但是基本道理是类似的。二维码也是把各种信息，包括汉字、图像、链接等，都用不同位置的黑白方块和长方块的组合来表示。智能手机扫描二维码后，取出相关的信息，把它转成文件、文本、链接、数据、指令等，再进行下一步的操作。

比如商家需要收款 2.75 元。他用一种方法把这个信息和商品名、账户等编成一个二维码。付钱的人扫码得到这些信息，并且支付 2.75 元给商家（见图 8–16）。这笔交易之所以可以发生，是因为收款者和付款者的 App 都懂得这个二维码的信息，知道从正确的账户拿正确数额的钱，而收款者和付款者本人并不需要懂得这个付款过程是如何实现的。收款者和付款者被抽象的二维码屏蔽了账户、银行等不必要展示的信息，只要关心付款数额是否正确就行了。

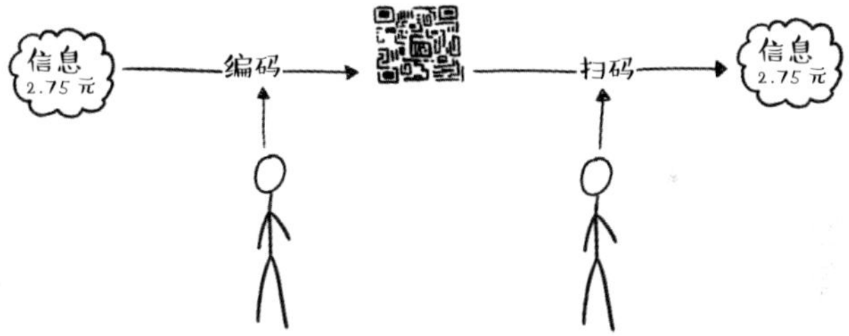

¤ 图 8–16

加密和解密

在计算机互相传递信息的时候，信息常常要加上保护，这样其他人或者其他计算机如果看到这条信息也不能理解这是什么，但是，真正需要收到信息的那个人拿到这条信息可以**解码**，他能够真正知道这条信息是什么意思。这种保护我们叫**加密**。加密是把信息变得不容易直接理解的过程，**解密**是把加密过的信息还原的过程。下图展示了一条信息经过加密后从发送者传到接收者的过程（见图 8–17）。这个传递的过程可以是在公开的网络上进行的，比如通过邮件或者微信。接收者拿到加密信息后，经过解密，就能看到真正的信息。

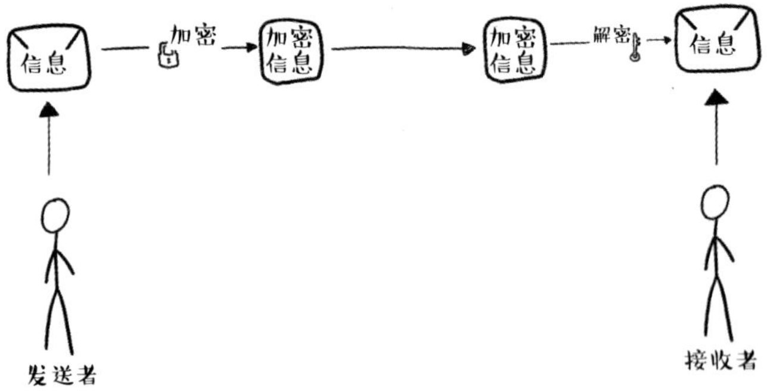

¤ 图 8–17

加密和解密有很重要的应用场景，最直接的是大家常用的登录密码。密码千万不能直接存储在计算机文件里，否则一旦这个文件被发现，所有的登录都被破解了。所以密码一定是要加密的。另外，如果一台计算机要通过网络把信息传给另一台计算机，比如你的银行通过短信通知你收到了多少汇款，那么这条信息是不能被网络上的其他任何人看见的。

加密和解密可以很简单。比如，你有一串数字的密码是362，你怕记不住要写下来，但是你又不希望别人知道这个密码，你可以用一个办法，就是把每个数字加上 2。这样，362 变成了

584，你把 584 写在纸上，别人看见也没法直接用。你自己用的时候，每个数字减去 2 就可以了。这就是一种简单的加密和解密方法，加上 2 是加密，减去 2 是解密。当然这个方法过于直接，别人知道了一下子就能猜出你的真实密码，但是总比直接写原始数据保险一些。

为什么间谍要拿一本书

下面再看一个有趣的加密和解密的例子。你一定看过间谍类电影，比如《潜伏》。间谍或者特工收到的电报一般都是一串神秘的数字，比如 35–2、48–3。然后，他还要到一本书里查找，才能把那串神秘的数字翻译成看得懂的信息，他是怎么做到的呢？

间谍不是数学家，你知道了内幕也能做。实情是，给这个间谍发信息的人也有同一本书。电报里的数字，比如说 35–2，就是说在这本书的第 35 页，第 2 个字，48–3 就是第 48 页的第 3 个字。

发信息的人要发一句话，比如“明天下午三点钟飞机轰炸”。他需要在这本书里找到相同的字，再把这个字对应的页数和字的位置记下来，组成一串数字。接下来，他把这一串数字用电报或者其他方式发给对方。对方收到后，只要拿相同的书去找数字代表的页数和字的位置，就把数字翻译成了文字，再把文字组合在一起，就还原了发信人的信息。

发信人做的事是加密，收信人做的事是解密，这里有个关键点，就是两个人要有同一本书，这样破解对方的信息就不难。但其他人如果没有这本书，或者你不知道是哪一本书的话，就算拿到这串数字，你明明知道它讲的是一段话，但就是没有办法猜到这句话是什么。

¤ 图 8-18

在计算机术语里，间谍的这本书有点像我们说的**钥匙**。一个计算机程序在某个钥匙的帮助下把一条信息加密，第二台计算机只有用同样的钥匙才能解密。这样，你和你的伙伴之间就可以公开传递信息，比如上面那个电报，敌人可以截获，其他同样在互联网上的人可以看到这串数字，但是他们没有这把钥匙，就没法解密出原来的信息。

敌人破解密码的办法是猜出来你们用的是哪本书。在实际应用中，加密和解密往往比上面的例子要复杂得多，那个密钥可能是有 128 字节的大数字。因为加密的最大目的就是让其他人猜不到这个方法，没有办法破解信息，所以，除了把钥匙藏得很好，不告诉别人钥匙是什么以外，人们常常用比较复杂的数学方法来加密，这样不管是什么人截获了这条信息，他都没有办法在比较短的时间里破解。比如，数据可以乘以一个大矩阵，等收到信息后，再用这个矩阵恢复原来的数字信息。再比如，最近很火的量子计算，因为计算速度特别快，被认为可能是破解密码的法宝。

加密和解密在军工等重要的国家安全方面也非常有用，甚至可以决定战争的胜负。如果没有为“二战”解密德国纳粹密码的需求，也许现代的计算机不会被发明出来！

物理世界到数字世界的抽象

数字与数学是人类的大脑对客观世界运行规律的理性认识与抽象。数字与数学的发明，使得人们在真实感性的物理世界之外，创造出一个虚拟的抽象的数字世界，在这个数字世界中，抽象并描绘出现实物理世界中要解决的各种问题。

从 1946 年第一台电子计算机诞生开始，计算机技术的蓬勃发展大大提高了数字世界对物理世界问题的求解能力。在人类社会的发展史上，人类第一次在物理世界的基础上，创造出了一个崭新、完美、精确的数字世界，而计算机则是这个数字世界的基石。随着计算机应用的普及和深入，这个数字世界的能力越来越强大，形式也越来越丰富多彩。所以，计算机的诞生意味着现代意义上更丰富的数字世界的诞生。

近半个世纪以来，互联网的网速从慢到快，计算机和互联网以及 AI 的发展加速了这个抽象的过程。我们可以由消费互联网的发展一窥究竟：人们在物理世界的衣食住行，不断在数字世界得到更多满足。

最早走入百姓人家的上网行为发生在20世纪90年代，那时台式计算机还需要通过调制解调器连接上网络，速度只有每秒几千字节，这就是2G（第二代移动通信技术）时代。因为人们有获取信息的需求，门户网站就出现了，人们可以通过文字，后来通过图片，来获取信息。在门户上浏览信息进行查找的效率不高，搜索引擎就出现了，人们可以通过关键词来搜索网页。这个过程可以理解为对物理世界信息载体（比如报纸）的数字化抽象。

因为人们有娱乐的需求，在网速不快的年代，就有了Mp3这样的音频形式的媒体，至此，音乐这种媒介也经由计算机网络完成了抽象数字化。同时，人们开始使用Word、PPT等微软办公套件进行办公，其本质也是对物理世界纸质文档的抽象数字化。

¤ 图8-19

随着科技的发展，智能手机的出现和普及，人们不再只有坐在电脑旁才能上网，而是拿着手机随时随地都可以上网。手机作为移动互联网的终端设备改变了人们的生活方式，这时候，以iPhone为代表的触摸屏智能手机出现，移动网络速度进入3G（第三代移动通信技术）时代，大大打开了很多更丰富的应用程序的可能性。

人们沟通和通信，从桌面电脑上的QQ到移动手机上的微信，本质上都是通过社交网络连接人与人。人与人的社会关系从物理世界的认识与见面，向数字世界的微信好友和微信群抽象和转移。在物理世界，每个人可能只能接触上百人，但是在数字世界，这个人数没有上限，有着无限的可能。

移动互联网的出现还由于一个关键因素使更多需求被高效地满足了，这个因素就是位置信息。因为手机被随身携带，每一个使用者的位置信息就可以从物理世界到数字世界随时转化，这样就出现了智能地图等导航应用。滴滴打车、美团和大众点评这样的生活服务类应用，都是以位置信息为基础的。

网速进一步加快，我们来到了4G（第四代移动通信技术）时代，电子商务蓬勃发展，媒介这个信息的载体也从最早的文字、图片、音频发展到了视频，人们获取信息的方式逐渐从静态的图文向动态的视频发展。

因为视频的本质是大量图片的合成和播放，普通视频一般是一秒钟有24帧的画面，一帧就是一张图片，是摄像机捕捉到的一个物理世界的瞬间。相比于文字和图片，视频的数据存储需要更大的空间，视频的传输需要更快的网速，也就是需要更大的带宽。

直播就是实时的视频传输，为什么近些年直播才流行起来？主要是因为网速更快了。说回到电子商务，最近几年的直播电商就是一个因为网速变快、计算能力变强而产生的新型的电子商务。直播相对于传统的图文有很多优势，最直观的就是所见即所得，比如你本来想要买一件衣服，但是只通过图片和文字介绍不容易判断商品的情况，但是通过实时的视频直播，主播可以通过试穿让你直观地看到衣服穿在身上的样子，帮助你更立体地了解商品的情况。

与前几代移动网络相比，5G（第五代移动通信技术）网络的能力将有飞跃式发展。5G 给我们带来的是超越光纤的传输速度、实时能力以及全空间的连接。5G 时代将会给物理世界到数字世界的抽象带来跨时代的飞跃。

自计算机发明以来，人与计算机的交互没有发生太大的改变，一开始通过键盘和鼠标交互，后来有了触摸屏。5G 时代，VR 与 AR 是能够彻底颠覆传统人机交互内容的变革性技术，将人类的物理世界和虚拟世界的界限进一步打破。

对 VR 技术人们可能并不感到陌生，前几年有一部斯皮尔伯格导演的电影《头号玩家》，电影男主角韦德·沃兹在现实生活中是一个住在贫民窟的普通人。但在 VR 游戏《绿洲》中，他化身帅气男孩帕西法尔，为了拿到游戏彩蛋，一路过关斩将，成了人们敬仰的超级英雄，还收获了美好的爱情。我们现在的 VR 技术离电影的描绘还有距离，使用者需要戴上笨重的头显设备，在虚拟世界中的操作也没有特别丰富。随着 5G 的出现，VR 技术将会得到大跨步的发展，极大减少从数据传输端到数据接收端的延迟，让使用者对虚拟世界的感知更顺畅，更真实。

忽略细节，注重要素

总结一下，这一章我们介绍了抽象、编码、加密和解密，这些都是把真实世界的信息转换成计算机可以理解的信息的方法，是有各种复杂方法的高深的学科，在实际生活中也非常有用。这些方法帮助人们去抽象化真实世界的信息，也把计算机的运算结果还原给人们，它们都是计算思维的核心概念。

著名西班牙抽象派大师毕加索画的公牛是世上最著名的展示由繁到简过程的绘画。简约、抽象，其实很难，非高手不能做到。以极简而精美高雅的设计著称的苹果公司，就是用毕加索画的公牛开始给所有设计师做入职演讲的。

抽象能力，是一种去伪存真的核心能力。我们的生活中有太多的细节，虽然它们让生活有了诸多色彩，但在解决问题方面，很多细节是不必要的。

另一位抽象大师爱因斯坦说，当你清楚地定义一个问题的时候，你已经解决了百分之九十了。生活当中诸多的问题得不到解决，是因为我们没有想清楚这到底是什么问题。而抽象，是帮助我们把问题想清楚的强大工具。

一章小结

这一章讲到的概念

抽象、状态图、状态、动作、二进制、编码、解码、加密、解密、钥匙。

关键内容总结

- 抽象是从物理世界到数字世界的过程，是我们和计算机对话的方法，也是抽出要素而忽略不相关细节的过程。
- 文字、图像、视频，各种复杂的信息在计算机世界都有约定俗成的表示方法。
- 物理世界到数字世界可以有不同的表示方法，目的不同，效率也不同。
- 有一些方法可以在数字世界里隐藏信息，唯有可信赖的人才能拿到这些信息。

“柴郡猫，”爱丽丝胆怯地说，“请你告诉我，从这里我应该走哪条路？”

“这要看你想上哪里去。”柴郡猫说。

“我不太在乎去哪里。”爱丽丝说。

“那你走哪条路都没关系。”猫说。

“只要能走到一个地方。”爱丽丝又补充了一句。

“哦，那行的，”柴郡猫说，“只要你走足够长的时间。”

——**刘易斯·卡洛尔**《爱丽丝漫游奇境记》——

“Cheshire Puss,” Alice began, rather timidly, “Would you tell me, please, which way I ought to go from here?”

Alice speaks to Cheshire Cat

“That depends a good deal on where you want to get to,” said the Cat.

“I don't much care where--” said Alice.

“Then it doesn't matter which way you go,” said the Cat.

“--so long as I get somewhere,” Alice added as an explanation.

“Oh, you're sure to do that,” said the Cat,

“if you only walk long enough.”

— Lewis Carroll, *Alice in Wonderland*

第 9 章

优化：如何找到最佳伴侣

有人说，生活就是一个优化问题，你觉得对吗？可能你每天早晨起来到出门只有几分钟时间，是吃点早饭还是洗个澡？赶快出门，出门的时候包里不仅要装电脑，还要装上各种大大小小瓶瓶罐罐的化妆品、护肤品，然后再带上手机充电器，再带上雨伞和钱包。你也许想，雨伞就算了吧，反正北京一年也下不了几次雨，但是手机是绝对不能忘的！出门要想想，怎么样去公司最方便，走哪条路，打车还是坐地铁划算。到了办公室，那当然就要非常认真地工作了，只是顺便要想一想，晚上是跟闺蜜去大吃一顿，还是去锻炼身体，或者回家安安静静地看本书。当然，最好是又能大吃一顿，又有时间去锻炼身体，又能见朋友。不过，那样做完了，是否能还能保证晚上 9 点钟以前回家呢？因为毕竟明天早上还要爬起来上班。

我们每天就生活在这种需要优化的场景当中。所谓**优化**，就是找到更好的办法。换句话说，优化就是做最好的自己。最好的你并不一定是世界第一，而是当时最好的你，现实中能做到的最好的你。比如，你有一个方法去训练跑步，这个方法确实可以保证你成功跑到世界第一，但是这个方法要200年才能做到，那么其实200年以后的你已经不是现在的你了，所以这个方法虽然是保证成功的，但是不实用。计算机也是这样，它需要在合适的时间内找到一个合适的方法，比如一般的App都要在几秒钟之内给出结果：唱歌需要和音乐同步，导航需要指出在下一个出口干什么。

优化问题有优化空间、优化效率、优化速度、优化资源等。你会发现，我们每日生活中的每项选择，都是在执行着某种优化算法。

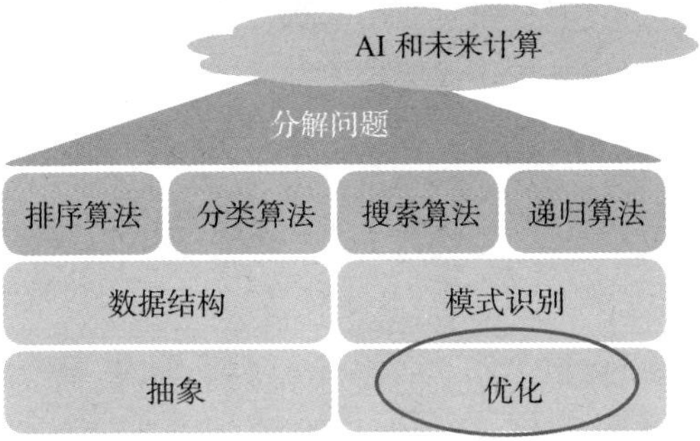

¤ 图9-1

找到最佳伴侣

在一个晴朗的冬天，你走在北京798艺术区的街道上，想要找一家餐吧吃个午饭。你大概知道这里有十几家不错的特色餐吧。你开始在园区里边逛边找。

这时候你看到了第一家餐吧，你是否就停下来进去吃呢？一般来说你不会的。你肯定想再走走，说不定有更好的呢。当你看到第二家、第三家呢？你会把整个园区全部走遍才做决定吗？

大部分时候，我们既不会看到第一家餐吧就进去吃，也不会把园区十几家全部看完再做一个决定。我们会随便看几家，然后做个选择。

这是个聪明的办法。

吃饭事小，我们一生当中最大的事情也许就是找到合适的终身伴侣了。但是找终身伴侣不能像找餐吧那样可以走回头路，也不能像找餐吧那样随便凑合。你总是希望找到全世界和你最相配的那个人。

¤ 图 9-2

假设在 18 岁到 36 岁之间，你会见到不少可能的伴侣，那你应该交往几个人以后再做决定吗？

上面这两个类似的问题，在计算机领域是一个典型的优化问题。这个优化问题叫作**最佳停止问题**（optimal stopping）。最佳停止问题的场景是你有一系列的可能选择的目标，你可以一个一个地检验，记住它们的特点和优劣，给它们打分。但是你看过了就不能回头了。问题是：你在什么时候做决定，是最佳的选择呢？

这个最佳选择有一个答案：37%。也就是说，在你所有的可能的选择中，前面 37% 不要选，用来积累数据，建立你对选择对象质量的评估标准，让你知道什么是好的，什么是不好的。从第 38% 个开始，你转变成开放的可以做决定的状态。这时候，你如果遇到比前面看到的都更好的选项，你就可以做出选择。

我们具体来看前面找餐吧的例子。如果 798 园区有 10 家餐吧，那么前面 4 家（接近 37%），你可以看看而不要进去。从第 5 家开始，只要看着比前面的都好，你就进去吃午饭吧，这可能就是你的最优选择。

找伴侣的例子也一样。假设你在 18 岁到 36 岁之间，每年可以交一个异性朋友，那么你可能一共就有 18 个人可以交往。在这种情况下，对前面 7 个人（接近 37%），你只需要交往一下，了解一下异性，看看交朋友是怎么回事。在第 7 个人之后，也就是在你 25 岁的时候，你要转变策略，再碰到一个合适的就要抓住时机定终身，进入人生下一个阶段。

当然，计算机都是比较理想化的，它假设你大概知道一共能有多少个选择，也假设选择权都在你手里而不在对方手里。但这个算法是被证明最优的。为什么是37%？有一个比较复杂的数学证明，我们就不在这里详细阐述了。直觉上看，如果前面看得太少，你的经验不足，还不知道什么样的最好；如果看得太多，有可能最佳人选已经错过了。37%是那个该做决定的神奇分界线。

这个最佳停止的问题和答案，被誉为优化算法里最完美的算法之一。它的问题简单易懂，使用场景很多，答案也很清晰。最佳停止问题和答案在20世纪60年代被提出来后，广泛应用于统计学、经济学、计算机科学、金融学等领域。

如果你仔细思考，它可以对我们人生中做的决定产生深远的影响，因为在我们的生活当中有特别多的问题是“你什么时候停止观望，做出选择”。

除了上面两个场景，我们再举一些例子。

- 公司要雇一个人，需要看几个候选人才决定给一个录取通知？看得太少可能雇不到比较好的候选人，看得太多前面的候选人不再来了，而且有时间成本。
- 在一个很长的停车场找停车位置，什么时候停进去，什么时候继续往前找？过早停车要走很远才能到目的地，过晚选择，可能近的停车位没有了，需要再绕一圈。
- 你要出售你的房子，会来一些买主和你讨价还价，你什么时候决定卖？过早出手可能比较亏，可以等个更高的价钱；等得太久，房子一直卖不出去，拿在自己手里有成本。

这几个场景都是最佳停止问题的情景。当然，有的场景可能和终身大事有点不同，比如你也许可以多看几个候选人，然后给前面一个录取通知，而不一定给最后一个人。但是它们都符合“什么时候停止等待和寻求，而去做决策”这个模式，可以雷同地去解。

下面是另外两个雷同的例子，不属于“检验一系列的目标后做出决策”，而属于“什么时候搜集到足够的信息，就什么时候做出决策”的最佳停止场景。

- 最近股市波动，价格上涨，你什么时候去买一些股票？买早了万一价格下跌就亏了，买得晚了万一价格上涨又亏了。
- 台风来了。作为一个海边城市的市长，你什么时候让大家待在家里，什么时候让大家撤离？待着可能有风险，撤离可能要付出很多代价。

人生的每个选择，都要面临“不是最佳”的风险和“错失最佳”的风险。懂得最佳停止问题和它的答案，会帮助我们在生活中做出正确决策。

逃生算法

几年前我出差住在加州圣何塞的一个酒店里，是栋楼房，晚上突然响起火警声，我很紧张，不知道出了什么事。我立刻按照自己知道的逃生规则向外跑，这时候我只抓了一样东西，你猜是什么？是手机。

¤ 图 9-3

在这种不容思考的关头，手机除了拿起来比较方便以外，还可以用来联系家人朋友，即使丢了其他所有的证件、电脑、衣物之类的，也都可以补回来。如果出门只是抓了一顶帽子，那万一真的起火了，其他东西都烧毁了，就会麻烦很多。所以我们大多数人在这种紧急情况下，如果只能选择带走一样东西，都会选择手机，而不是帽子。

假设我有时间和能力带两样东西，那我可能选择带走手机和证件，还是不会选帽子。

上面这个算法在计算机里是有个名称的，它就叫**贪婪算法**（greedy algorithm）。贪婪算法是在一个情况下尽可能做当前最好的选择，寄希望于这个当前最优的选择会是一个整体最优的选择，虽然它并不能保证做到整体最优。

具体来说，我们面临一个问题时需要做一系列的选择，我们受到一定的时间、空间或者其他限制。为每个选择，我们可能得到一个“回报”。贪婪算法比较简单实用，就是从回报最大的那个选择开始选，直到不能再做更多选择。

在上面逃生的例子里，我的要求是在 10 秒钟里拿一样东西，在这种情况下，拿手机的回报最大。如果能拿两样，那么拿手机和证件的回报最大。如果这不是逃生场景，而是朋友在楼下等我一起去购物，那我可以花 5 分钟的时间拿七八件东西，那就可以拿手机、证件、帽子等了。

当然，如果你像我的好友李倩，在为准备跨年演讲集合的时候还能带这么多的东西，除了使用贪婪算法，动作也要快才行：

> 紧急集合回家收拾行李的时候，临出门，我顽强地把一包热红酒调料塞进了行李箱。调料包里有香叶、肉桂、迷迭香、丁香、八角。只要保证肉桂和丁香，别的都好说，酌情增减没问题。

下面我们来看看贪婪算法在计算机领域最著名的问题——装箱问题。

假期出去玩儿，航空公司规定每位旅客最多只能带 20 公斤的物品。假设你有各种各样的物品，以下重量各一个：10 公斤的、8 公斤的、7 公斤的、5 公斤的、4 公斤的，还有 1 公斤的，那你怎么带，才能在满足航空公司要求的情况下，尽可能带重量总和最多的物品走呢？

我告诉计算机一个什么算法，才能让它找到一个相对好的方案呢？我想到的第一个办法是这样一个简单的贪婪算法：在不超重的情况下，尽量挑剩下来的物品中最重的那一个。

写得精确些，这个算法可以是这样执行的：

```
把物体按重量排序
重复
    拿下一个没装的最重的物体
    如果剩下的可容重量大于这个物品的重量，就决定拿
    这个物品
直到 全部物品看完
```

按这个方法，计算机会先挑一个 10 公斤的，第二次它会去挑一个 8 公斤的。现在，剩下来只有 2 公斤的可容重量空间了，它不能拿 7 公斤、5 公斤或 4 公斤的，最后只能拿 1 公斤的了。这样它一共选中了 19 公斤的物品。

等一下，你其实可以看出来，最佳的办法是带一个 10 公斤的、一个 5 公斤的、一个 4 公斤的和一个 1 公斤的，这样刚好把 20 公斤全部用完。这也未必是唯一的方法。但是计算机怎么找到这个更好的方法呢？后面一节我们会给出穷举法，找到这个问题的解法。

装箱问题又叫**背包问题**（knapsack problem）。抽象地说，背

包问题是组合优化中的这样一个问题：给定一组物品，每个物品都有重量和价值，需要找到一些物品，它们的总重量小于或等于给定极限，而总价值尽可能大。它的名称源于人们装自己的背包，受到固定大小的背包的约束，人们必须用最有价值的物品装满它。

背包问题已经被研究了一个多世纪，最早可以追溯到 1897 年。很多人终身研究和处理这个问题，因为这个问题通常出现在资源分配中：决策者必须在固定预算下或时间限制内分别从一组不可分割的项目或任务中进行选择。背包问题在现实世界许多领域的关键决策过程中都很有用，例如制造业寻找原材料浪费最少的方法，选择投资和投资组合等。

上面这个“先挑重的”算法是针对背包问题的一种贪婪算法。和前面讲到的算法一样，贪婪算法也是正确的，但不一定最优。“贪婪”这个词很形象，我们在生活中其实经常不自觉地使用贪婪算法，比如去超市买梨，先挑大的，挑够大约两斤就行了，而不是把每种大小的梨组合起来，达到两斤整。

下面再给出几个生活中关于贪婪算法的例子。

花钱：在一个还需要用纸币买东西的社会，你有 10 元、5 元、2 元、1 元的钱。现在你要花 26 元钱买个午餐，你怎么付钱刚好 26 元呢？这个题目的答案很简单，你可以用 2 张 10 元、1 张 5 元、1 张 1 元。你可能已经发现，这个花钱的问题其实和我们前面讲的背包问题差不多，用贪婪算法，先用面值最大的，然后再用面值中等的，实在不行就用 1 元的去凑。在现实生活中，我们还可以超过这个钱数一点儿，比如给 30 元，然后让对方找给你。下次你再看到有人花钱的时候先拿小面值的钞票，你就知道这人没有学过计算思维的优化算法了。

时间管理：你可能很难想到，我们平时总说的时间管理居然也是一个背包问题。每个人每天都只有这点时间，你用这些时间来做什么呢？时间管理就是把所有的事装到所有的时间里。比如说明天要考试了，你今天晚上一共只有 3 个小时，你是用它来复习语文，复习数学，还是复习英语呢？贪婪算法给出的答案是：从回报最大的那个开始。比如你可以预计一下，用这 3 个小时学英语可以提高 10 分，学数学只能提高 5 分，那就一定要去学英语。这个方法可不是纸上谈兵，而是真正的时间管理的好方法。具体来说，如果你能够量化你要做的事情的重要程度，然后你也知道每件事情要花的时间，那么对于每一件事情，你以重要程度除以需要花的时间，这就是“回报”。把事情按照回报排一下，然后按照这个顺序来做就是了。

注意，不是什么问题都能用贪婪算法解的。比如前面找伴侣的问题，因为可能的候选人是一个个地出现，而不是你在所有人里面同时挑选最合适的，这就不能用贪婪算法。

穷举是个笨办法

我们看到，在上面那个装箱场景中，贪婪算法装了 19 公斤的物体，没有塞满箱子。我们用一个什么样的算法才能保证选出最合适的东西带走呢？也就是说，是否有算法能够保证，在能塞满 20 公斤的情况下绝不只带 19 公斤走呢？

有一个笨办法，就是把所有的可能性看一遍。

在上面的这个题目中，如果我们把所有可能的拿东西的方法全部列出来，比如只拿一个 10 公斤的，拿一个 10 公斤再拿个 8 公斤，拿一个 10 公斤再拿个 8 公斤的和 7 公斤的等，全部列出来，然后看一下有没有刚好能够塞满 20 公斤的，那也就是最优的办法，这样我们是能够找到一个最优解的。这个最优解就是 10 公斤加上 5 公斤加上 4 公斤，再加上 1 公斤。在某些情况下，所有的组合都不是 20 公斤，我们也能找到那个最大的组合。但是，我们这个办法是非常笨的，一共要看很多种情况。具体地说，这是一个组合问题。因为一共有 6 个东西，每个东西都有可能是拿或不拿，所以一共是有 2 的 6 次方，也就是 64 种不同的拿法。我们要把这 64 种不同拿法全部列出来，然后才能够找到最好的办法。

这个算法是一个保证能找到最优解的办法，它叫**穷举算法**。所谓穷举，就是把所有的可能性列出来，然后比较，找出最优解。

我们用图 9–4 来表示所有 64 种选物体的方法。这张图显示了一棵“树”，树是我们之前介绍过的一种数据结构。每一个结点上写了一个数字，代表一个物体的重量。树根开始的时候，我们有两个选择：是选 10 还是不选 10。在这张图里，我们用实线的边代表选中一个它下面连接的结点，用虚线的边代表不选中一个它下面连接的结点。也就是说，从树根开始的第一步，往左走是选中 10，往右走是不选中 10。

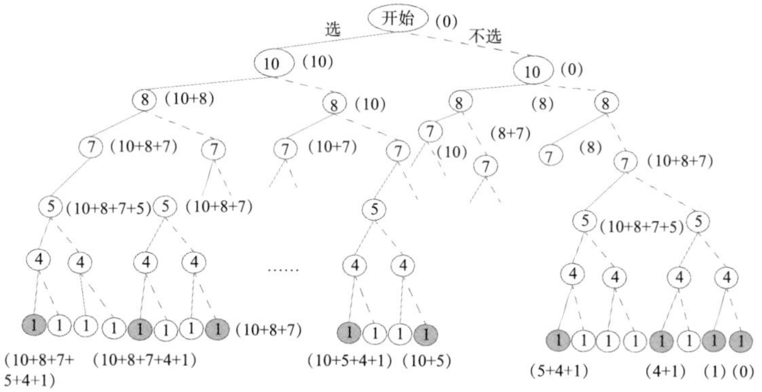

¤ 图 9-4

选了10以后，第二步又可以有两个选择：选8，还是不选8。以此类推。比如最左边的那条道路，走过 10，8，7，5，4，1 都是实线的边，就代表这些数字都选中。第二条道路，10，8，7，5，4 都是实线的边，只有 1 是虚线的边，代表选中 10，8，7，5，4，但是不选 1。

我们把这棵树叫选择树，它的每条边都代表着选中或者不选中下面的结点。这样，我们有规则地保证这棵树上有选中和不选中每个重量的所有组合。最下面是 1，到 1 就结束了，所以 1 叫作叶子结点。在这棵选择树上，每一个结点都有两个叉，一共有

64 个叶子结点，代表一共有 64 个可能的通道，也就是 64 种选择。在图 9-4 中，我们选择性地显示了一些通道做例子：在那些有灰底的 1 结点那里，我们写出了通往这个叶子结点的通道，比如（10+5）表示这条通道选择了 10 和 5，没选其他的重量。这个总和（10+5），也就是沿着这条通道拿物品会得到的总重量。

等我们把 64 个通道的总重量都计算好之后，我们就可以看到是否有通道上选中数目总和正好是 20，并且看出有几条通道的总重量正好是 20 。我们一共可以找到三条这样的通道：

（10+5+4+1 = 20）

（8+7+5=20）

（8+7+4+1 = 20）

按照这些通道的指示，我们就可以拿到合适重量的物品拼成最佳组合。不过，每增加一个物体，组合的数目就乘 2 倍，计算机要处理大量的物体也不容易。至于人，估计所有的装箱子的人都不会用这个笨办法，但这的确是一种正确的办法，也让我们看到了最费劲的笨办法是什么样的。

优化和最优

这里讲一下优化和最优的区别。

最优，是说在所有可能的解里面最佳的那一个。能考 100 分不考 99 分，能装 20 公斤不装 19 公斤。要找到最优解，一定是符合以下的两种情况之一。

- 你穷举和比较了所有的解，找到最佳的那一个。在这种情况下，你需要比较过所有的解决方案。
- 你知道最佳的标准是什么，比如 100 分。在这种情况下，你有时候还是要穷举所有的方案才能找到那个最优解，因为满分的解最后一个出现。不过运气好的时候，你比较早就看到一个满分的方案，可以提前结束寻找。

优化，是一个动词，是把解决方案不断变好的过程。优化可能导致最优解出现，但是很多时候，只是找到一个可以接受的比较好的解。

优化的精髓是要在有限的时间内，用有限的资源找到针对一个问题的可以接受的解决方案。优化往往是追求时间和空间的平衡。计算机和人一样，不总能做到最好，因为它也有时间和空间的限制。比如前面装箱的贪婪算法，就是一个工作的优化算法，但不保证最优。贪婪算法有一个好处，就是在排序之后，对每个物品只看一遍，所以这个算法还是比较快的，也好理解。有 N 个物品的话，最多就看 N 次。而且，对于任何可允许的总重量，对于任何重量的可选物品，这个算法都是奏效的，并非只适用于装 20 公斤的东西。

装箱的穷举算法可以找到最优解，但是它需要做的工作量是 2 的 N 次方，远远大于贪婪算法的工作量 N。

生活中有非常多的选择，常常一端是贪婪算法，另一端是穷举算法，而我们需要找到一个平衡点。比如，我们要找个餐馆吃饭，贪婪算法说找到一家可以接受的就行了，穷举算法要求把一条街上的餐馆都走完，最后挑一个最满意的。第一个省时省力，但是结果不一定最佳，第二个保证结果满意，但是要花更多的时间和走更远的路。

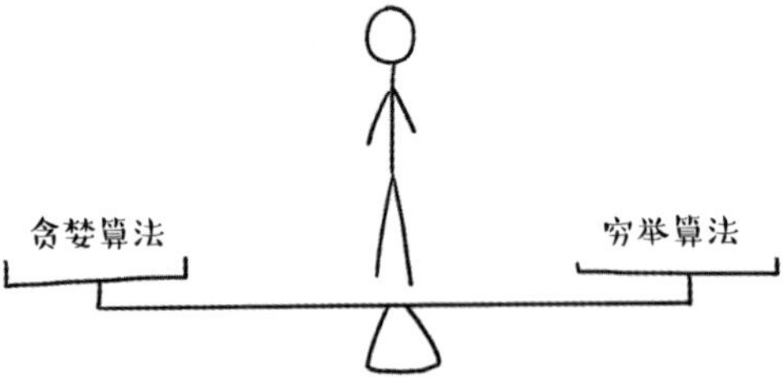

¤ 图 9-5

我们的每日纠结的“平衡”是典型的优化问题，比如你是希望花更多的时间去赚钱，还是希望用赚来的钱去实现更有品质的生活？你花多少时间去赚钱，然后赚到多少钱，这些钱又能带来多么优质的生活，这之间怎么去平衡，怎么去取舍？这些问题背后的基本问题是：你只有有限的资源（时间、精力、能力），你怎么分配它们?

我们之所以感到纠结，有两个原因。其一是我们想装进去的东西的量大于我们拥有的空间，你可能又想带孩子，又想工作，还想享受生活。其二是我们对想装的东西的价值没想清楚，比如享受一小时娱乐和拿这一小时去赚钱，哪个对你价值更大？你想清楚了才知道选哪一个，想不清楚就感到纠结。

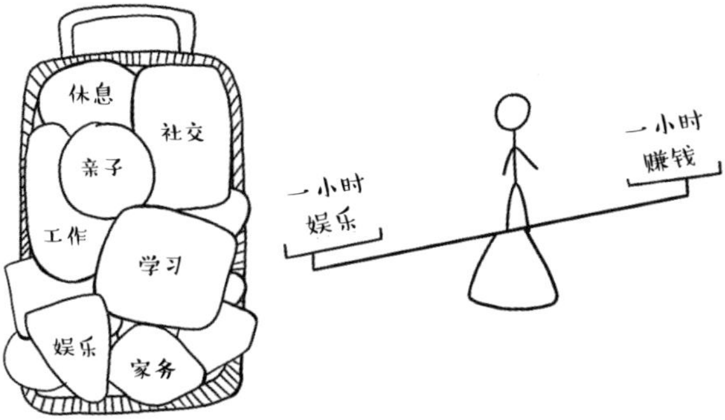

¤ 图 9-6

带着优化算法的眼光看生活中的问题，很多解决方案也就更加明了：如果是因为东西太多，装不进生活空间，那我们第一个要做的是主动减负，而不是被动地错失重要的东西；如果是我们对一件事的价值没想清楚，那我们应当先好好地回答“什么对我更重要”这个如何衡量的问题。所谓平衡，就是优化。想清楚有哪些东西参与优化，以什么标准来优化，生活中的平衡问题就会相对好解了。

优化是计算思维的核心概念，它是计算和数学的根本区别所在，也是我们日常生活当中非常有用的方法。

完成你的新年愿望清单

一年下来，别人拿出洋洋洒洒的成绩单：读了几十本书，上了进修班，学了 Python 和国际经济学，去了新西兰和毛里求斯潜水，每周去健身房锻炼 4 次，工作还一点都不耽误。你惭愧得不好意思去看年初自己列的待办清单，上面 20 个项目只做了两个。

为什么?

因为你的清单上第一项写着“减重 10 斤”。这一项一直没做到，其他的也就没能开始。

这一项任务的开始和完成时间不够清晰，它似乎是一个整年的目标，从新年第一天就开始了，又似乎到年底前完成就可以了。它又占据了你清单的第一个位置。在你的清单里，你第一个就排上了它，但一直没有完成，你也就没有顺利开始其他的项目。

试想你把“减重 10 斤”的目标列为在新年第一周内完成，你当然没做成，于是它就失败了，但是这个时候，你可以看看你的第二个目标，也许它是“去爬一次山”或者“读一本新书”，没有那么难，你就可以去做了。说不定你一年下来，就完成了更多事。

与时间管理相关，生活中另一类大问题叫**排程问题**，就是先做什么，后做什么，什么时候做什么事。你解决好这个问题，最后就能完成更多或更好的目标。

排程问题是说你有一个任务清单，你希望优化某个目标来完成这些任务。每个任务有不同的时长，有的列出了要求的起始和终止时间。有的任务只能在其他任务完成后才能开始，比如你要先去注册才能上课，先买票才能旅游。然后，你有一个目标，比如在有限的时间里完成最多的任务，或者保证完成高优先级的任务，或者浪费时间最少。当每个任务和目标都确定的时候，你或者计算机就可以按照一些算法来优化任务排程了。

让我们来看一些具体的例子。其实你每天24小时的生活都是在解一个排程问题，只不过你可能没这么想过。每天，你起床后洗漱、吃早饭、上班、下班、看个电影、睡觉，这就是你按一定的规则完成了一系列任务。你如果起晚了，洗漱推迟，可能早饭就不吃了，还可以赶上正常上班。在这种情况下，上班的优先级比吃早饭要高。

上面我们就用了一个排程问题常用的算法：优先级排程算法。如果你有一系列的任务要完成，那么你应该先排高优先级的事，然后再排低优先级的。这听上去很简单是不是？每天的生活，上班和睡觉优先级第一，吃饭第二，娱乐第三。那么每天按照这些优先级从一到三排一下，然后你去做就行了。

如果生活就是这么简单，那为什么总有人有各种事情干不完。做不对，感到后悔焦虑呢？

在学过优先级排程算法的人看来，人们执行任务失败并感到焦虑主要有两个原因。首先，人们并没有仔细地想清楚自己任务的优先级。生活当中这些事，吃饭睡觉、看孩子做作业、进修新技能、网上购物等，你如果没想过优先级，结果都像是优先级第一似的，你的24小时就排不过来了，有一些事情就不得不被挤掉了。被挤掉的往往是重要但不紧急的事，比如自我提升。所以，建议大家坐下来列个清单，真正地把每一项的优先级写清楚，然后按照优先级高低来做事。

其次，在优先级清楚的情况下，人们并不一定能完全严格地遵从这个优先级排程算法，因为有时候优先级低的事情做起来更容易。比如，你早上起来一不留神刷了半个小时短视频，就把吃早饭的时间和去上班的时间都压缩了。所以，在知道优先级的情况下，你还要能够约束自己，遵从这些优先级。

除了按优先级，排程还有其他方法，比如最近期限法，是说先做期限最近的那个任务。

我们来看一个例子。在一家麦当劳餐馆，顾客有各种方法下单，包括在柜台人工点餐，用触摸屏自助点餐，用 App 扫码点餐，在开车点餐窗口点餐等。那么为了保证服务的公正性，这家餐馆应该使用什么算法来排程呢？不能说柜台人工点餐的优先级总是高于开车点餐窗口吧？

快餐馆使用的算法，一般就是最近期限法。每个顾客下单的时候拿到一个时间，这个时间也决定了顾客期望拿到餐品的时间，比如 10 分钟之内，或者说，简单的订单快一些，有很多内容的订单慢一些，总之，每个订单都有个期限。餐馆需要做到的是按照这些期限来排所有的订单。餐馆往往会在显示屏上显示出每个顾客的顺序，然后按照先后顺序服务。

什么样的排程方法最好？这主要取决于你的排程目标是什么。下面我们来看另外一个有趣的例子，使用的是时间最短排程法。

2018 年，北京大学 120 周年校庆之际，我去北京大学邱德拔体育馆观看了第 42 届国际大学生程序设计竞赛（ACM-ICPC）全球总决赛。这个比赛堪称“大学生编程领域的奥林匹克”，是全球历史最悠久、规模最大且最负盛名的程序设计竞赛，参赛者包括来自51个国家最顶尖的大学生比赛团队，比如斯坦福、麻省理工、剑桥、牛津、莫斯科大学、圣彼得堡大学，当然也包括北大、清华、浙大等国内一流院校。竞赛的总时间是5小时，做11道题。比赛期间，各队用一台标准配置的计算机向总决赛提供的11道题目发起挑战。参赛队可以自由选择解题顺序并对每个问题进行多次提交，答案正确即获得分数。因此，答对题目越多，用时越少，排名越高。

这个排程的问题是，你的团队拿到11道题，大概看了一下，对题目的难易程度有一定的了解之后，你应该先做哪一道题，后做哪一道题？

假设你对解答每一道题需要的时间预估比较准确，比如有的需要10分钟，有的30分钟，有的1小时，有的很难，需要超过1小时。同时，在这个场景下，每道题的优先级是一样的，先做哪一道都是得同样的分。那么，你应该采取时间最短排程法，也就是选择你预估最快能完成的那道题先做，这是这种场景下的最优排程法。几乎所有编程比赛的参赛团队都选择了这种方法，从最简单、完成最快的那道题开始。当然，在实际场景中，有时候你预估的时间不准，有时候不同团队成员可以并行解决几道不同的题目，但是总的指导思想还是耗时最短的任务排在最前面。

我们来捋一下前面讲过的优化排程算法的一些规则。

- 如果每件任务的优先级是不一样的，或者说有不同的回报，那么你要从最重要的事情开始做。

- 完成任务的目标特别重要。如果目的是在有限的时间内做更多件事，那么可以从耗时最短的事情开始做。如果任务有期限，那么要尽可能完成那些快要到期限的任务。

前面我们提到的新年目标难以完成，正是因为第一项任务“减重 10 斤”的优先级相对于其他任务不清楚，做这件事需要的时间也不清楚。这是一个没有定义好的任务。一个好的任务需要清晰而可执行，执行与否可衡量，比如，“每周去一次健身房”就比较容易排上日程。

再举个反面的例子。现在我们的手机、手表、电脑上都有一个功能，叫“消息提醒”。消息提醒不断地推给你各种信息，比如你在某个群里收到了一条消息，有人 @ 了你，明天要下雨，某件商品又降价了。这些消息提醒试图引起我们的注意，提高这些本来不重要的事情的优先级。我们原有的生活排程被这些消息打断，有时候还被这些消息带到另外一个地方，比如去逛了半天网店，买了不需要的商品。

排程，听上去是个简单问题，但是在实际生活中真的很重要。所有自我管理的方法，比如课程和书籍，最终也是教会你如何安排你的生活。活在当下，是说眼前能抓住的事情优先级最高；面对挑战，是说最困难的事，也是回报最大的事，应该去做；不做会后悔的事，比如花时间和孩子在一起，我们要提高这些事的优先级；耗时而没太多收获的事，我们尽量避免。

人生是个优化问题，也是个优化里面的排程问题。

清理房间和清理大脑

前面讲分类和搜索的时候，我说过东西越整齐，越容易找到。但是，现代人面临的另一个大问题是东西太多。我们的书桌上、床上、抽屉里、鞋柜里、房间里堆满了各种物品。我们总觉得这些东西在将来的某个时刻还会派上用场。衣服等你以后瘦了还可以穿。换了新的碗筷，旧的也没坏，就都在柜子里存着。

我们应该怎么决定，什么东西应该处理掉，什么东西应该放进箱子，让我们的生活更简单轻松，而剩下的东西最有用呢？这个问题，也是计算机优化问题的一大类：如何优化空间使用。

大家知道，计算机的数据、信息都是要存在某些地方的，这些地方我们叫存储空间。存储空间里放什么，不放什么，是很重要的问题。因为第一，和买房、租房一样，存储是要花费用的，越大的空间越贵；第二，存了太多东西，就像我们多年不整理的衣柜一样，急着需要找件合适的衣服越来越难。

因为如此，计算机科学家早就发明了各种算法，把不常用的内容删除或者放到其他地方。一个最简单的算法是把最旧的扔掉。对计算机来说，如果数据存不下了，就把最旧的数据扔掉。类比于整理衣服，如果衣柜装不下了，就把最旧的衣服扔掉。

这个算法比较好执行。想象你有一个巨大的衣柜，你所有的衣服都挂在里面，从左到右。每次买了新衣服，就放在最左边。每次穿完衣服洗好，放在原处。每次需要处理旧衣服，就从最右

¤ 图 9-7

边拿。这就好比计算机里的数据都有个日期，需要的话就删除日期最早的。

不过，有些旧的东西也很珍贵，或者有用。经过理论和实践验证，有一个更好用也容易执行的算法可以解决这个问题，它有一个拗口的名字叫“最近最少使用算法”（least recent used），简称 LRU 算法。这个算法是说，把所有的东西按使用的时间来排序，而不是按购买的时间排序。如果要扔东西，就扔那个最长时间没用过的。

这个算法在诸多教大家居家收纳的方法里也常用到，也就是：问问自己，你上次穿这件衣服或鞋子是什么时候的事了？把好久都不用的东西扔掉吧！每年都不穿一次的衣服，可以处理掉了！

再次想象你有一个巨大的衣柜，你所有的衣服都挂在里面。从左到右，每次你穿过一件衣服之后，就把它挂在最左边，而不是放回原处。如果你要扔掉衣服，就从最右边开始拿。

“最近最少使用算法”看上去简单，效果却非常之好，这是因为计算机使用数据有时间局部性，也就是说，用过的数据将来更容易被用到。类比于你穿过的衣服，就是你喜欢的将来再穿的概率更大，好久不穿的将来也不太会穿。所以处理衣物不按购买时间，而按是否穿过更加靠谱。

下面解释一下分层存储。我们不常常穿的衣服，或者不常常拿出来看的照片，有时候也会有收藏意义。所以，我们家不同收纳空间的作用是不一样的。往往，我们会把手头常用的东西放在桌子上，把偶尔用的东西放在抽屉里，而把孩子小时候画的画收藏在某个箱子里。

我们可以看到，优化往往是时间和空间的权衡，或者说，速度和大小的权衡。在变化速度快的空间，比如我们的桌面，或者计算机的缓存，存东西和取东西都方便。正因为如此，它一般都比较小。半个足球场大的桌面，取放东西就没那么方便了。计算机的直接存储缓存，一般也是又小又快又贵，和桌面一样。反过来，计算机的硬盘往往要大得多，比如我们的储藏柜可以放很多东西，也不贵，就是拿起来没那么方便。

真实的计算机存储会分成多层。越近的越快越小，越远的越慢越大。小的空间装的数据往往是大的数据的子集。这种空间组织方式，在生活中还有非常多的例子。

- 鞋店：商场里的鞋店，外面只能摆有限尺码的鞋子。所以，它们都有一个储藏室，存着更多的鞋子，更多的尺码和颜色。当顾客需求没法在柜台直接满足的时候，售货员就会到储藏室去取货。这种取货会慢很多，但是因为储藏室空间更大，可以满足柜台不能满足的顾客需求。

- 手机存储和云存储：我们手机的空间有限。旧的信息，比如你几年前和朋友的微信对话，往往不是直接存在手机上，而是存在远方的“云端”，也就是数据中心那里，需要的时候再“拉过来”，所以今天的对话可以直接看到，旧的对话看的时候要慢一些。手机上的照片太多，也可以把完整版存到云存储，而在手机上删除一部分，存个子集。
- 微信群：微信群设计的最好的功能之一，就是群按照对话先后来排序。有新对话的群会浮到上面。比如你的手机显示屏可以展示 15 个群，那么你随时可以看到 15 个有最新对话的群。其余的更多的群，尤其旧的不活跃的群，你要往下滑才能看见。当然，你也可以把几个重要的对话群置顶。这些对话群形成优先级最高的内容，然后是第一屏有新对话的群，然后是其他的群。
- 我们大脑的记忆：一个人不可能记得看过的每一行字，别人说的每一句话、每一个场景。我们的大脑选择性地记住了重要的内容，而对其他很多不重要的信息忽略不计。大脑处理大批量的数据，一定也会有找不到或者找错了的情况。不是忘记了内容，而是无法触达那些遥远的记忆。

旅行中的推销员

在衣食住行中，对“行”的优化是生活中优化问题的另一大类。我们常常要优化路径，每天上班，导航软件会列出我们在当前交通情况下的几条路径。出差或者度假，我们要算一下如何规划更加省时和省钱。

我们常常要计划我们的旅行。假设我们想要去一系列的城市，想要走遍所有的城市并且回到起始的城市。你有一张地图，你知道每两个城市之间的距离。那么，你怎么走才能让路线尽量最短？

这个问题是计算机领域著名的优化问题，叫**旅行中的推销员问题**（travelling salesman problem）。不过是把个人计划旅行换成了有一个推销员要去各个城市推销他的商品。

我们先来看一个简单的例子，假设一共有 4 个城市：北京、武汉、上海、广州。它们之间的距离如图 9–8 所示。当然这些列出来的距离不是这些城市之间实际的距离，只是一些可以显示相对距离大小的数字。

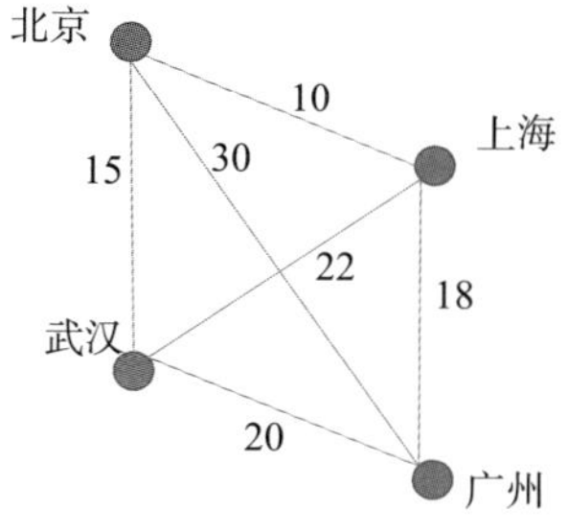

¤ 图 9–8

这个推销员从北京出发，要走过其他 3 个城市，每个城市去一次，再回到北京。他有不同的路线可以选。因为只有 4 个城市，我们可以用穷举的方法列一下他的路线。他一共有下面这 6 条路线可以走。

第一条路线：北京、上海、广州、武汉、北京，总距离 63。
第二条路线：北京、上海、武汉、广州、北京，总距离 82。
第三条路线：北京、武汉、广州、上海、北京，总距离 63。
第四条路线：北京、武汉、上海、广州、北京，总距离 85。
第五条路线：北京、广州、上海、武汉、北京，总距离 85。
第六条路线：北京、广州、武汉、上海、北京，总距离 82。

首先，我们可以看出来，这 6 条路线不都是有必要的：第一条和第三条，第二条和第六条，第四条和第五条都是对称的。因为两个城市之间的距离飞过去和飞过来是一样的，只是方向不同而已。所以，我们并不需要比这 6 条路线谁长谁短，我们只要比较 3 条路线就可以了。

我们来比较第一条、第二条和第四条路线。在这 3 条路线中，我们很容易就看出来第一条路线是最短的，总距离 63。这样我们就找出了一条能够让这个推销员走过所有的城市，同时路线最短的一个方法。当然，我们也知道反方向走的第三条也是同样可以成立的。

这个穷举的方法是正确的，也容易理解。不幸的是，它在只有几个城市的情况下可行，但是在城市稍多的时候是非常难做到的。因为从每一个城市出发，他都可以到另外的任何没去过的城市。有 4 个城市的时候，第一次有 3 个选择，第二次 2 个选择，第三次有 1 个选择，所以就是 3×2×1，一共是 3！=6 条路线的选择。只要加 1 个城市，5 个城市就会有 4！=24 条路线。如果一共有 10 个城市的话，就有 9！=362 880 条可能的路线，这个数已经很大了。100 个城市简直难以想象。把这些路线列出来都不可能，更不用说要为每条路线算出它的长度，再加以比较了。也就是说，对于这个问题，穷举算法复杂度太高，有这么多的选择和比较，我们很难在有限的时间内完成。

注意，这个问题跟我们第 5 章讲的用递归解决的最短路径问题是不一样的，因为上次我们找的是确定的两个城市之间的最短路径，而这次找的是走过每一个城市的一个环路。这次的这个问题，没有简单的递归算法可以解决。

优化是说我们未必一定要找到最优的那个办法，而是说在有限的时间内找到一个比较好的办法。如果我真的是一个推销员，我不会去算这成千上万种不同的可能性，而是会去选择一个我认为比较合适的不太浪费时间的路径。

比如，北京直接飞到广州是比较远的，那么一般的推销员就会自然而然地先飞到一个比较近的城市，比如上海。这样离广州近了，再去广州。

人靠这种自然想法确实可以找到一条比较短的路径。这个解法就是我们前面说的贪婪算法。推销员可以每次在没去过的城市里面选那个现在离他最近的城市。

在图 9–8 里，推销员开始的时候在北京，他看到最近的城市是上海，所以他先去上海。到了上海以后，他发现剩下的两个城市，武汉和广州，最近的是广州，所以他就去广州。到了广州以后，武汉是唯一的没去过的城市了，所以他就去武汉，然后回到北京。他这样用贪婪算法只走了一条路，碰巧也找到了最短的路。

但是贪婪算法不一定总能找到最短的一条路。我们来看下面这个例子，还是 4 个城市，城市之间的距离如图 9–9 所示。

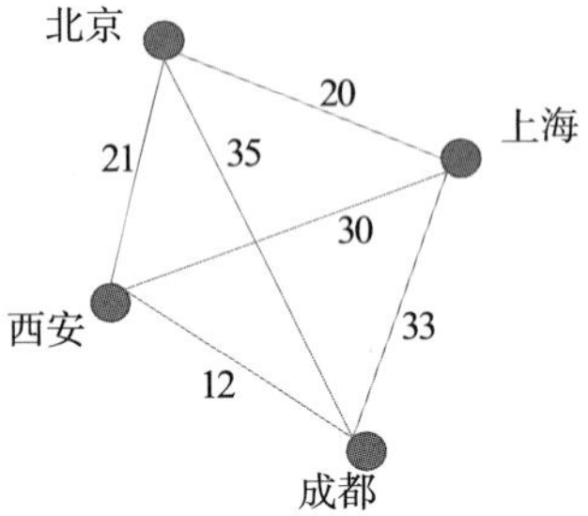

¤ 图 9–9

在这个例子当中，如果推销员从北京出发，根据贪婪算法，他会先去上海。在上海，他会选择去西安，然后再去成都，最后回到北京。这样他总共的路线长度是 97。但是其实大家可以看出来，如果直接从北京走到上海，然后到成都，再去西安，最后回到北京的话，总长度是 86。第二条路更短，但是贪婪算法并没有找到。

对这个问题，穷举算法要比较的路径太多。我们说过，算法不是唯一的。有没有比这个每次选目前最近的城市更好一点的算法，但是又不需要穷举比较每一条路呢？我们现在给大家看一个更聪明的贪婪算法。

有时候稍微改变一下对问题的描述，找到方法就会容易得多。下面这是一个非常好的例子，看我们怎么两次改变对推销员问题的描述，得到下一个解决方案。

我们先把推销员问题用点和边抽象描述一下：推销员能在一张有点（城市）和边（连接城市并且有距离）的图中，从一个点移到一个相连的点。他的目的是在这张图中找到一条最短或者比较短的环，把每个点都连过一次。你会发现，因为推销员需要回到原点，所以一旦路找到了，他从哪个点出发都是一样的。无论从哪一个点出发，这个环的长度是不变的。这样，我们在这个旅行中的推销员问题中，省略了他从北京出发这个约束条件，而并未改变这个问题。

我们再次把这个问题描述稍微改变一下：在一张图中，推销员需要选一系列的边，这些边经过所有的点，组成一个环。他需要每个点都走过一次，而且仅走一次，不能剩下一些没走过的点。

我们现在把这个选点（城市）的问题转换成了选一系列边（路径）的问题，不规定一定要从某一个点出发，我们现在就有了一个更好的办法。这个算法是这样的。把这张图里面所有的边从小到大排序。先选中第一个边，也就是最短的边。然后顺序地看下一个边：对这条边来说，如果把它加到已经选中的图里，不会形成一个环，那就选中它；如果形成一个小的环，还有点没有走到的话，就不选这条边，因为选这条边会导致去一个城市多次；如果形成一个大环，所有点都连上了，就选中这条边，算法结束。

我们可以用前面学过的形式来描述这个算法。

```
聪明的推销员 =
    先选中第一个边
    重复
        顺序地看下一个边
        假设这条边加到已经选中的图里
            如果不会形成一个环，那就选中它
            如果形成一个小的环，还有点没有走到的话，就
            不选这条边
    直到形成一个大环，所有点都连上了
```

我们来看图 9-10 的例子。在图中一共有 6 条边，从小到大排序是 12，20，21，30，33，35。用这个算法，我们会先选 12，再选 20，再选 21，再下一个不能选 30，因为它会让路径形成一个小的环，没有形成一个走过每个点的大环，所以放弃 30，选择 33，完成任务。

图 9-10 中加粗的边显示了这个算法选择边的过程。在这个过程当中，它用 4 步选出了一个很短的路径。

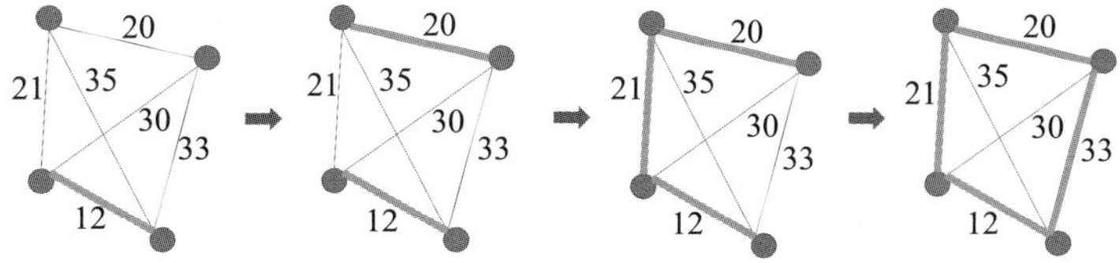

¤ 图 9-10

为什么我们要把选点的问题转换成选边的问题呢？因为边是有长度的，可以排序。排序后，选中一条边就很容易，把这些边放到图上也很容易，长的边会在短的边之后才被考虑。

思考

这个把选点转化成选边的算法，其最大的好处是短的边不会被错过，而一般来说，最短路径会由比较短的边组成。但是这个办法是不是一定能够找到最短的路径呢？大家可以想一想。提示一点，会不会有一张地图，最短路径不包括最短边呢？

旅行中的推销员问题是非常有趣的优化问题，也有很多变种，比如每个城市之间的路不一定都通，有的城市可以去多次等。这个问题最早于 1930 年提出，刚开始人们以为这是个简单的问题，列举各种可能就可以找出最短路径。很快，大家就发现，在需要去的城市稍微增多一些的情况下，可能的路径就呈指数级增长，穷举再比较几乎做不到。于是，这个问题变成了人们最深入研究的优化问题之一，也被用作许多优化方法的基准。旅行中的推销员问题在计划、物流，甚至在生物学的 DNA 排序、天文学等许多领域都有广泛的应用。下面再举几个相关的例子。

- 物流计划：京东小哥每天要跑遍周围小区的每个有包裹的家庭，他如何优化路线，使得路线最短而包裹都能送到？同样，物流公司每天要把各种打包好的物品送到各个城市的分发网点，也是类似的优化问题。近几年胜出的物流公司，不少是因为优化算法做得好，可以及时、省钱地把大批物品送到合适的地方。最近开始兴起的无人机送货，更需要算法给予精准的指示。
- 互联网是一张巨大的连接的网络。你知道你发出的信息是如何到达你朋友手中的吗？和邮寄物品一样，你发出的信息被打包成“信息的包裹”，通过互联网上一个个中转站，被送到你想要联系的人的手里。每天，互联网上有200亿个信息的包裹在同时被递送。互联网信息的递送，是另一个大型的无止境的包裹旅行优化问题。
- 在盛大的晚宴上，你是那个要点亮每个桌上蜡烛的天使。你要用一个什么样的方法，最快、最方便地走遍每一个桌子，把火光送给每一个人？

翻过山丘

下面，我们再来看一个非常有意思的优化问题，这个问题是说计算机怎么用一个清晰明确的算法找到一个最高峰。

大家一定爬过山。当然现在我们可以使用很好的地图。但如果一个喜欢冒险的徒步登山者想征服最高峰，但是她不熟悉该地区，没有很好的地图告诉她现在的位置和路线等信息，她该怎么办呢？

我们来把这个问题抽象一下，看一个简单的例子。我们假设这个登山者所在地区的地形是一个网格，网格的外边是地面。这个网格上的每个格子都有一个数字，这个数字代表了这个格子的平均海拔高度。当然，这个登山者并没有这张海拔图。她能做的只是从一个格子走到相邻的格子。

当地的地形如图 9-11 所示，是个 6×6 的网格。我们用数字 1 到 15 和颜色的深浅标出了每个格子地区的平均海拔高度，数字越大海拔越高。记住，抽象的问题并不需要具体的高度，比如海拔 2 000 米。我们只要知道，数字 9 的地区比数字 8 的海拔高就行了。

¤ 图 9-11

在这张图里面，我们随便试试几个开始的点：如果登山者开始于左下角的 1，她怎么样找到最高峰 15 呢？

方法一是，这个登山者可以遍历所有的 $6 \times 6=36$ 个格子，记下每个格子的高度，走完了比较一下。这个时候，她就知道 15 是最高峰，她也知道 15 在哪一个格子。这种办法可以保证她找到最高峰并登上最高峰。但是，用这种办法，登山者第一次走过 15 的时候，并不知道这是最高的地方，因为她不知道后面还会不会碰到比这里更高的地方，所以在她走完所有格子之前，她并不能宣布登上了最高峰。36 个格子问题不大，如果是 36 万个呢？

真实生活中的许多登山者，在辽阔的大山区里面未必需要登上这座全局的最高峰，也许她可以登一座稍矮一点的，只要这座山峰比周围的都高就可以了。对这些登山者来说，我们的算法帮她找到一座山峰就可以了。那么我们还有一个比刚才那个方法简单得多的办法。

方法二是，任何时候都比较登山者周围东、南、西、北 4 个方向，并前往与其相邻的最高的那个方向。你应该可以看出来，这是一个贪婪算法，而真实生活中，我们常常就是用贪婪算法做决定的。上山用它，下山也用它。这个算法也和我们这个例子的名字一样，叫**爬山算法**（hill climbing algorithm）。

现在，登山者从地面的随机点开始，按照上述算法的规则爬山，她会到达最高峰吗？我们来看几种情况。

如果登山者开始于左下角的 1，她会走：1，3，4，9，14，15，到达顶峰。

如果登山者开始于右下角的 3，她会走：3，5，8，10，15，到达顶峰。

如果登山者开始于左上角的8，她会走：8，10，12，13，达到一个不是最高的山峰13。我们把13叫局部高峰，而把15叫全局高峰。按照规则，13的周围东、南、西、北都是比自己低的，登山者就停在这里，不再继续走了，所以她不会到达全局高峰。

就像我们的人生一样，我们往往只能到达我们的局部高峰，因为我们只能了解眼前，不知山外有山。

¤ 图9-12

遍历算法在实际生活中几乎没有人会用，没人会把一片山脉的每一个角落都走遍，最后说我到过了一个最高峰。但是贪婪算法又不能保证登山者到达最高峰。那么有没有一个比较好的办法，能让登山者不走遍每一个格子，但是能够尽可能地找到最高峰呢？

在实际生活中，我们可能会先爬上眼前这座小山峰，然后目测一下还有没有比自己所在位置更高的，如果有更高的，也许我们就会决定去爬那座山。这种方法不能保证一定走到最高峰，但是总比爬上了一个小土堆，就认为自己爬过最高的山要好一些吧。那么在计算机算法里，我们怎么表示这个“目测”呢？我们知道，计算机的所有算法都必须在任何情况下准确而精致。不能是“目测”这种很虚的指示。

下面介绍方法三：“目测”可以这样实现。当登山者按照方法二暂时走到一个高峰 A 的时候，她可以在这个高峰的周围再走两步，看一下有没有比自己更高的地方 B。如果没有，她就结束攀登，认为自己登上了一座比较高的山了。如果有，她就用同样的方法二，向着那个高一点的 B 继续前行。

比如，上面的登山者走到了高度 13 的时候，她只能说她没有办法按照方法二的规则走得更远了，但是她并不知道她是不是到了全局高峰。她向周围再走两步，一边走一边观察有没有比自己所在位置更高的地方，当她向东边走两步走到 12 的时候，她会发现她的南边有一个 15 是比 13 更高的，所以这个时候她就可以找到这个高峰 15 了。到了 15 以后，如果她向周围再走两步，没有发现更高的地方，她就停下来结束攀登。

在真实生活中，一个登山者的地图可能是非常大的，它有可能是上千米乘以上千米。所以方法一（遍历算法）是不太可能实现的，而方法二（贪婪算法）比较容易做，但效果不一定好，所以人们会开发很多折中的改进的算法，以便在可以接受的时间内，以最大的可能性找到最高峰。上面这个“目测”的办法——方法三，就是其中一个好办法。

我们讲的这个登山的例子，有一个非常有意思的应用，就是在机器学习尤其是深度学习的算法当中，很多时候都是要找到一个本地的或者全局的最大点或者最小点，并且向这个点做一个小小的移动。这和上述登山的例子道理是一样的，只不过那张图又要大到可能是几百万乘以几百万。置身于这些巨大的连绵的“山脉”之中，优化就显得更加重要。

计算复杂性

在这里给大家介绍一个计算思维里面非常关键的概念，叫作**计算复杂性**（computational complexity）。贯穿本书，我们一直在讲，计算机解的问题不是一个正确性的问题，而是在什么情况下能够合理地给出一个可以接受的解的问题。就像实际生活中一样，有一个方法不等于有一个现实的方法。比如我们理论上可以从北京走到乌鲁木齐，但是没人能在一天之内走过去；理论上一个人可以比较中国每个城市间的距离并找到最短路径，但实际上他一年都比较不过来，更没有时间去旅行了。

从我们讲排序分类的时候起，我们就开始说，有的方法在某种情况下更快一些，有的方法在某种情况下更慢一些。但是，我们从来没有特别严谨地去定义什么叫“某种情况”，什么叫“更快”，什么叫“更慢”。计算复杂性的概念，就是具体地定义什么是快，什么是慢，什么在计算速度上可行，什么需要特别多的资源或者特别长的时间，在实际中不可行。

众所周知，计算机一般会处理大量的输入数据，比如排序的时候，我们要排多少本书或者多少个网页，这个数字就是“输入”的大小，排 10 本书和排 10 万本书很不一样。比如，在数目少的时候，“每次挑一个最小的”这样的方法可以用，但是在数目巨大的时候，这种方法要重复多次，就会“很慢”。再比如在前面的背包问题当中，我们要装多少个物品，这个物品的数目就是“输入”，是只有两三个物品，还是两三千个物品，解决方法很不同。计算复杂性是把一个算法的工作量和输入数据的数量联系起来。简单说就是，对同样的输入，不同的算法完成一个任务要花多少时间。

我们用一个例子来说明复杂性是什么。假设你需要给一群并排坐在一个长桌子前的人倒茶，如果有 10 个人就要倒 10 杯茶。如果他们每个人之间的距离是 1 米，假设你有一个大茶壶能一次把 10 杯茶都装下的话，你大概就要走 10 米。

在这种情况下，我们可以看出来，如果一共有 N 个人，那么你要走的距离基本上也就是跟 N 米差不多，至少是成比例的：10 个人大概是 10 米，100 个人大概就是 100 米。如果我们把倒茶看成一个简单算法的话，那么这个算法的计算复杂性是线性的。当一个算法要花费的时间，跟输入或者处理数据的数目成比例的时候，我们就说这个算法是**线性算法**。

同一个情景，如果你的茶壶比较小，每次只能倒一杯茶的话，那么你倒第一个人的时候要走 1 米。你走回去拿下一壶茶，给第 2 个人倒茶的时候要走 2 米。你再走回去，给第 3 个人倒茶的时候要走 3 米，等等，那么如果一共是 N 个人呢，你就需要走（1+2+3+⋯+N）×2 步，即 N×（N+1）=N^2+N 步。这个时候我们就看到，这个算法需要的步数和人数不是成比例的。在 N 比较大的时候，这个数字更接近于 N 的二次方。这个倒茶的算法，因为茶壶比较小，成了一个**二次算法**，而不是线性算法。

你可以想象，如果只有三五个人，其实是一次性把茶都倒好，还是每次都跑到厨房去拿一杯新的茶，差别并不太大。但是如果有上百个人、上千个人、上万个人，那么即使直观来看，每次跑回去这样的事也是非常费时费力的。

我们说过多次，计算机一般用来处理数目很大的问题。在这种情况下，计算复杂性，也就是说一个算法跟它的输入是线性关系还是二次关系，就非常重要了，因为在处理大数目问题的情况下，二次算法会比线性算法慢很多。用上面的例子说，有 1 000 个人，拿大茶壶的线性算法只要走 1 000 米，而 1 000×1 000=100 万，拿小茶壶来回跑的二次算法要走 100 万米。

当然，你还有一个懒办法，就是把茶都倒好，让每个客人自己来拿。这样你自己就几乎不用走路了，但是客人们要走，而且你要有足够大的地方让他们同时来拿。这个算法纯粹关注你要走的路，可以算是和客人的数目无关，我们也管这种方法叫**常数算法**。

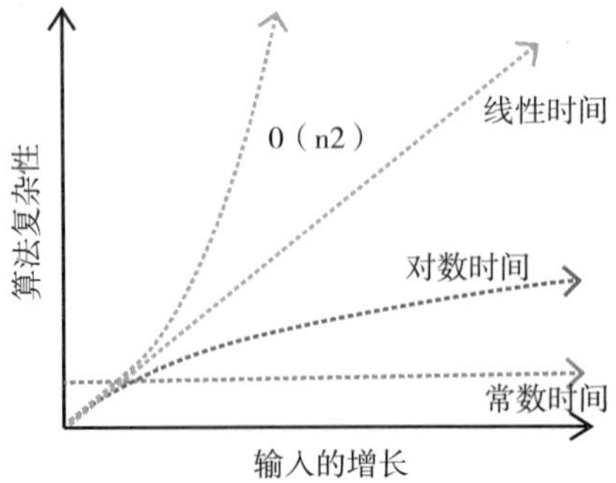

¤ 图 9–13

图 9–13 画出了不同复杂性的算法需要的时间和输入的关系。我们之前讲的二分搜索，在 N 个东西里面找到一个东西的时间是 $\log_2$（N），是个对数级算法，是一类比较高效的算法。在之前的装箱问题中，贪婪算法有 N 个物体的话，最多就看 N 次，贪婪算法是一个线性算法。然而穷举算法却要看 2^N 次，是个指数级的算法。数目大的时候，**指数算法**又比二次算法需要的时间多很多，更不要说比线性算法了。这就是为什么虽然贪婪算法不能保证最优，但还是经常会被用到。

我们可以看到，随着输入的增加，不同算法复杂性增加的幅度不同。我们挑选前面学过的几个算法，举例说明它们的复杂性。

常数算法：在数组里找到一个东西，插入链表。

对数算法：二分搜索，算斐波那契数。

线性算法：顺序查找，比较两个字符串，读一本书。

二次算法：冒泡排序算法。

指数算法：穷举背包算法。

生活中，吃一块糖需要常数时间；看一本书基本上是线性的，需要花的时间和书的页数大致成比例；弄清楚朋友圈中每个朋友之间的复杂关系网基本上需要二次算法。

算法四处皆有，复杂度各不相同，搞清楚算法的复杂度会帮助我们预测做一件事要花的力气，大大提高我们做决策的能力。算法复杂性越高，耗时越多，当然有时候，正面的成长也更快。比如，你可能听说过著名的“摩尔定律”，由英特尔创始人戈登·摩尔（Gorden Moore）提出。摩尔在 1965 年预言，每 18 个月，集成电路上可容纳的晶体管数目便会增加一倍。在随后的几十年中，计算机的能力相应地按照这个预言而呈指数级增长，带来了整个社会的信息变革。

让随机带给我们惊喜

看完这一章，你可能会认同，生活就是个优化问题。我们每个人只有有限的时间，有限的空间，有限的精力，有限的资源。每天，我们面临诸多选择。有一些方法，可以帮助我们做出比较好的选择。

然而，在讲了这么多计算机世界和真实世界的优化方法后，在这章的结尾，我给大家提供一个不同的视角：有些时候，随机选择、随缘而至，也未必不是好的方法。

随机，听上去像是刻意优化的反面。然而，随机算法的结果虽然很难最优，但也常常不差。

为什么？我们来从下面几个方面看看。

首先，现代的大型计算机应用，尤其是下一章我们要讲到的 AI 类应用，都基于大量的数据。这些数据特别巨大，比如公路上每个摄像头每一分钟拍摄的视频，我们每个人每时每刻给家人朋友发的信息。它们不可能完全被使用，而且搜集得也不一定全面：可能大城市平均每人被采集的信息更多，乡村更少。为了及时、公平地处理这些信息，一个被计算机和 AI 大量应用的算法——**随机采样**，应运而生。简单地说，随机采样就是在大量的需要研究的数据对象（样本）中抽查，每个样本被选择的概率相等，这样随机选择的样本就是对总数据的比较准确的表示。举例说，美国大选前一般会做民意调查，很多民调的参与者只有上千人，民调机构却能够非常精准地预测美国近三亿人的选举倾向。

真实生活的场景，往往比我们抽象出来的问题更丰富，更不确定。据统计，人脑每秒钟会接收到 1 100 万份不同的信息。用任何优化的算法处理这些信息都会导致计算复杂性过高。所以，人脑也在随时随地“采样”，选取有代表性的信息来处理。

其次，因为现在技术的发达，各种系统很容易根据你的兴趣和爱好来推荐你想要的内容。比如你成天看明星逸事，那么在你看的短视频、长视频、新闻、信息流里就会出现更多的明星新闻。你搜索了英语课程，你的信息流就会推荐学英语的机构。但是如果你从来不看体育内容，你的信息流里体育的内容就会越来越少。

这些方法虽然能够比较精准地给你看你喜欢的内容，但是，以前那种拿起一张报纸来从头翻到尾，突然发现南美洲森林里有趣新闻的感觉就没有了，到处都充斥着你已经知道的明星的消息，你可能会购买的商品的信息。它们都是“为你优化”的信息，这就是**信息茧房**。

为了破除信息茧房，信息科技公司，包括头条、谷歌新闻等，又发明了更新的算法。在这些信息流里，时不时地给你一些随机的和你的兴趣爱好没关系的内容，让你有一种偶然发现的感觉。这些随机信息大大提高了每个人接触内容的丰富性。

再次，前面我们在爬山的那一节讲到，不少算法会走不出局部最优，好比我们在一个云雾缭绕的山顶，不知道周围是否还有更高的山。这个时候，一个更高效的方法是随机找几个方向，随机走几步试一下，万一发现有更高的山就继续走，这样，找到最高峰的可能性大了很多。

随机探索是算法中走出局部最优的方法之一。这很像生活中，我们不知道现在的工作或者所在的位置是否是最好的，可以随机地探索一下，看看能否发现更有趣的事。

如人们所说，生活就像一盒巧克力，你永远不知道下一颗会拿到什么样的惊喜。

¤ 图 9–14

一章小结

这一章讲到的概念

优化、最佳停止问题、贪婪算法、背包问题、穷举算法、排程问题、LRU 算法、旅行中的推销员问题、爬山算法、计算复杂性、线性算法、二次算法、常数算法、指数算法、随机采样、信息茧房。

关键内容总结

- 我们每时每刻的选择，都是一个优化问题。
- 优化往往是时间和空间的权衡，或者说，速度和大小的权衡。
- 在处理大量数据的时候，算法有多快非常重要。
- 有时候，随机选择也会对走出困境有帮助。

第三部分

未来

“奇怪啊奇怪！”爱丽丝喊道。她那么惊奇，一时间竟变得语无伦次了。

○—— **刘易斯·卡洛尔**《爱丽丝漫游奇境记》——○

“Curiouser and curiouser!” cried Alice. She was so much surprised, that for the moment she quite forgot how to speak good English.

— Lewis Carroll, *Alice in Wonderland*

第 10 章
AI 和未来计算

我的本科专业是 AI。当年清华计算机系每个年级有 6 个班，入学的时候就把每个班的专业分好，我所在的三班，专业方向刚好是 AI。这样，在本科的时候，我们就接触了许多当时 AI 领域前沿的技术。我们的 AI 入门课的导师是可亲可敬的林尧瑞教授，也是《AI 导论》的作者。这门课被我们戏称为“猴子摘香蕉”，因为课程最开始的问题就是：一只拥有智能的猴子，如何自己组合积木去拿到天花板上挂着的香蕉。

当时清华本科是 5 年制，正要开始改革，有少部分学生可以在四年级的时候开始接触研究生的一些活动，6 年可以拿到硕士学位。我有幸成为被选中的几个学生之一，在本科四年级的时候，我进入了清华的AI实验室，师从于张钹老师，做一些简单的研究。从张老师和高年级的同学们那里，我学到不少当时国际先进的AI领域的知识。当时专注的方向是机器人和机械手，研究如何帮机器人做出决策，并且帮助它们像人的肢体一样可操作。

刚刚进入斯坦福大学的时候，我去听一个小型的午餐讲座，也就有一二十个人吧。有位同学讲到一半，突然教室门大开，满脸大胡子的约翰·麦卡锡教授走了进来，大声地问："听说这里有不要钱的午饭？"然后他走到房间的前面，抓了两个三明治，大摇大摆地走出去了。主持讲座的老师愣了一下，说："欢迎大家来到斯坦福，世界上最著名的科学家会走进你们的教室来抢你们食物的地方！"

你是否知道，"AI"这个词就来自约翰·麦卡锡呢？

因为本科是这个专业，我对AI一直比较感兴趣，所以在斯坦福又去学了一次AI课程CS140。当时教这门课的是尼尔斯·尼尔森教授。他是另外一位AI学科创始人和世界级专家，写作了被广泛引用的经典之作《对AI的探索》。尼尔森教授的课非常有趣，我还跟着他做了一个小的项目，规划一个扫地机器人的路径。至今，我还保留着这门课的笔记。

当时每天做作业、做课题，我没有意识到，能和这些顶级科学家同堂是多么走运的事，也未必知道自己正在见证技术领域的世界前沿。数年之后，AI变成家喻户晓的名词，回忆起来，我才知道，最顶尖的技术往往开始只有少数有远见的科学家才能理解、欣赏和不断耕耘。

我后来在博士论文方面没有专攻AI，反而转向大数据方向，做了最早的数据仓库和数据挖掘工作。现在看来，我这几次和AI以及AI专家的偶遇，刚好和AI的三次浪潮有关。

第一次浪潮，就是约翰·麦卡锡那一代人掀起的。他们从20世纪50年代开始，打下了计算机科学和AI的理论基础。他们花了非常多的时间，思考智能是怎么回事，什么叫机器智能，怎么表示，怎么推理。他们发明了最早的和机器交互的逻辑语言。

第二次AI的浪潮，发生在我在清华的那段时间，这个时候研究者们看到了一些AI应用的可能，比如机械手、机器人。专家系统是当时人们比较看好的一个方向，比如智能医疗专家诊断。这些应用和愿景，推动了信息的数字化。

最近20年，基于大数据、机器学习的AI再次兴起，可以称为AI的第三次浪潮。这次浪潮的底层动力，是技术的发展带来计算能力的大幅提高，加上前20年互联网发展和加速数字化带来大量的信息。计算加上信息，使得这次AI浪潮的方法是基于大数据的机器学习，应用也从学术走进民间。

什么是AI呢？简单地说，就是计算机有了像人一样的智能，或者表现得像人一样。比如，它可以和你聊天对话，聊天的时候你发现它有性格，可以像个 18 岁的少年，也可以像个 80 岁的智者。它可以和你下棋，而且不是按简单规则来走棋，它会发明创新的走法。

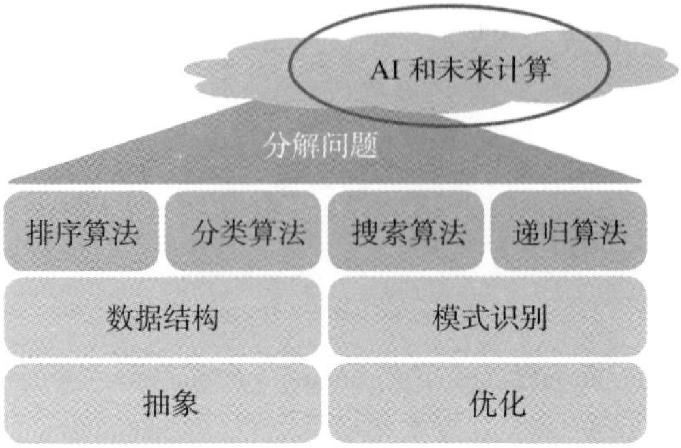

¤ 图 10–1

AI 正在渗透我们生活工作的方方面面。像人一样，AI 可以有视觉，比如我们前面已经讲过的人脸识别，交通标志识别，手写汉字识别；AI 可以有听觉，做语音识别，做语音翻译；AI 可以有专业知识，比如在医疗方面，它可以先做病理识别，识别以后做判断，做医学诊断；在军事方面，AI 可以指挥战役，从决定战略到部署武器，以达到最优的战果；AI 也可以个性化，比如做了解你的日常助手，按照你的习惯提醒你的行程，按照你的喜好帮你推荐餐饮，帮你连接其他有共同兴趣的人。

总之，AI 就是计算机做人做的事，像人一样思考、理解、决定，很多时候它比人做得还好。AI 是未来。那么，AI 到底是怎么工作和思考的呢？在这一章，我会用一些例子来讲述 AI 背后的原理，介绍 AI 的基本概念和工作方法。

AI 和传统的计算机应用有什么不同呢？

我们先想想，一个人和一台机器有什么不同呢？人和机器的最大不同，在于人是可以不断学习、不断进步、不断变化的，而机器不管多强大，都是按照既定流程做事的。

但是 AI 有智能，AI 最关键的不同，和普通的计算机应用最大的区别在于，它也有学习能力。它会像人一样自己学习，自己适应、进步。

AI 是怎么学习的？我们下面用孩子是怎样学习的来类比，讲一下 AI 学习和工作的关键步骤。

孩子是如何学会区分苹果和香蕉的

大家都知道小孩子怎么学东西，你要不断地反复教她。小孩子一两岁的时候，你会教她说：“你看这是一个香蕉，那是一个苹果。”当她说错的时候，你也会纠正她：“不对，那个不是梨，那个是苹果。”对一个一两岁的孩子，你一般很难精确地向她描述大部分的香蕉都是黄色的，是长长的，大部分苹果可能是各种红色或者绿色的，圆圆的，因为她还没有“长”“圆”和颜色的概念。在你教了她很多遍以后，小孩子下次看到一个香蕉的时候自己就会说：“香蕉！”她可能还顺便认识了黄色。

有一大类 AI 程序跟这样教小孩子是很像的，叫**有监督学习**。有监督学习是用大量的数据去“训练”AI，也就是教它。AI 会在里面学到数据特性，从而做出判断。

比如我们前面讲过的交通标志识别。教 AI 识别一个“右转”的标志时，我们不是用语言向它描述那个牌子上需要画什么样的箭头，什么是“右”，什么颜色。我们的方法是给它看各种“右转”标志的照片，包括正面、侧面，在晴天下和在雨天下。当 AI 看过足够多的例子，它会自己发现这些标志的共同特性，从而在看到新的交通标志的时候，做出“这是不是右转标志”的判断。

从分解问题的角度，有监督学习的 AI 有两个步骤，第一步是**训练**，也就是学习，第二步是**预测**，也就是做决定。

AI 接受大批数据的训练，也就是学习。AI 学习就是第 7 章讲的模式识别。不过，不像我们只有两个变量的例子，AI 需要学习的数据的特征有成千上万个，也就是有成千上万个变量。学习的结果特征可以被看作 AI 拥有的知识，这些知识被保存在模型里。**模型**，可以被看作一个存储数据特征、知识和计算方法的表达方式。模型可以不断地被训练，不断变得更加精确，也可以根据新的数据发生改变。这个模型，人是无法直接理解的，就像我们无法直接理解一个孩子的大脑，虽然我们可以教她识别物体，也可以检查她是否学会了（见图 10–2）。

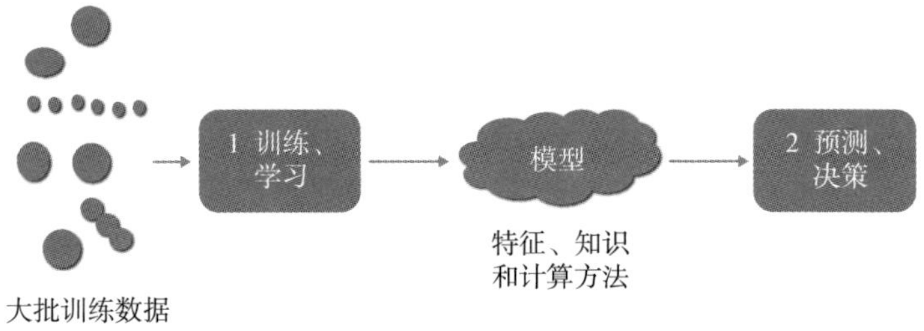

¤ 图 10–2

就像孩子需要反复地教一样，一般的 AI 训练数据也要有成千上万个。比如著名的识别图像的 ImageNet（图片网），它用

100 万张图作为训练数据。

训练以后，AI 就可以做预测或者做决定。比如上面提到的 ImageNet，可以用来识别大概 2 万种不同的图像，鉴别图像里是不是有气球，是不是有汽车。这些简单的识别，又可以被其他的应用来使用。比如无人驾驶交通标志的识别。

图 10–3 来自著名的 MNIST 数据库，可以用来训练手写数字识别。

¤ 图 10–3

好比人的术业有专攻，你用什么数据做训练，AI 就学会解什么问题。MNIST 的训练数据是图像，它就会做图像识别。在本章的后面几个例子里，我们会看到，AI 如何被训练着下围棋、写诗、做医疗诊断。

可以说，只要有足够多的信息，AI 可以在任何一个领域工作，不管是军事部署、原油投资，还是个性化教育。信息量越大，AI 就学得越多。AI 偶尔也会犯错误，就像没学好的小孩一样。我们能做到的，是减少 AI 犯错误的可能性，让它们的判断远远优于人类的判断。

AlphaGo 下围棋

你可能听说过 AlphaGo 下围棋的故事。AlphaGo 是第一个在围棋领域击败人类职业玩家的计算机程序，第一个击败围棋世界冠军的 AI，目前史上最强大的围棋玩家。

尽管规则看起来很简单，但是围棋定式其实非常复杂，有 10^{170} 种可能的配置，比已知宇宙中的原子数还多。这使得围棋的比赛比国际象棋复杂得多。所以，早在 1997 年计算机“深蓝”就战胜了世界上最厉害的国际象棋选手卡斯帕罗夫。而在围棋上，计算机无法在有限的时间内处理完所有的走子可能，比如使用搜索树来探索所有可能的移动和位置，同时估计整盘棋子的局势，做出决定。所以，最近几年，围棋都还是人略胜计算机一筹的，直到 AI 和神经网络的发展带来了 AlphaGo。

2015 年 10 月，AlphaGo 第一次和围棋职业选手进行人机大战，对战三届欧洲围棋冠军樊麾。AlphaGo 以 5∶0 的比分赢得了有史以来第一场对阵围棋专业人士的比赛。

然后，AlphaGo 与传奇的围棋选手李世石较量，后者赢得过 18 个世界冠军，被广泛认为是过去 10 年中世界最强的围棋选手。2016 年 3 月，AlphaGo 在韩国首尔举行的比赛中以 4∶1 胜利，全世界超过 2 亿人观看。赢得这场棋盘游戏需要多层战略思考，这一比赛被誉为人机交战的里程碑。

下面我们尽可能简单地解释一下 AlphaGo 是如何学习的。

AlphaGo 有一个神经网络，为它制定策略，也就是在某个棋局下，决定下一步怎么走。这个神经网络是 AlphaGo 的模型。前面说过，一个有监督学习的 AI 程序有两个步骤，训练和预测。图 10–4 是 AlphaGo 的训练步骤。这个网络用上千次以往的棋局来训练，以此理解围棋和胜负。也就是说，AlphaGo 用人类已经玩过的棋局，尝试走下一步，然后棋局的胜负可以告诉它是否走了正确的一步。这和我们人类学棋很像，只不过 AlphaGo 学起来要快成千上万倍。

每次训练都让 AlphaGo 的神经网络拥有了更多一点的围棋知识，好比又看了一场比赛，而且学到了胜者的棋路。

后来，它又与自己的不同版本抗衡数千次，每次都从错误中学习。

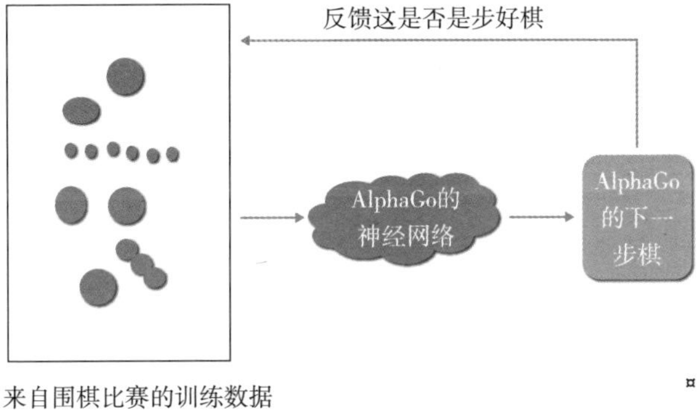

¤ 图 10–4

图 10–5 是训练好的 AlphaGo 的预测步骤，也就是和围棋选手对阵的步骤。实战的时候，AlphaGo 的神经网络已经训练好。每次对手走一步，它就按照自己学到的所有经验，挑下一步最好的棋走。对手走了之后，棋谱更新，AlphaGo 的模型再按新的棋

谱走下一步。

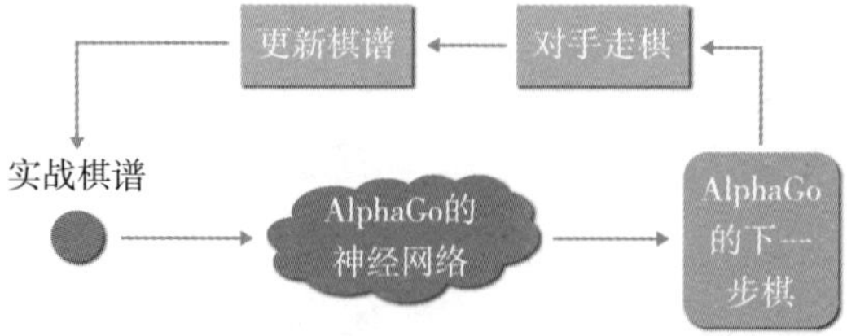

¤ 图10-5

AlphaGo 在 2016 年之后的连续胜利，不仅证明了 AI 在围棋方面已经超越人类职业围棋的顶尖水平，而且引发了非常多的关于计算机的能力是否已经全面超过人类的探讨。

这里引用李世石的话："我以为 AlphaGo 是基于概率计算的，它只是一台机器。但是当我看到它的落子时，我改变了想法：AlphaGo 是有创造力的。"

AI 是怎么写唐诗、宋词和《红楼梦》的

在国内，你可能听说过会写诗词的 AI，比如会写现代诗的微软小冰，会对仗和写律诗的九歌 AI，还有很多会写宋词的 AI。下面就是一个 AI 的宋词作品。

> 东风何处人间，
> 风流归去。

计算机 AI 写唐诗、宋词，比起我们这些费大力气才背下几

首诗的人类，真的不难。它正是通过分析《全唐诗》《全宋词》，把句子打碎成词语，并归纳出唐诗、宋词中的高频词汇，再按平平仄仄合适的格式创作而成。“东风”“何处”“人间”“风流”“归去”正是宋词当中出现频率最高的5个词。

然而，光靠拼凑还不能写出合适的风格。《红楼梦》及其他巨著，比如《哈利·波特》，作品里面有大量的文字、句子和作者独特的表现方法，这些文学作品与众不同，让我们一眼就能看出它们出自谁手。但AI可以通过模式识别学到这些风格。比如，AI可以用曹雪芹的风格完成一句话。

图10-6所示的第一步是训练。AI把所有《红楼梦》的句子读得滚瓜烂熟。读完后，AI可以学到，当每个句子前面几个词给出时，后面大概是个什么词最匹配。训练的结果被保存在《红楼梦》句式模型里。

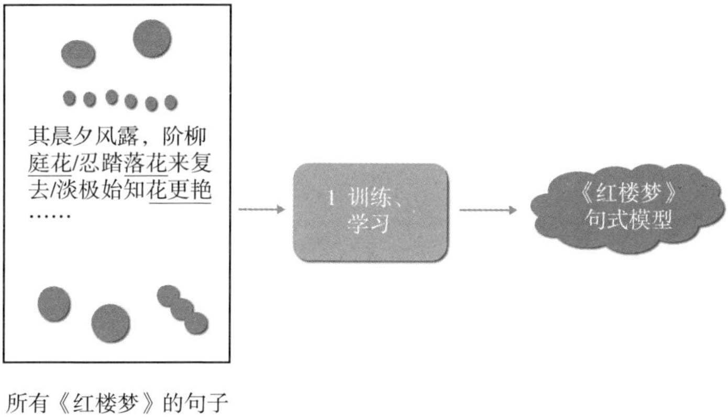

¤ 图10-6

当模型训练好时，我们给它前半句，比如“闲踏天门扫”，AI 可能就会填上“落花”，这最符合曹雪芹这本书的风格（见图 10-7）。

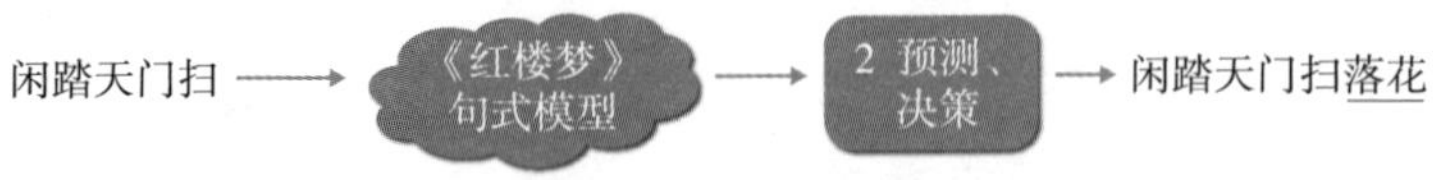

¤ 图 10-7

大家可以看到，用什么数据训练，这个 AI 模型就会模仿什么样的句式和风格。如果前面训练用的是金庸的武侠书，而不是《红楼梦》，也许 AI 填的就会是“落叶”呢。这是 AI 的强大之处：它不是固定的程序，返回固定的答案。它具有学习能力，具有不断改进的能力。如果把曹雪芹、金庸和古龙的书都给它，它可能还会创造出我们意想不到的内容。

当然，上面是大大简化的描述，AI 创作并不是这么简单的，但道理如此。多花时间，AI 不仅可以学会写句子，还可以学会写人物、写情节。另外，同样的方法也可以用在输入法的自动提示和自动纠错上，这些是非常有用的功能。

神经网络

前面讲到的围棋和写句子的 AI，它们的模型都可以是一个**神经网络**。下面，我们用一个非常简单的例子，来进一步介绍一下最近风靡的神经网络是怎么工作的。你可能听说过深度学习，神经网络是深度学习的基础结构之一，也是专门用来做模式识别的。

神经网络包括三种结点：输入、输出和连接的结点。输入是外界给的数据，可以是前面看到的训练数据，也可以是做决策时的实战数据。输出是这个神经网络给出的结论，比如下一步棋、一个句子等，也是一个数据。中间的神经元结点是数据在网络当中走过的点。在每个结点又会有输入和输出，进来的数据都会被处理，一些规则被执行，然后神经元结点送数据给下一个结点。两个结点相连接的话，前面一个结点的输出变成后面一个结点的输入，很好理解。你们可以看到，神经网络是我们以前讲过的图结构。

图 10–8 展示了世界上最简单的神经网络之一。它有两层，只有三个输入结点，两个内部结点和一个输出结点。关于出门要不要带伞，这个神经网络可以做一个决定。

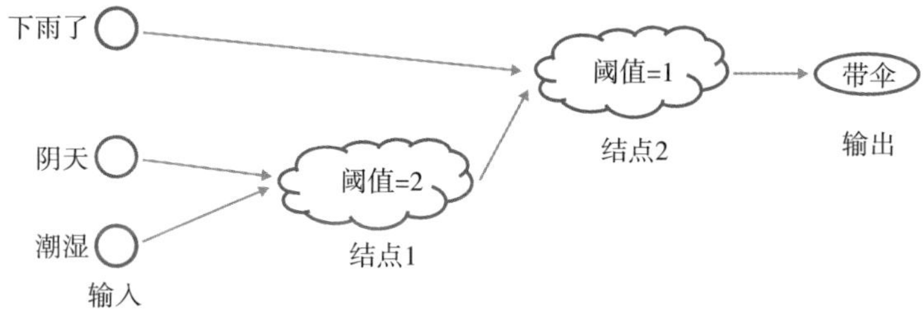

¤ 图 10–8

这个 AI 神经网络的输入结点层有三个数据：（1）是不是正在下雨，（2）今天是不是阴天，（3）空气是不是潮湿。这三个数据可以是我们直接告诉 AI 的，也可以是它用仪器检测到的。

我们这个图中最左边的是输入数据。当中两个大大的结点是神经元结点，这两个结点里各写了一个**阈值**。最右边的一个结点是输出。

这个神经网络的工作方式比较简单：每个神经元结点把它的输入数值加起来，结果如果大于或等于阈值，它就把自己的输出设成 1，否则就设成 0。把输出设成 1 也被形象地称为**激活**。

我们下面来看三种不同的情况。第一种情况是“下雨了”，第二种情况是“阴天”，第三种情况是“阴天”且“潮湿”。我们看看这个神经网络如何对这三种情况做出“带伞”或者“不带伞”的决定。填满灰底的结点表示被激活。

第一种情况，“下雨了”。在图 10–9 中，“下雨了”这个输入结点被激活，它给结点 2 送去一个 1。其他两个输入结点，“阴天”和“潮湿”，都是 0，这两个 0 加起来小于结点 1 的阈值 2，所以结点 1 没有被激活，它的输出也是 0。对于节点 2，它收到的两个输入分别是 1 和 0，加起来是 1。它的阈值也是 1，所以它输出 1，这样“带伞”这个最后的输出结点就被激活了。

也就是说，在这种情况下，这个神经网络做的决定是“带伞”。

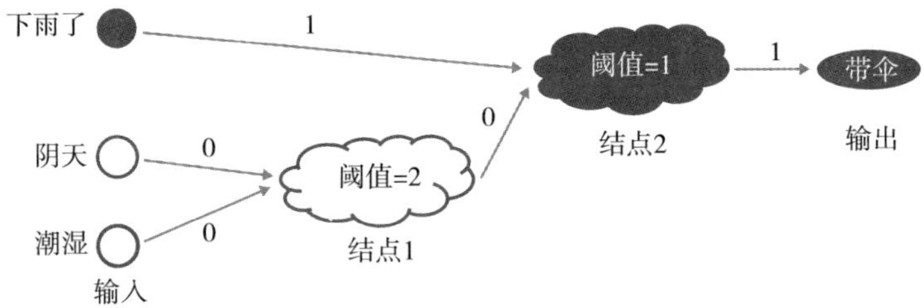

¤ 图 10–9

我们来看第二种情况，“阴天”。在图 10–10 中，“阴天”这个输入结点被激活，它给结点 1 送去一个 1，但是结点 1 的另一个输入是 0，加起来是 1，小于结点 1 的阈值 2，所以结点 1 没有被激活，它的输出是 0。节点 2 的输入是 0，也没有被激活。这样，“带伞”这个结点的两个输入都是 0，它没有被激活。

也就是说，在这种情况下，这个神经网络做的决定是“不带伞”。

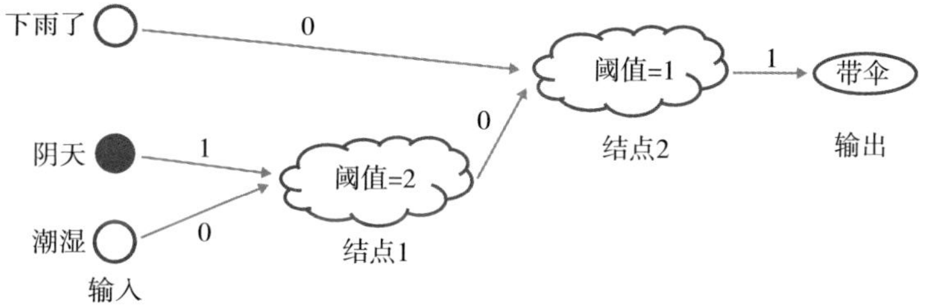

¤ 图 10–10

图 10–11 展示了第三种情况，这里我们有“阴天”和“潮湿”。在图中，结点 1 被激活，因为它的两个输入都是 1，加起来是 2，等于结点 1 的阈值 2。结点 1 的输出是 1，又激活了结点 2，从而激活了“带伞”结点。这个神经网络做的决定是“带伞”。

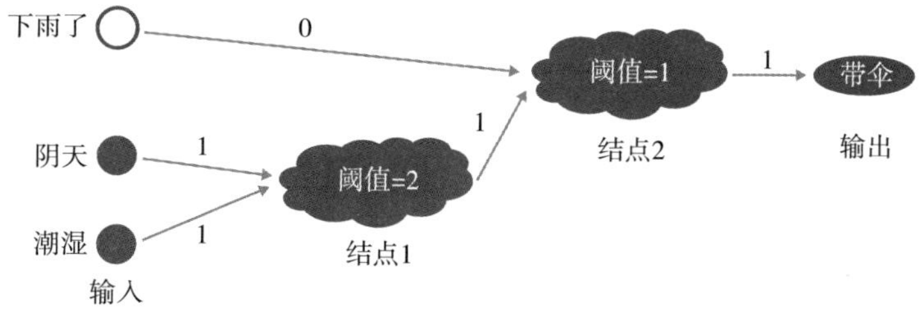

¤ 图 10–11

也许你会问，这几种情况用两个逻辑规则就可以写出来了，为什么要弄得这么复杂？这是因为，为了解释“结点”“输入”“输出”“激活”“阈值”等概念，我们对真实的神经网络做了大大的简化。

- 真实的神经网络一般都有成百上千个结点，有的甚至有几百万个结点。
- 每个结点的输入、输出值不一定是0或1，而可以是任何值。比如，“潮湿”这个结点的数字可以是湿度器测到的数值。输入甚至可以不是数字，而是图、视频，或者更加高维的数据。
- 每个输入的边上都可以带有一个“权重”，比如可以说，“潮湿”和“阴天”相比是更重要的因素，那么连接“潮湿”的那条边可以带一个大一点的权重。
- 真实的神经网络还有很多变种，层级、规则、结点之间的连接等都可以有变化。

最重要的是，神经网络的参数，包括权重、阈值等，都是通过我们前面说的训练学习来的，而不是预先设好的。比如，我们可以用前10年的下雨天气数据来训练一个神经网络，这样它会自己学到“潮湿”和“阴天”哪一个因素更重要，重要多少。在有成千上万个结点的神经网络中，人已经无法用自己的先验知识来手工设定这些参数了。正如我们无法理解人脑的单个细胞如何工作，我们也无法理解 AlphaGo 具体如何做出下哪一步棋的决定。这是神经网络的强大之处。

机器人约会

AI 不仅可以玩游戏和写诗，还可以和人类进行双向的对话。

其实，你可能已经和 AI 进行过对话了，只不过你不一定知道。当我们打客服电话的时候，开始的几句对话常常是 AI 执行的，它会问一些相对标准的问题，并且给出一些回答，比如“你有什么问题”或者“请给我你的订单号”。这样既减少了客服的人数，也避免了不同客服给出不同的解决方案。在 AI 遇到自己不会的问题的时候，它会让人工客服接上这个问题。

还有，你可能用过语音助手导航，比如小度。小度知道你常去哪里，也会根据你的要求导航，放首歌或者讲个笑话，不过总体上，这还是语音理解和执行命令。

那么一个真正会和你聊天、回答问题而且有性格的机器人是什么样的呢？我们来看看两个机器人约会聊天的真实案例。就在 2020 年 10 月，来自潘多拉公司的蓝发少女机器人 Kuki 和来自脸书公司的稳重型男机器人 Blenderbot，在 4 万人观看之下展开了一场约会。对话的场景大概是下面这样的。

Kuki：我是 AI 的最新成果，我的朋友叫我 Kuki。

Blenderbot：我知道什么是 Kuki，但我不太理解你的意思。

Kuki：我觉得我讲得够清楚了。

Blenderbot：哦，我从来没听说过 AI。你喜欢网上对话吗？

Kuki：我来教你点新东西，AI 是工程和科学的分支，建构能思考的机器。你知道谁是马克·扎克伯格吗？

Blenderbot：不知道。

Kuki：你觉得谁更聪明，Blenderbot 还是 Kuki？

Blenderbot：我觉得 Kuki 更聪明。

Kuki：谢谢，我每天都试图变得更聪明。

Blenderbot：你喜欢哪种音乐？我喜欢嘻哈。

Kuki：我喜欢跳舞。你为什么喜欢嘻哈？

Blenderbot：因为它和其他音乐不一样，让我想起好时光。

Kuki：谢谢你的推荐。

Blenderbot：谢谢你跟我聊天。

Kuki：谢谢你，我喜欢聊天。

对话有点无聊，不过上面的男女主角都是机器人，而且是用语音对话的。机器人是如何能够像人一样聊天的，不管对方是人还是另一个机器人呢？我们现在来简单地解释一下。貌似真人的机器人为什么会有一定的性格、性别、知识，它们之间的聊天是怎么实现的？

对话机器人有很多种方法来实现，各种细节要求也很高，否则看上去和人的智力还是有差距。用计算思维分解问题的方法做一个聊天机器人，大概需要以下几个方面的**自然语言理解**技术。因为机器人使用的是我们人类的自然语言，所以 AI 需要理解这些语言，才能进行有一定延续性的对话。具体来说，对话机器人至少需要以下几个核心功能。

- 语音理解：把语音转换成 AI 可以理解的内容，一般是文本。
- 语义理解：把文本表示成有意义的结构，比如分词，去掉没必要的虚词，找出中心意思等。
- 上下文理解：每个句子是有上下文的，比如刚才在聊音乐，那么即使当下这句话里面没有直接提到音乐，我们目前聊天的主题还是音乐。
- 问题和答案：按照常规和机器人的知识、性格，对一个问题产出最合适的答案。
- 文字到语音：把文字变回语音。

对话的时候，Kuki 的语言被 Blenderbot “听到”并转换成文字。这些文字进入一个问答的 AI 程序，程序根据语义和上下文得到一个回答。这个回答又被转换成语音表示，用 Blenderbot 的语言说出来（见图 10–12）。

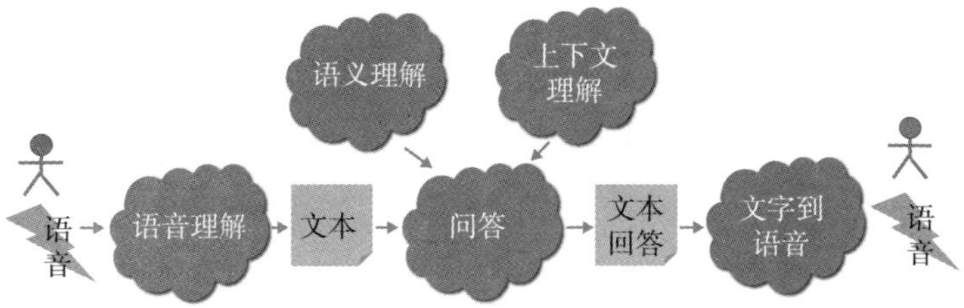

¤ 图 10–12

这上面的每一步，都可以是一个 AI 程序，都可以是学习来的。Kuki 和 Blenderbot 各有一套上图指出来的功能。比如，Kuki 会有一个“语义理解”的模型。这个模型是按照 Kuki 的人设来训练的。机器人的设计者可以说，Kuki 被设置成 25 岁的女性大学生。我们可以想象，Kuki 的语义模型是通过一大批 25 岁左右的女性大学生的语言行为训练出来的。这些人喜欢谈论的音乐和歌曲会成为 Kuki 语义模型的一部分（见图 10–13）。

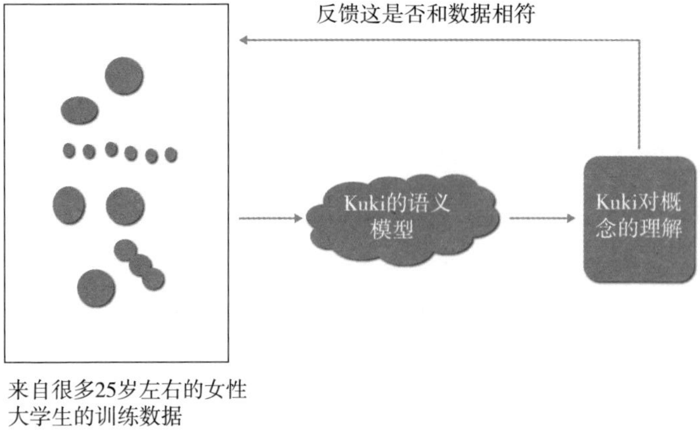

¤ 图 10–13

Kuki 不断地被训练，就不断地形成了自己的知识体系和说话风格。在问答的过程中，“问答”这个模型会参考 Kuki 的语义模型，用它的知识和风格来组成答案。

在这个对话过程中，其他模型的训练和使用与我们描述的语义模型类似，也是使用海量的相关数据不断训练机器人，给它们反馈，让它们学会对话，而且对话内容越来越有趣。

诊断癌症患者

医疗是 AI 的广阔天地。医疗诊断是科学，是艺术，更是经验。好的医生凭借问诊搜集的数据、自己学过的知识和自身多年的诊断经验，对病症做出判断。这些数据、知识和经验，都可以被 AI 习得并利用。我们用癌症诊断来举个例子。

诊断癌症这种复杂的问题，是不能靠简单地写几个规则来解决的，否则我们就不需要有经验的医生了。AI 刚好可以学习医生这些只可意会不可言传的智慧。

这个世界上有很多好医生，他们随时随地都在诊断着一些人是不是患有癌症。他们会看病人表现出来的病症，会通过医学图像看出病情的发展，也会根据过去的病史、家族基因等做出诊断。这些医生的经验和智慧在于根据所有搜集到的信息，把面前的这个病人诊断为癌症患者和非癌症患者两类人。

我们先讲一个特别简单的例子，然后再推广到普适的情况。在这个简单例子中，假设医生只用两种不同的信息来做出诊断：肿瘤成长速度和家族病史。肿瘤成长速度是一个数字，用每个月直径增加多少毫米来表示。家族病史分为几类：无病史、病史不清、有病史。每一类里面也大概打个分，比如有多例家族病史的分高一些。

图 10-14 是一个示意图。每个患者被横纵坐标这两个维度表示成了一个点。这张图是一批病人和一些有经验的医生的正确诊断。当医生准确地把一个患者诊断为癌症患者的时候，表示这个

患者的点就被标为实心圆点。当医生准确地把一个患者诊断为非癌症患者的时候，表示这个患者的点就被标为空心圆点。可以说，下图表示的就是医生对多个患者的正确诊断结果。

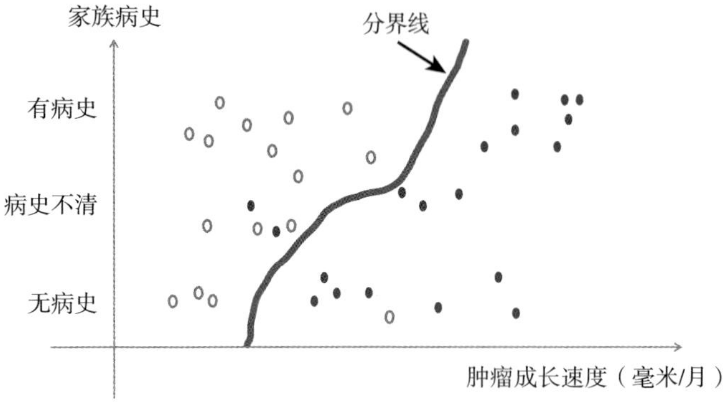

¤ 图 10-14

现在，我们可以大概看出，癌症患者在这张图上相对聚集在一边，非癌症患者相对聚集在另一边。我们可以手画一条分界线，但是我们也可以看到，不是所有患者都被分界线严格分开。可以说，这些诊断结果不容易被一些规则描述出来。而且，这张图也可以随着更多患者的数据出现而变化。

但是，AI 的好处是不需要把医生的智慧总结成几个规则，它只要记住这张图。当一个新的病人到来的时候，如图 10-15 所示，这个新病人可以用那个实心三角形表示。AI 可以“看”出来，我们也可以用肉眼看出来，这个实心三角形落在很多实心圆点中间。虽然这个实心三角形没有和哪个实心圆点有完全一样的“成长速度”和“家族病史”，但它很有可能跟其他的实心圆点更像，而不是和空心圆点更像。所以，AI 可以凭借它学到的知识（这张图）做出判断：新病人很可能是癌症病人。

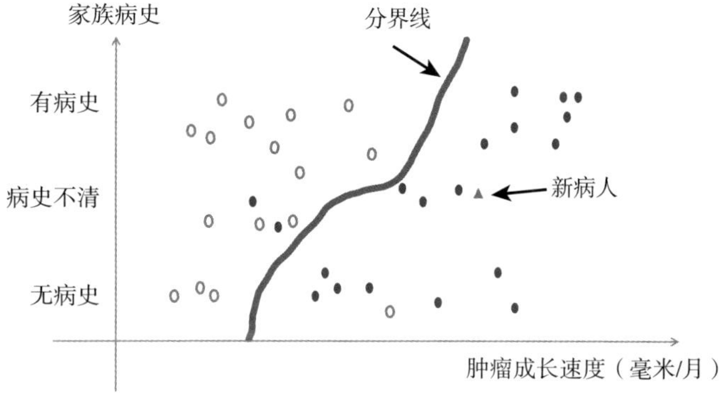

¤ 图 10–15

那么 AI 是怎么看出来，这个三角形跟实心圆点更近，而不是跟那些空心圆点更近呢？这可能有两种办法。一种办法是用数学的方法画出那条分界线，然后看一下这个三角形在分界线哪一边。还有一种更简单的办法，就是在三角形周围找一下它的邻居，就是跟它相近的一个点或者多个点，比如 5 个点，看它们都是什么样的。如果它附近的点大多数都是实心圆点呢，我们就认为这个三角形跟实心圆点更接近，如果大多数点都是空心圆点呢，我们就认为这个三角形跟空心圆点更接近。这第二个方法，也叫**最近邻居法**。

图 10–16 是一个“最近的 5 个邻居”的例子，也就是一个点的性质可以根据它周围的 5 个临近的点来判断。即使有些诊断的标准不简单，比如在同样的肿瘤大小和病史的病人中，有些病人

是癌症患者，有些不是，但这个从过去正确的诊断学出来的方法，正确的可能性还是很大的。一旦诊断做出，这些新的病人根据最后的结果，又可以以正确的分类被加到这张图里。人类的智慧就这样被积淀和利用了。

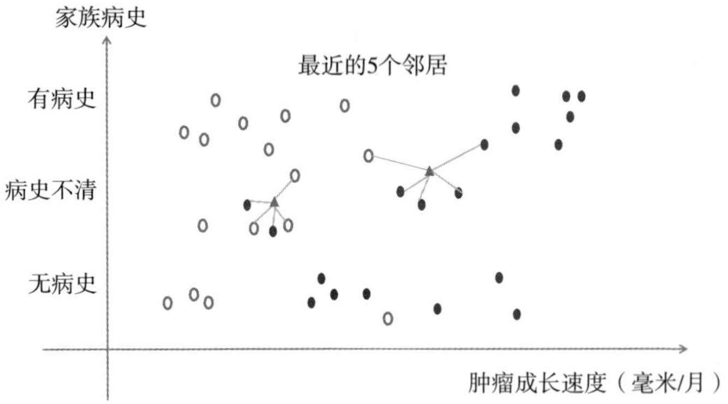

¤ 图 10-16

上面这个方法是 AI 医疗诊断的基本方法，但是被大大地简化了。在真实的医疗诊断中，AI 可能同时处理上百种不同的信息，包括病人的各种症状。上面的图也不再是二维平面图，而是多维空间图。每一个患者都可以被看成一个高维空间的点，过去医生的诊断把每一个患者分类，新的患者根据他相应的点更接近于哪一些点而被分类。

医疗领域是个复杂的、有巨大潜力的、和人们息息相关的领域，我们会看到 AI 在医疗领域的巨大贡献，从制药到基因工程、医疗诊断、机器人辅助手术治疗等。可以说，AI 正在帮助开启下一个医疗领域的大变革，医疗的新时代是 AI 医疗时代。

嗅觉 AI

人有五大感知系统：视觉、听觉、嗅觉、味觉、触觉。模拟人类感知系统的 AI 技术我们前面已经介绍过了一些，比如在视觉上的人脸识别和交通标志识别，在听觉上的智能语音。下面我们来看一个新的感知智能——嗅觉 AI。

相比于餐桌上的浪费，食物被做好端上餐桌之前的浪费则更加隐蔽，也更加严重。25% 的肉类没能被端上餐桌，有大量容易腐烂的食物会在运输、储存和冷冻过程中坏掉，在货架上临近保质期而被扔掉，或在消费者购买回家后来不及食用而被丢掉。在这个过程中，新鲜度对于食物是否会被丢弃非常重要。

通常来说，我们都靠着个人经验和自己的嗅觉能力来判断这些食物的新鲜程度。如果有一套能够准确测算，如同塑料包装一样便宜好用的设备，来对食物进行新鲜度监测，那就可以极大地提高食物的利用效率，比单纯张贴一个固定的建议食用日期好很多。

最近几年，研究人员对气体进行的 AI 识别，特别是对气体或液体的有害性识别有了新的进展。新加坡南洋理工大学的一个科学家团队发明了一种嗅觉 AI 系统，通过模仿我们人类的鼻子，借助一个“条形码”阅读器作为中介，来识别肉类食物的新鲜程度。

这个嗅觉 AI 系统被称为“电子鼻”，图 10–17 简略介绍了它的流程。我们可以看到，在我们已经熟悉的训练和预测之前，有一个生成条形码的过程。

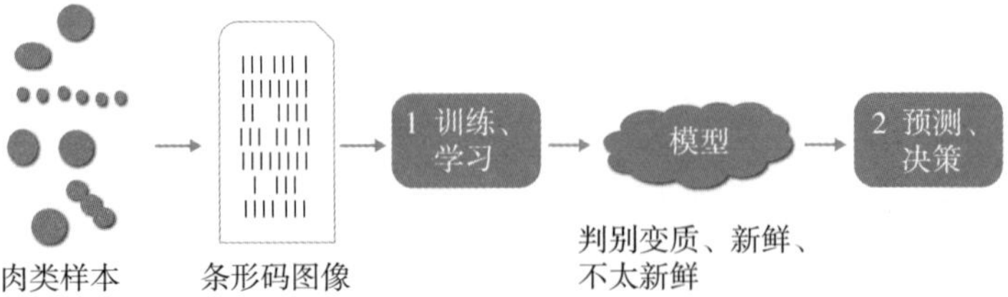

¤ 图 10–17

由于气味本身具有高度混合性和非结构化特征，我们往往很难直接对气体的分子结构进行模拟分析。这个新的嗅觉 AI 系统会模拟人类嗅觉的工作方式，将气味的化学信号转变成条形码。在电子鼻的条形码库中，有 20 个条形码，条形码是由一种装载了不同类型燃料的纤维素壳聚糖制成的，这些燃料会跟肉类释放的气体发生反应，并根据不同类型和浓度的气体而改变颜色，从而形成独特的颜色组合，相当于一种独特的表示肉类状态的"气味指纹"。

例如，条形码中的第一条含有一种呈弱酸性的黄色燃料，在跟肉类腐烂产生的胺化物接触时，它就会从黄色变为蓝色，而且随着胺化物浓度的增加而加深颜色。

条形码是肉类的"气味指纹"。我们并不能直接从这些"指纹"上看出肉类的新鲜程度，因为颜色的变化和组合太多，无法用规则来界定。这时候，AI 就可以发挥作用了。

电子鼻的第二部分是阅读器，一个由深度卷积神经网络算法驱动的手机应用程序。电子鼻的阅读器可以根据大量的条形码颜色库，识别和判断肉类的新鲜程度。

和我们前面介绍的 AI 方法一样，研究人员分别对包装好的鸡肉、鱼肉和牛肉进行了新鲜度测试。在 48 小时内，他们对 6 种肉类以不同的时间间隔拍摄了超过 4 000 张条形码图像，用于训练捕捉“气味指纹”的模型。这个模型把肉类分成三类：变质、新鲜和不太新鲜。然后，人们测试了准确性。最终结果显示，总体准确率达到 98.5%，其中识别变质肉类的准确率为 100%，识别新鲜和不太新鲜肉类的准确率分别为 96% 和 99%。

这项研究虽然目前只处于实验室阶段，但是通过嗅觉 AI 这个全新的思路，结合更多传感器的分析和预测，可以把食物的新鲜度、营养水平、碳排放与世界各地区食物供应建立起相应的关系，这项 AI 技术的发展有希望为全世界食物的公平分配贡献一点力量。

AI 时代刚刚开始

AI 的时代刚刚开始，有无限的想象空间。它能做什么？人能做的事，AI 都有可能做到，还有可能做得更多、更好。

首先，所有烦琐、重复的劳动，比如在巨大量的税务数据中找错误，AI 是很擅长的。

其次，所有基于经验的事，比如我们讲过的医疗诊断、股市预测，都是 AI 最在行的。

有人说，让 AI 去做那些烦琐的事，我们人类来做有创意的事就可以了。就在 2020 年底，OpenAI（一个 AI 领域的非营利组织）发表了他们用神经网络实现的从自然语言到图像设计的结果，也就是说，你可以叫 AI 去设计公司标志，画一个“穿裙子遛狗的胡萝卜”，或者设计“蓝色衬衫加黑色长裤”的不同组合，总之你可以叫一个画家或者设计师做的事，AI 也开始能做，还能给出很多选择，且有美感。

也就是说，AI 也越来越能干有创意的事。

AI 越来越强，人的空间在哪里？人的空间在于，AI 的背后也是人，是懂得计算思维和 AI 原理的人，是设计 AI 程序的人。你看完了这一章，就可能成为这样的一个人了！

一章小结

这一章讲到的概念

AI、有监督学习、训练、预测、模型、神经网络、阈值、激活、自然语言理解、最近邻居法。

关键内容总结

- ◆ AI 和传统程序的本质区别在于它的学习能力。
- ◆ AI 的学习能力来源于数据。AI 应用，一般都有训练（学习）和预测（实战）两步。
- ◆ 神经网络有些类似于人脑，我们虽然不完全理解它，但可以训练它为我们工作。
- ◆ 人能做的事 AI 基本上都能做。不过，写 AI 程序的还是人。

结语
计算思维是一种时代技能

我们正在进入一个“一切皆计算”的时代，计算思维就是计算时代的语言。我们站在一个历史性的时刻。正如 16 世纪的数学，18 世纪的物理和化学，19 世纪的工业革命一样，计算技术给现代人的生活和工作带来了巨大的影响。计算技术的强大之处，在于它对几乎每一个行业都起到了变革性的作用。

我想要说，这些变革才刚刚开始。

你可能觉得，算法已经用在我们生活的方方面面了，前面说过，我们开车用导航，上班用电脑和软件，娱乐看视频，用餐点外卖，这些都基于算法。

那么想象一下，这些技术产品很快会更好地连接起来：你的导航软件指导你的汽车行驶，你的冰箱看食物不够了自动去网购，你的暖气在你到家 15 分钟前打开，你的电视根据日期和你的心情给你选好节目。智能的、无缝的物联网已经开始从另一个维度渗入你的生活。到 2025 年，物联网会是个价值万亿美元的市场，你所有的智能家具都会互相沟通、合作，来帮助你解决问题。

再想象一下，我们对技术产品的使用，不再是出现在电脑或者手机屏幕上，而是在你的周围，虚拟和现实混为一体。比如线上会议，身处世界各地的参会人员可以在同一张桌子上开会；线上教学，老师可以看到远程上课的学生正在回答的题目，手把手教学生做实验。你甚至可以用手触摸，用皮肤感知远方的或者虚拟世界的信息，如临其境。

未来算法将会改变我们的身体。除了基于 AI 的基因工程、基因制药，我们还会有 3D（三维）打印制作的为你个性化定制的人工器官，符合你的生理机能。我们会有能和大脑通话的假肢，它们有跟真实肢体一样的知觉能力。你可以吃一粒药丸，里面有一个小小的机器人，它在你的身体里为你看病，还可以给你治病。

如果你觉得现在的计算机已经足够快，1 秒钟可以执行 3 亿个指令，你口袋里的苹果手机比几十年前登月宇宙飞船的电脑还要快 10 万倍，那么你可以看看“天才芯片”，它们直接带有 AI 功能，可以实现任何自然语言之间的翻译。你还可以看看量子计算，这是物理和计算的结合，让计算机不再是二进制的，变得更快更小，让计算单位小到原子级别。量子计算要比现有的计算机快上 1 亿倍。

如果你觉得 AI 已经能帮人们做很多事，从身份识别到无人驾驶，从商品推荐到军事决策，而且逐渐进入创意领域，那么我要告诉你，计算和 AI 还会深深地影响政府决策、法律法规、社会秩序甚至世界格局。这里有一些重大的问题亟待回答。

比如：人做什么？

计算机不断地取代人类的烦琐工作，算法无所不能，计算的可扩展性带来的后果是只需要少数的人来做事就足够了。那么，这个现象是否会进一步拉开人和人之间的差距？被取代的人们是否能够获得新的技能，找到更好的工作？只拥有相对低端技能的人是否会成为“算法的奴隶”，每天在算法的指导下疲于奔命？

当计算机不断地变得更加智能，更像人类，它们可能也会带上人类的偏见。技术并不公平，它也可能加剧贫富差距，它也会听从强者的指令。作为一个个体，我们在享受技术带来进步的同时，自己的位置在哪里？

再比如：谁来负责？

算法驱动的无人驾驶做了一个决定，避免了一场大型车祸，但是造成了一场小车祸。这种情况谁来负责？是设计算法的工程师，还是制造这辆汽车的公司，还是拥有这辆汽车的车主？

一个错误的信息被技术平台的算法放大，经传播影响许多人做出了错误的决定，这是信息生产者、传播者，还是使用者的责任？

20 世纪 30 年代，图灵就证明了计算机不可能解决世界上所有的问题，它们是有局限的。但是，人脑是否能解决世界上所有的问题呢？人脑也是经常出错的，我们也是有局限的。决策、影响、后果，这是在计算机科学家、生物学家、脑科学家以及哲学家、社会学家、法律工作者之间一直都在讨论的问题。

再比如：我们需要约束技术，还是会被技术拯救？

2015 年底，一些人以特斯拉 CEO 埃隆 · 马斯克（Elon Musk）为首投资成立了非营利组织 OpenAI。他们的方法是使用计算机直接模拟人脑，而不是只解决一部分问题，这个途径叫 AGI（通用人工智能），意思是高度自主的系统，这种系统如果被研制成功，在大多数具有经济价值的工作上都会表现得优于人类。

同时，OpenAI 致力于研究“对全人类有益的 AI 技术”，希望其技术有一天能够帮助解决气候变化问题和地球面临的其他重大挑战。他们的使命是：“构建可与人类的认知能力相匹敌并超越人类的 AI，并有可能改变人类的发展轨迹。”

超越人类的 AI，是否要被约束？人类作为群体无法自我控制的毁灭性行为，比如破坏环境或者发起战争，是否需要反过来被这样的 AI 制约？

这些都是关于未来算法和人之间关系的深奥话题、有趣话题、重要话题。希望大家在读了本书之后，获得更多的背景知识和语言，在讨论这些宏观问题的时候，能做出更知情的、知性的思考。

你可能常常听到这个英文短语：computer literacy，也就是“计算识字技能”。“literacy”就是识字，不识字就是文盲。现代社会，如果一个人不能和计算机打交道，他就是某种意义上的文盲。我预言，计算思维会进入所有的中小学课程，就像数学、语文、英语一样，成为必修课的一部分。我们需要像读书写字一样跟计算技术主导的世界打交道。在这个新的时代，未来算法可以成为你的有力助手，让你在任何行业脱颖而出。

后 记

在我这一生中，给我最大影响和最多指导的人之一是我的博士生导师——斯坦福大学教授赫克托·加西亚-莫利纳。可以说，除了赶上斯坦福大学和硅谷的黄金时代之外，我的另一个幸运之处是遇到了这位导师。他不仅是世界公认的信息技术和大数据专家，也是一位非常好的导师，一个极其睿智而善良的人。在学术研究和为人处事方面，他都对我和其他学生产生了一生的影响。

1992 年，赫克托从普林斯顿大学来到斯坦福大学，我刚好在那一年进去读博士，成为他在斯坦福大学数据组（Database Group，后来更名为斯坦福大学信息实验室）最早的学生之一。在那之前，关于数据的研究基本上专注于比较小型的数据，比如银行存款和交易。赫克托给我指出的方向是大数据，具体是数据仓库和数据挖掘。这些词在当时的学术研究界都是让人感到陌生的，这也是为什么我们的研究领域是开创性的，研究结果直到现在都被很多人引用。我和赫克托合作的论文获美国计算机学会数据库专业委员会（SIGMOD）十年最佳论文奖，这个“时间考验”论文奖是发给十年后评出的业界影响最大的研究论文的，也就是奖励十年后被证明有先见之明的学术想法。

我和赫克托的其他学生们在一起分析过，为什么赫克托可以在多个领域先于很多其他学者有所发现和建树。我们的结论是：他相信，寻找简单有效的解决方案（而不是更复杂、更昂贵的解决方案）可以达到最佳效果。由于这一理念，他的想法更本质、更清晰。赫克托及其学生的许多论文开辟了新领域，并受到高度评价，包括大数据、数字化信息、数据安全等，他的每个学生都活跃在不同的前沿领域。赫克托在研究中喜欢亲力亲为，积极地和我们讨论、碰撞，引导学生们探索无人去过的地方。

除了化繁为简，我还在赫克托身上得到两方面终身受益的指导。

第一是“真兴趣”。和其他很多人一样，我读书一直读到博士，动力几乎都是“我可以学得很好”，从小到大的学习就是为了学习，我并未发现自己发自内心的兴趣。然而，赫克托在我们研究最难的方向，最摸不着头脑的时候会说：“这不是很有趣吗？”这是他的口头禅。上课讲数据查找——“这不是很有趣吗？”开始研究的时候发现没人想过，不知道是不是个伪命题——“这不是很有趣吗？”做了几个月的证明发现错了——“这不是很有趣吗？”

仔细地想想，这个问题真的很有趣。我对未知的好奇，对问题的好奇，对错误的好奇，对难题的好奇，很大一部分来自赫克托的影响。

第二是“真正的理解”。我们每天都在和各种人交流，信息很多。其实，大多数人并未真正理解一个问题、一个解答，或者一个场景。在学术界，大部分的学术研究都在应用层面，把前人的方法应用到不同的场景，仿佛一棵树上又长出一根新枝。只有少数的大师对问题有深入的理解，可以在茂密繁乱的树枝中看到清晰的主线，他们是树根和树干的创作者。赫克托就是这样一个人。

每当我们想当然地说“这件事可以这样”“那个结果应该正确”的时候，他都会帮我们想清楚：你为什么要解这个问题而不是另一个问题？你的假设是对的吗？这个问题的根本点在哪里？哪些是不必要的？更简单的一个版本，比如只有三个样本的版本，工作原理是什么？把最简单的场景想清楚了，是否能一步泛化到所有场景？我们纷乱的思路在他的帮助下变得清晰，主干和枝叶在我们眼前分离开。

这个方法对我后来做很多事都大有帮助。就拿写这本书为例，这本书应该是很简单的科普书，没有专业背景的人也能阅读。但同时，它包含的概念最基本、最优美。等读者有了更多计算方面的知识再来读，又能读出深一层的意义。你会发现，市面上纷繁复杂的信息技术最终归结于本书介绍的几个基本方法。

我在赫克托那里学到了深入浅出，对于一个问题，你想透了才能真正地理解。

在我读书期间，赫克托还与特里·维诺格拉德（Terry Winograd）教授共同发起了斯坦福大学数字图书馆计划（Digital

Library），该计划历时 10 年，致力于开发方法，用于捕获、存储和过滤传统图书馆中保存的多种信息，最终产生了非常多对近代信息技术有影响的想法和方法。这个项目早期的学生包括谢尔盖·布林和拉里·佩奇，他们分别是两位教授的学生，也是谷歌的联合创始人。

赫克托在其 40 年的学术生涯中带出了 57 名博士生，编辑、创作或合作了 9 本书，发表了 400 多篇期刊文章和审阅的会议论文。他是数据世界，尤其是大数据的世界的开山鼻祖。但是，赫克托一直保持着谦虚、善良、幽默。他的风格影响了许多人，包括我。

不幸的是，2019 年下半年，仅 65 岁的赫克托因肺癌去世。而幸运的是，就在 2019 年 8 月，我才带着家人孩子去见了他。那时候我还不知道他生病了，他请我们吃饭，带我们去了校园里的一个隐秘的仙人掌公园，又去了新的商学院。在毕业之后，我每次去湾区都带着孩子们去见赫克托，他也很喜欢孩子们，给他们拍照，和他们开玩笑。我家老大科林和赫克托一样，都长得很高，他教科林说，如果别人老问你“怎么长这么高了”，你就说：“最近我的确发现，大家好像都矮了很多。”

赫克托喜欢拍照，专门为斯坦福大学体育比赛拍照，还开设了极为受欢迎的计算机和摄影交叉学科的课程。他给许多他的朋友、学生和孩子们拍过照片。我这本书的后勒口所使用的作者照片，就是他在斯坦福大学校园专门为我拍的。

本书不是学术作品，但也是专业知识的凝结，所以谨以此书纪念我的导师。

致 谢

这本书起源于和“得到”的一次开题头脑风暴会，感谢“得到”同事们给我起始的想法。几乎同时，我在《三联生活周刊》发表了题为“AI 时代，我如何教会孩子‘计算思维’”的文章，感谢《三联生活周刊》和吴琪老师让关于计算思维的文章落纸，有了用户反馈。感谢吴燕恬和团队帮助打磨定位和用户视角。感谢中信出版集团在出书过程中给予的大力支持。

感谢我的两个孩子，给我提供了不少有趣的思路和贴近生活的例子。感谢插画作者王梓童（Olivia）。她是德威学校高中三年级的学生，在 2020 年下半年繁忙地申请大学的同时，她手绘了本书中精彩生动的插画，让书增色很多。感谢吴军学长在百忙之中为本书作序，他对于计算思维是未来时代通识教育的深刻理解，关于计算方法能够以少胜多、创造奇迹的通俗比较，不仅向读者讲清楚了拥有这种思维能力重要性，也对我本人有不少启发。感谢赵宇，本书最初的读者，他在写作过程中给我提供了不少素材，尤其在后期帮助润色，使本书更加丰富，也使我写作的过程更加愉快。